Beck-Rechtsberater

Ratgeber

Betreuungsrecht

Hilfe für Betreute und Betreuer

Von Prof. Dr. Walter Zimmermann

10., vollständig überarbeitete Auflage

Deutscher Taschenbuch Verlag

www.dtv.de
www.beck.de

Originalausgabe

Deutscher Taschenbuch Verlag GmbH & Co. KG,
Tumblingerstraße 21, 80337 München

Druck und Bindung: Druckerei C.H. Beck, Nördlingen
(Adresse der Druckerei: Wilhelmstraße 9, 80801 München)
Satz: Fa. ottomedien, Darmstadt
Umschlaggestaltung: Design Concept Krön, Puchheim,
unter Verwendung eines Fotos von GettyImages
ISBN 978-3-423-50743-1 (dtv)
ISBN 978-3-406-65355-1 (C. H. Beck)

9 783406 653551

Vorwort

Seit dem 1.1.1992 sind Gebrechlichkeitspflegschaft und Entmündigung abgeschafft; an ihre Stelle ist die Betreuung getreten. Im Bundesgebiet ist ca. 1,3 Millionen Volljährigen ein Betreuer bestellt. Die Neuregelung wirft vielschichtige Rechtsfragen auf.

Das Buch wendet sich vor allem an interessierte Laien, an Rechtsanwälte, Betroffene, Angehörige, Verfahrenspfleger, Betreuer, Betreuungsvereine, Betreuungsbehörden, Sachverständige, Ärzte, Altenpfleger und Sozialarbeiter. Es versucht, rechtlich orientierte praktische Hilfen und Hinweise zu geben.

Die 10. Auflage berücksichtigt Gesetzesänderungen, zB das Patientenrechtegesetz in §§ 630a bis § 630h BGB, die neue gesetzliche Regelung der Zwangsbehandlung des Betreuten, Besteuerung der Aufwandspauschale, Änderungen des FamFG, Änderung der Sozialhilfewerte und wichtige neue Rechtsprechung (zB zur Vergütung). Das seit 1.7.2013 geltende Umsatzsteuerrecht ist berücksichtigt, auch das ab 1.8.2013 in Kraft getretene 2. Kostenrechtsmodernisierungsgesetz 2013, insbesondere GNotKG, JVEG, RVG.

Passau, im September 2013 *Walter Zimmermann*

Inhaltsübersicht

Inhaltsverzeichnis

Abkürzungsverzeichnis

aA	andere(r) Ansicht
Abs.	Absatz
aF	alte Fassung
AG	Amtsgericht
AnwBl.	Anwaltsblatt
Art.	Artikel
BayObLG	Bayerisches Oberstes Landesgericht
BeurkG	Beurkundungsgesetz
BGB	Bürgerliches Gesetzbuch
BGH	Bundesgerichtshof
BGHZ	BGH-Entscheidungssammlung Band/Seite
BNotO	Bundesnotarordnung
BtÄndG	Betreuungsrechtsänderungsgesetz
BtBG	Betreuungsbehördengesetz
BT-Drucks.	Bundestags-Drucksache
BtG	Betreuungsgesetz
BtPrax	Betreuungsrechtliche Praxis (Zeitschrift)
BVerfG	Bundesverfassungsgericht
DAVorm	Der Amtsvormund (Zeitschrift)
dh	das heißt
FamFG	Gesetz über das Verfahren in Familiensachen und in den Angelegenheiten der freiwilligen Gerichtsbarkeit
FamRZ	Zeitschrift für das gesamte Familienrecht
FGG	Gesetz über die Angelegenheiten der Freiwilligen Gerichtsbarkeit
FGPrax	Praxis der Freiwilligen Gerichtsbarkeit
FuR	Familie und Recht
GG	Grundgesetz
GNotKG	Gerichts- und Notarkostengesetz (ab 1.8.2013)
hM	herrschende Meinung
idR	in der Regel
iVm	in Verbindung mit

JVEG .... Justizvergütungs- und Entschädigungsgesetz
KJHG .... Kinder- und Jugendhilfegesetz (= SGB VIII)
KostO .... Kostenordnung
KV .... Kostenverzeichnis
LG .... Landgericht
MDR .... Monatsschrift für Deutsches Recht
MedR .... Medizinrecht (Zeitschrift)
nF .... neue Fassung
NJW .... Neue Juristische Wochenschrift (Jahrgang, Seite)
NJW-RR .... Rechtsprechungsreport der NJW
OLG .... Oberlandesgericht
Rpfleger .... Der deutsche Rechtspfleger (Zeitschrift)
RPflG .... Rechtspflegergesetz
R & P .... Recht und Psychiatrie (Zeitschrift)
RVG .... Rechtsanwaltsvergütungsgesetz
RVG VV .... Vergütungsverzeichnis zum RVG
Rz. .... Randziffer
SGB VIII .... Sozialgesetzbuch 8. Buch, Kinder- und Jugendhilfe
SGB XII .... Sozialgesetzbuch 12. Buch, Sozialhilfe
VBVG .... Vormünder- und Betreuervergütungsgesetz
ZPO .... Zivilprozessordnung

Literaturverzeichnis

Bauer/Birk/Klie/Rink Betreuungs- und Unterbringungsrecht, Loseblattkommentar, 1993 ff.
Bauer/Deinert HK-BUR-Gesetzessammlung zum Betreuungsrecht, 6. Aufl. 2011
Bienwald/Sonnenfeld/Hoffmann Betreuungsrecht, 5. Aufl. 2011
Böhm ua Betreuungsrecht, 2010
Bohnert Unterbringungsrecht, 2000
Coeppicus Sachfragen des Betreuungs- und Unterbringungsrechts, 2000
Damrau/Zimmermann Betreuungsrecht (Kommentar), 4. Aufl. 2010
Deinert/Lütgens/Meier Die Haftung des Betreuers, 2013
Deinert/Lütgens Die Vergütung des Betreuers, 2012
Dodegge/Zimmermann PsychKG Nordrhein-Westfalen, 2011
Dodegge/Roth Betreuungsrecht, 3. Aufl. 2010
Fiala/Stenger Genehmigungen bei Betreuung und Vormundschaft, 2005
Fröschle Betreuungsrecht in der Praxis, 2012
Harm Verfahrenspflegschaft, 2005
Haußleiter FamFG, 2011
Jürgens Betreuungsrecht, 2010
Keidel FamFG (Kommentar), 18. Aufl. 2014
Kierig/Kretz Formularbuch Betreuungsrecht, 2004
Knittel Betreuungsgesetz (Loseblattkommentar) 1992 ff.
Lipp Freiheit und Fürsorge, 2000
MünchKomm/*Bearbeiter* Münchener Kommentar zum BGB, 6. Aufl. 2012
Palandt/*Bearbeiter* BGB (Kommentar), 72. Aufl. 2013
Pardey Betreuungs- und Unterbringungsrecht 2009
Probst Betreuungs- und Unterbringungsverfahren, 2009
Seichter Einführung in das Betreuungsrecht, 2010
Soergel/*Bearbeiter* BGB, 12. Aufl. 1987 bzw. 13. Aufl. 2011
Sonnenfeld Betreuungs- und Pflegschaftsrecht, 2001
Staudinger/Bienwald BGB, Bearbeitung 1999 (Band: §§ 1896–1921)

Zimmermann Bayerisches Unterbringungsgesetz, 2009
Zimmermann Betreuungsrecht von A bis Z, 4. Aufl. 2011
Zimmermann Rechtsfragen bei einem Todesfall, 6. Aufl. 2010
Zimmermann Thüringer PsychKG, 1994
Zimmermann Unterbringungsgesetz Baden-Württemberg, 2003
Zimmermann Vorsorgevollmacht, Betreuungsverfügung, Patientenverfügung, 2010

1. Kapitel

Betreuung ohne Einwilligungsvorbehalt

I. Wann kann ein Betreuer bestellt werden?

1. Voraussetzungen im Allgemeinen

Ein Betreuer kann nach § 1896 BGB vom Betreuungsgericht (idR Amtsgericht) bestellt werden, wenn folgende Voraussetzungen vorliegen:

- der Betroffene muss volljährig sein (unten a);
- er kann seine Angelegenheiten ganz oder teilweise nicht besorgen (unten b);
- Ursache dafür muss eine psychische Krankheit oder eine körperliche, geistige oder seelische Behinderung sein (unten c);
- die Bestellung eines Betreuers muss erforderlich sein (unten d).
- Nicht notwendig ist dagegen die Einwilligung des Betroffenen, seine Geschäftsunfähigkeit oder ein Antrag irgendeiner Person oder Stelle.

a) Volljährigkeit des Betroffenen

Ist der Betroffene minderjährig, wird er von den Eltern oder einem Vormund betreut; deshalb scheidet die Bestellung eines Betreuers aus. Zeigt sich allerdings schon bei einem 17-Jährigen, dass er bei Volljährigkeit einen Betreuer brauchen wird, ermöglicht § 1908a BGB eine vorsorgliche Bestellung eines Betreuers.

b) Unfähigkeit des Betroffenen, seine Angelegenheiten zu besorgen

Jeder hat andere Angelegenheiten zu besorgen. Eine Rentnerin, die in einer gemieteten Wohnung lebt, hat sich um die Rente, ihre Wohnung, ihr Mietverhältnis, ihren Aufenthaltsort, ihre medizinische Behandlung, ihre Versorgung zu kümmern. Hat sie Wertpapiere, ein Mietshaus oder ein Unternehmen, hat sie weitere Angelegenheiten zu besorgen. Es lässt sich also verhältnismäßig einfach sagen, welche Angelegenheiten jemand hat. Schwieriger dagegen ist die Frage zu beantworten, ob jemand diese Angelegenheiten ganz oder teilweise nicht besorgen kann; denn viele sind in irgendeinem Bereich nachlässig, gehen zu spät zum Arzt, sind gegenüber Behörden säumig, lassen in der Wohnung leere Flaschen herumstehen, zahlen ihre Schulden schleppend. Schon jede Vertragsverletzung (zB die unterlassene Wartung der Heizungsanlage, obwohl sie im Mietvertrag vereinbart ist) wäre ein Nichtbesorgen-Können von Angelegenheiten.

Eine Betreuung kann auch im **Interesse Dritter** angeordnet werden, zB weil der Mieter dem geschäftsunfähigen Vermieter kündigen will (BayObLG FamRZ 1996, 1369) oder der Arbeitnehmer seinen Lohn gegenüber dem geschäftsunfähig gewordenen Arbeitgeber geltend machen will.

c) Medizinische Voraussetzungen

Dass jemand seine Angelegenheiten ganz oder teilweise nicht besorgen kann, genügt allein nicht, denn sonst müsste jeder geistig gesunde, aber nachlässige Mensch einen Betreuer bekommen. Das Gesetz verlangt zusätzlich in § 1896 Abs. 1 BGB, dass das Nichtbesorgen-Können bestimmte Ursachen hat. Vier Ursachen kommen in Betracht:

(aa) Psychische Krankheiten:

- körperlich nicht begründbare, endogene Psychosen;
- seelische Störungen als Folge von Krankheiten (zB Hirnhautentzündung) oder (mechanischen) Verletzungen des Gehirns (zB bei einem Unfall), von Anfallsleiden oder von anderen Krankhei-

ten oder körperlichen Beeinträchtigungen (körperlich begründbare, dh exogene, Psychosen);

- Abhängigkeitskrankheiten (Alkohol- und Drogenabhängigkeiten); die Sucht muss aber in ursächlichem Zusammenhang mit einer geistigen Erkrankung oder Behinderung stehen oder es muss ein auf die Sucht zurückzuführender psychischer Zustand eingetreten sein (BayObLG FamRZ 2001, 1403);
- Neurosen und Persönlichkeitsstörungen (Psychopathien).

(bb) Geistige Behinderungen: Darunter fallen die angeborenen oder durch Hirnschädigung erworbenen Intelligenzschwächen, zB Debilität, ferner später aufgetretene (zB altersbedingte) geistige Behinderungen.

(cc) Seelische Behinderungen: Das sind psychische Beeinträchtigungen als Folge von psychischen Erkrankungen.

(dd) Körperliche Behinderungen: Das sind zB Blindheit, Taubheit. In diesen Fällen darf ein Betreuer aber nur auf Antrag des Betroffenen bestellt werden (§ 1896 Abs. 1 Satz 3 BGB). Wenn der Betroffene aber seinen Willen nicht kundtun kann, kann der Betreuer auch ohne Einwilligung und ohne Antrag des Betroffenen bestellt werden.

Keine Rolle spielt dagegen, ob der Betroffene geisteskrank oder geistesschwach ist, ob er geschäftsfähig ist oder geschäftsunfähig. Die Gerichte gehen davon aus, dass Geisteskrankheit vorliegt, wenn eine geistige Störung so erheblich ist, dass die verbleibende geistige Leistungsfähigkeit der eines Kindes unter sieben Jahren entspricht; Geistesschwäche hingegen, wenn die verbleibende geistige Gesamtleistung der eines Minderjährigen über sieben Jahren gleichkommt. Beides sind juristische Begriffe, die von der medizinischen Terminologie abweichen.

Der erforderliche Grad der Normabweichung ist in § 1896 BGB nicht angegeben.

d) Erforderlichkeit der Betreuung

Ein Betreuer darf nur bestellt werden, wenn und soweit dies erforderlich ist (§ 1896 Abs. 2 BGB). Diese Einschränkung hat zur Folge:

(aa) Notwendige Aufgaben: Die Aufgabenkreise des Betreuers sind auf die notwendigen Bereiche zu beschränken und so konkret wie möglich zu fassen (OLG Schleswig FamRZ 2007, 2007). Beispielsweise darf kein Betreuer für „Gesundheitsfürsorge" bestellt werden, wenn nur eine **nervenärztliche** Behandlung notwendig ist. Unzulässig ist der Aufgabenkreis „Organspende nach dem Tode"; vgl. aber S. 275. Unzulässig ist auch eine rein vorbeugende Vorsorgebetreuung (BayObLG BtPrax 1995, 64); dass zeitweise kein Handlungsbedarf besteht, hindert die Betreuerbestellung dagegen nicht.

(bb) Andere Hilfen: Eine Bestellung scheidet aus, wenn **andere Möglichkeiten der Hilfe** bestehen. Darunter fallen zB Hilfe durch Familienangehörige, Bekannte, Nachbarn, soziale Dienste. Allerdings schränkt das Gesetz hier ein: Die Betreuung ist in diesen Fällen nur dann nicht erforderlich, wenn die Angelegenheiten des Betroffenen durch andere Hilfen „ebenso gut" wie durch einen Betreuer besorgt werden können. Diese Ersatzform entfällt vor allem, wenn der Betroffene einen gesetzlichen Vertreter braucht. Denn die freundliche Nachbarin kann zwar täglich das Mittagessen besorgen, sie kann aber keinen Rentenantrag stellen, wenn sie vom Betroffenen nicht wirksam bevollmächtigt wird.

(cc) Bevollmächtigte: Ein Betreuer ist ferner dann nicht erforderlich, wenn die Angelegenheiten des Betroffenen durch einen **Bevollmächtigten** besorgt werden können. Der Betreuer ist ein vom Gericht eingesetzter Bevollmächtigter; wenn der Betroffene selber einen Bevollmächtigten einsetzt, ist das genauso gut. Einzelheiten vgl. S. 10.

(dd) Keine Aufgaben: Ein Betreuer ist nicht erforderlich, wenn keine **Angelegenheiten** zu besorgen sind (BayObLG FamRZ 1994, 1551).

(ee) Pflegeversicherung: Versicherte erhalten die Leistungen der Pflegeversicherung nur auf Antrag (§ 33 Abs. 1 Satz 1 SGB XI). Der behandelnde Arzt hat (mit Einwilligung des Gebrechlichen) die Pflegekasse zu benachrichtigen, wenn sich Pflegebedürftigkeit abzeichnet; personenbezogene Daten dürfen nur mit Einwilligung des Gebrechlichen genutzt werden (§ 7 Abs. 2 SGB XI). Der medizinische Dienst der Pflegekassen hat den Gebrechlichen in seiner Wohnung zu untersuchen, damit die Pflegebedürftigkeit festgestellt werden kann (§ 18 Abs. 2 SGB XI); notwendig ist dazu das Einverständnis des Gebrechlichen, ggf. eine Entbindung von Schweigepflichten. Steht der Gebrechliche nicht unter Betreuung, fragt sich, ob eine Betreuung allein deswegen angeordnet werden muss, damit der Antrag gestellt werden kann und die erforderlichen Einverständnisse erteilt werden können. Das ist meines Erachtens zu bejahen; die Leistung der Pflegeversicherung setzt eine rechtsgeschäftliche Handlung des Gebrechlichen (Antrag oder Zustimmung zum Antrag eines anderen) voraus; ist der Gebrechliche dazu nicht mehr in der Lage, ist eine Betreuung erforderlich.

e) Zwangsbetreuung

Wenn der Betroffene mit der Bestellung eines Betreuers nicht einverstanden ist, dann kommt es darauf an, ob der Betroffene seinen Willen aufgrund der Erkrankung frei bestimmen kann.

- Ist der Betroffene (ganz oder partiell) geschäftsunfähig, kann er seinen Willen insoweit nicht mehr frei bestimmen und die Betreuung kann **auch gegen den (nicht freien) Willen** angeordnet werden.
- Kann der Betroffene noch einen „**freien** Willen" bilden, darf keine Betreuung **gegen seinen Willen** angeordnet werden (§ 1896 Abs. 1 a BGB), weil die freie Entfaltung der Persönlichkeit des Geschäftsfähigen durch einen Betreuer behindert wird (Art. 1 GG). Das gilt auch dann, wenn die Betreuung objektiv für den Betroffenen von Vorteil wäre (BGH FamRZ 2012, 869). Ob der Wille des Betroffenen „frei", dh von Krankheit unbeeinflusst ist, ist in der Regel durch ein Sachverständigengutachten festzustellen (BGH FamRZ 2011, 630).

2. Betreuung auf Antrag des Betroffenen

a) Anordnung der Betreuung

Die Bestellung eines Betreuers kann auch auf Antrag des Betroffenen erfolgen (§ 1896 Abs. 1 Satz 1 BGB), selbst wenn der Betroffene geschäftsunfähig ist. Auch bei einem Antrag ist aber zu prüfen, ob die Voraussetzungen des § 1896 BGB (Behinderung, medizinischer Befund; Erforderlichkeit) vorliegen.

Lediglich das **Verfahren** ist bei einer Betreuung auf Antrag des Betroffenen etwas vereinfacht:

- Statt eines Sachverständigengutachtens ist nur noch ein **„ärztliches Zeugnis"** über die Betreuungsbedürftigkeit erforderlich, wenn der Betroffene die Bestellung eines Betreuers beantragt hat und auf die Begutachtung verzichtet hat und die Einholung des Gutachtens insbesondere im Hinblick auf den Umfang des Aufgabenkreises des Betreuers unverhältnismäßig wäre (§ 281 Abs. 1 Nr. 1 FamFG). Diese Regelung darf nicht dazu führen, dass dem Betroffenen, der keinen Antrag stellte, bei der Anhörung ein Antrag nebst Verzicht eingeredet wird, weil der Schutzzweck des Sachverständigengutachtens sonst missachtet wird.
- Die **Beschwerdeberechtigung Dritter** ist eingeschränkt. Während gegen die Bestellung eines Betreuers von Amts wegen auch der Ehegatte, bestimmte nahe Verwandte und die Betreuungsbehörde ein Beschwerderecht haben, wenn sie in erster Instanz „beteiligt" worden sind (§ 303 Abs. 2 FamFG), haben diese Personen bei einer Betreuung auf Antrag des Betroffenen nur ein Beschwerderecht, wenn sie nach § 59 Abs. 1 FamFG in ihren „Rechten" verletzt sind (was meist nicht der Fall sein wird).

b) Aufhebung der Betreuung

Die Betreuung auf Antrag ist nicht etwa wieder aufzuheben, wenn der Betroffene seinen Antrag zurücknimmt. Denn wenn der Betreute einem solchen Antrag auf Aufhebung der Betreuung stellt, ist vom Gericht zu prüfen, ob die Betreuung von Amts wegen erforderlich ist (§ 1908d Abs. 2 Satz 1 BGB). Zu diesem Zweck ist nun nachträglich ein Sachverständigengutachten einzuholen (§ 294 Abs. 2 FamFG).

3. Betreuung auf Antrag Dritter

Nur der Betroffene hat ein Antragsrecht. Dritte – wie Verwandte, Freunde, Nachbarn, soziale Dienste, Pfarrer, Sozialamt, Polizeibehörde, Staatsanwaltschaft, Betreuungsbehörde usw. – haben kein eigenes Antragsrecht; Ausnahmen bestehen für Behörden im Rahmen von Disziplinarverfahren, Verwaltungsverfahren, der Abgabenordnung. Sie können aber den Sachverhalt, der ihres Erachtens eine Betreuung rechtfertigt, dem Betreuungsgericht mitteilen; dort wird er als Anregung behandelt. Das Gericht muss dann den Sachverhalt von Amts wegen ermitteln (§ 26 FamFG) und gegebenenfalls ein Amtsverfahren auf Bestellung eines Betreuers einleiten. Die Rücknahme eine solchen „Antrags" ist rechtlich bedeutungslos.

4. Überblick über die verschiedenen Aufgabenkreise

Nach § 1896 Abs. 2 Satz 1 BGB darf ein Betreuer vom Gericht nur für die Aufgabenkreise bestellt werden, in denen die Betreuung erforderlich ist. Diese Aufgabenkreise werden im Beschluss des Gerichts angegeben. Nur in diesem Aufgabenkreis vertritt der Betreuer den Betroffenen (§ 1902 BGB). Das schließt aber nicht aus, dass der Betreuer dem Betroffenen auch in anderen Bereichen behilflich ist. Die einzelnen Aufgabenkreise werden später (S. 159 ff.) ausführlich dargestellt. Im Folgenden sollen nur die Grundzüge aufgezeigt werden.

Manchmal ist es schwierig, festzustellen, welchen Umfang im Einzelfall ein Aufgabenkreis hat. So ist zweifelhaft, ob der Betreuer, dem das Aufenthaltsbestimmungsrecht übertragen ist, auch den Heimvertrag mit dem Altenheim schließen kann (oder ob dafür angesichts der hohen Kosten eine Betreuung mit dem Aufgabenkreis „Vermögenssorge" erforderlich ist). Auch bei der Wohnungsauflösung ist zweifelhaft, ob sie zu den persönlichen und/oder vermögensrechtlichen Angelegenheiten gehört. Aus diesen Unklarheiten kann sich eine Haftung für den Betreuer ergeben.

Die Rechtsprechung hat bestimmte typische Aufgabenkreise herausgebildet. Beispiele sind:

a) Vertretung in vermögensrechtlichen Angelegenheiten

Darunter fallen alle Vorgänge in Zusammenhang mit dem Vermögen, zB die Verwaltung der Rente, der Sparguthaben, Verwaltung von Einfamilien- oder Mietshäusern, auch Erwerb und Veräußerung von Vermögensgegenständen, Geldanlage, Schuldenregulierung. Nur Teilbereiche sind erfasst, wenn die „Rentenverwaltung" als Aufgabenkreis angegeben wird.

b) Vertretung in persönlichen Angelegenheiten

In diesen Fällen ist der Betreuer zB berechtigt, die ärztliche Behandlung zu veranlassen; Verträge mit sozialen Diensten zu schließen; Lebensmittel und Wäsche für den Betroffenen zu kaufen.

c) Aufenthaltsbestimmung

Viele Betroffene sind verwirrt und müssen in einem Altenheim untergebracht werden. Der Betreuer mit diesem Aufgabenkreis kann dann als Aufenthaltsort ein bestimmtes (offenes) Altenheim bestimmen. Eine geschlossene Unterbringung setzt eine Genehmigung des Betreuungsgerichts voraus, § 1906 BGB.

d) Zuführung zur ärztlichen Behandlung

Hier ist dem Betreuer nur ein Teil der persönlichen Angelegenheiten des Betroffenen übertragen. Die Formulierung „Zuführung" sollte vermieden werden, weil sie den Eindruck erweckt, als könnte der Arzt mit der „zugeführten" Person nach eigenem Ermessen verfahren. Einzelheiten, auch zur Sterilisation, vgl. S. 184 ff.

e) Überwachung des Bevollmächtigten

Es gibt Fälle, in denen der Betroffene zB einem Verwandten Bankvollmachten oder sonstige umfassende Vollmachten eingeräumt hat. Mit zunehmendem geistigen Abbau kann er dann den Bevollmächtigten nicht mehr kontrollieren. In solchen Fällen kann eine Betreuung angeordnet werden, bei der der Betreuer den speziellen Aufgabenkreis der Überwachung des Bevollmächtigten hat; das Gesetz nennt das: „Geltendmachung von Rechten des Betreuten gegenüber seinem Bevollmächtigten“ (§ 1896 Abs. 3 BGB). Einzelheiten vgl. S. 209.

f) Der Aufgabenkreis „Alle Angelegenheiten des Betroffenen"

In vielen Fällen, zB bei Schwachsinnigkeit, Idiotie, schweren Formen der Alzheimerschen Krankheit, der Parkinsonschen Krankheit, ist der Betroffene so hilfsbedürftig, dass er keine seiner Angelegenheiten mehr selbstständig erledigen kann, sondern eine umfassende Betreuung erforderlich ist. Dann wird vom Gericht als Aufgabenkreis angegeben: „alle Angelegenheiten“.

(aa) Ausgeschlossene Aufgaben: Auch in einem solchen Fall sind aber mehrere Bereiche kraft Gesetzes **ausgeklammert:**

Die Entscheidung über den **Fernmeldeverkehr** des Betroffenen (Telefon) und über die Entgegennahme, das Öffnen und das Anhalten der Post (§ 1896 Abs. 4 BGB). Der Aufgabenkreis kann aber dahingehend erweitert werden.

Die Entscheidung über die Einwilligung in eine **Sterilisation** (§ 1899 Abs. 2 BGB). Es kann aber ein besonderer Sterilisationsbetreuer bestellt werden.

Die **Testierfähigkeit** und die **Ehefähigkeit** bleiben unberührt von einer Betreuerbestellung. Der Betreuer kann nicht im Namen des Betreuten ein Testament schreiben. Der Betreute andererseits kann nach Belieben weiterhin Testamente verfassen; ob sie wirksam sind, richtet sich danach, ob der Verfasser testierfähig war (§ 2229 BGB). Ebenso kann der Betreute heiraten; der Standesbeamte muss beurteilen, ob die Ehegatten geschäftsfähig sind (§ 1304 BGB); war einer der Ehegatten geschäftsunfähig, kann die Ehe aufgehoben werden (§ 1314 BGB).

(bb) Wahlrecht: Der Betreute, für den ein Betreuer zur Besorgung aller seiner Angelegenheiten bestellt ist, kann nicht mehr **wählen**

(§ 13 BundeswahlG) und ist auch nicht wählbar. Entsprechendes gilt für die Europa-, Landtags- und Kommunalwahlen. Schreibt der Betreuungsrichter aber in den Beschluss nicht „alle" Angelegenheiten, sondern zählt er alle Angelegenheiten des Betreuten im Beschluss einzeln auf, dann behält nach derzeitiger Praxis der Betreute das Wahlrecht.

II. Vorsorgevollmacht

1. Zweck der Vollmacht

Ein Betreuer ist dann nicht erforderlich, wenn die Angelegenheiten des Betroffenen durch einen Bevollmächtigten besorgt werden können (§ 1896 Abs. 2 Satz 1 BGB). Der Betreuer ist ein vom Gericht eingesetzter Bevollmächtigter; wenn der Betroffene selber einen Bevollmächtigten einsetzt, ist das genauso gut. Der Betroffene kann die Vollmacht vor oder während des Betreuungsverfahrens erteilen.

Hier muss allerdings beachtet werden, dass die Erteilung einer Vollmacht (§ 167 BGB) Geschäftsfähigkeit des Vollmachtgebers, also des Betroffenen, voraussetzt (OLG München FGPrax 2010, 29); war der Betroffene bei Erteilung geschäftsunfähig (§ 104 Nr. 2 BGB), ist seine Vollmacht unwirksam; eine „andere Hilfe" liegt nicht vor, die Betreuung ist erforderlich. In zweifelhaften Fällen muss also der Richter mit Hilfe eines Sachverständigen prüfen, ob der Betroffene bei Vollmachtserteilung geschäftsfähig war.

Geschäftsunfähigkeit liegt vor, wenn sich der Betroffene in einem die freie Willensbestimmung ausschließenden Zustand krankhafter Störung der Geistestätigkeit befand. Die „freie Willensbestimmung" war bei Vollmachterteilung ausgeschlossen, wenn der Betroffene nicht mehr in der Lage war, seine Entscheidungen von vernünftigen Erwägungen abhängig zu machen (BGH NJW 1970, 1681).

Zur Ermächtigung für eine Einwilligung in medizinische oder freiheitsentziehende Maßnahmen genügt es die bloße Einsichtsfähigkeit, die Schwere- und Tragweite des Eingriffs zu beurteilen (Palandt/Götz Vor § 1896 Rn. 5).

2. Vorsorgevollmacht

Eine Vorsorgevollmacht ist rechtlich eine bedingte Vollmacht. Der Vollmachtgeber (dh der Betroffene, der Betreute) erteilt hierbei einer Person für einen bestimmten Fall (zB Eintritt der Geschäftsunfähigkeit, der Betreuungsbedürftigkeit) eine allgemeine Vollmacht (Generalvollmacht) oder eine Vollmacht für bestimmte Angelegenheiten (zB eine Bankvollmacht). Bei Eintritt der Geschäftsunfähigkeit erlischt diese Vollmacht nicht (§§ 168, 672, 675 BGB); vgl. OLG München NJW-RR 2009, 1599.

BEISPIEL: Ein 50-jähriger Mann – Eigentümer mehrerer Mietshäuser – leidet an der Alzheimerschen Krankheit. Er spürt das Nachlassen seiner geistigen Kräfte und erteilt seiner Frau eine Generalvollmacht. Hier ist die Vollmacht sofort wirksam, die Frau kann für ihren Mann tätig werden. Wenn nach einigen Jahren der Mann völlig verwirrt und geschäftsunfähig ist, ist die Vollmacht nicht unwirksam geworden; sie besteht fort. Die Frau kann weiterhin mit Wirkung für den Mann Mietverträge abschließen usw.
Der Mann kann seine Vollmacht aber auch bedingt erteilen: „Für den Fall meiner Geschäftsunfähigkeit erteile ich meiner Frau Frieda, geb. am 1.1.1950, zeitlich unbeschränkt Generalvollmacht." Dann kann die Frau den Mann erst vertreten, wenn er geschäftsunfähig geworden ist.

Wohnt der Betreute in einem Heim, kann dem **Heimpersonal** keine Vollmacht erteilt werden, welche eine Betreuung überflüssig machen würde (§§ 1896 Abs. 2 Satz 2, 1897 Abs. 3 BGB).

Die Vorsorgevollmacht (teils Altersvorsorgevollmacht genannt) wirft zahlreiche Probleme auf. Ihr Vorteil liegt vor allem darin, dass sich der Betroffene hier die Personen selbst aussuchen kann, von denen er im Alter betreut werden will, dass die Umstände der späteren gerichtlichen Bestellung eines Betreuers erspart werden, dass der Einblick unerwünschter und unbekannter Dritter in die Vermögensverhältnisse unterbleibt. Der Nachteil liegt im Wesentlichen in den Missbrauchsmöglichkeiten und darin, dass der Bevollmächtigte später nicht so gewissenhaft ist wie erwartet.

Gegenstand der Vollmacht kann auch die Einwilligung in eine Heilbehandlung, die Aufenthaltsbestimmung, die freiheitsentziehende Unterbringung und unterbringungsähnliche Maßnahmen sein (§§ 1904 Abs. 5, 1906 Abs. 5 BGB); die Vollmacht muss in diesem Fall aber schriftlich sein und diese Maßnahmen *ausdrücklich* nennen. Ferner braucht der Bevollmächtigte die **Genehmigung des Betreuungsgerichts,** wenn ein Betreuer in einer vergleichbaren Lage eine solche Genehmigung bräuchte.

3. Form der Vollmacht

Grundsätzlich bedarf die Erteilung einer Vollmacht keiner bestimmten Form; sie ist auch mündlich wirksam (Ausnahmen: Vollmacht für ärztliche Behandlung, Unterbringung; s. oben). Der Rechtsverkehr akzeptiert mündliche Vollmachten aber meist nicht; wer zB zu einer Bank geht und behauptet, der Kontoinhaber habe ihn mündlich bevollmächtigt, Geld vom Konto des Inhabers abzuheben, wird von der Bank kein Geld bekommen, weil die Bank einen Nachweis verlangt. Die Vollmacht muss deshalb (aus Zweckmäßigkeit) schriftlich erteilt sein. Aber auch dann wird sie oft vom Vertragspartner zurückgewiesen, weil Fälschungsgefahr besteht. Banken verlangen zB in der Regel zumindest, dass die Unterschrift bankintern beglaubigt ist.

Die Fälschungsgefahr kann durch Einschaltung eines Notars oder der Betreuungsbehörde beseitigt werden.

a) Notariell beglaubigte Vollmacht

Bei der notariell beglaubigten Vollmacht wird die Unterschrift des Vollmachtgebers von einem Notar beglaubigt. Der Notar bestätigt, dass die Unterschrift tatsächlich von einer bestimmten Person stammt und sich diese Person durch ihren Personalausweis oder auf andere Weise ausgewiesen hat. Den Inhalt der Vollmacht überprüft der Notar nicht. Für die Beglaubigung der Unterschrift verlangt der Notar eine Gebühr nach § 45 KostO bzw. KV 25100 GNotKG. Bei einem Aktivvermögen von ca. 100.000 EUR beträgt zB die Gebühr ca. 70 EUR.

Auch hier hat der Geschäftspartner das Risiko der Geschäftsunfähigkeit des Betroffenen bei Vollmachterteilung; er sieht nur den völlig vergreisten Betroffenen und die vor fünf Jahren erteilte Vollmacht und weiß nicht, in welchem Geisteszustand der Betroffene vor fünf Jahren war. Der Notar selbst hat die Geschäftsfähigkeit damals nicht überprüft, weil er nur die Identität des Unterschreibenden prüfte.

b) Behördlich beglaubigte Vollmacht

Eine Urkundsperson bei der Betreuungsbehörde kann die Unterschrift ebenfalls beglaubigen (§ 6 Abs. 2 BtBG), was nur 10 EUR kostet, egal wie hoch das Vermögen ist. Eine solche „öffentlich" beglaubigte Vollmacht kann auch beim Grundbuchamt und Handelsregister verwendet werden.

c) Notariell beurkundete Vollmacht

Die notariell beurkundete Vollmacht ist meist vorzuziehen: Hier beurkundet der Notar die Vollmacht (er beglaubigt nicht nur die Unterschrift) und prüft deshalb die Geschäftsfähigkeit des Vollmachtgebers (§§ 11, 17, 28 BeurkG), indem er sich zB anlässlich der Beurkundung mit ihm unterhält. Wenngleich dies keine für ein Gericht verbindliche Bejahung der Geschäftsfähigkeit bedeutet, wird in der Praxis die Gültigkeit einer notariell beurkundeten Vollmacht fast nie angezweifelt, weil der Notar im Prozess als Zeuge die Geschäftsfähigkeit laienhaft bestätigen würde. Eine notariell beurkundete Vollmacht kann auch im Grundbuchverkehr verwendet werden, wenn zB später Immobilien veräußert werden sollen. Für die Beurkundung einer solchen Vollmacht erhält der Notar Gebühren nach §§ 38 Abs. 2 Nr. 4, 41 Abs. 2 KostO bzw. § 98 GNotKG mit KV 21200. Bei einem Aktivvermögen des Vollmachtgebers von 50.000 EUR betragen die Gebühren ca. 140 EUR; bei 250.000 EUR: ca. 360 EUR. Schulden werden beim Gebührenwert nicht abgezogen.

d) Registrierung und Prüfung

Vorsorgevollmachten können bei der Bundesnotarkammer in Berlin gebührenpflichtig (ca. 18,50 EUR) registriert werden (zentrales Vorsorgeregister), § 78a BNotO. Bei Beginn eines Betreuungsverfahrens prüft das Betreuungsgericht durch Anfrage beim Vorsorgeregister, ob eine Vollmacht existiert (§ 6 VRegV). Der Text der Vollmacht ist aber beim Vorsorgeregister nicht gespeichert, muss also noch ermittelt werden (indem vom Bevollmächtigten die Vorlage verlangt wird).

4. Wann wird die Vorsorgevollmacht wirksam?

Dies hängt von der Formulierung der Bedingung ab. Im oben genannten Beispiel lautete sie: „für den Fall meiner Geschäftsunfähigkeit". Ob der Geschäftsverkehr solche Vollmachten akzeptieren wird, ist sehr fraglich. Denn wie soll der Geschäftspartner feststellen, ob diese Bedingung eingetreten ist? Wenn zB im obigen Beispiel die Frau eine freigewordene Wohnung im Mietshaus des Mannes vermieten will: Soll der Mietinteressent den Mann in Augenschein nehmen und so selbst die Überzeugung vom Wirksamsein der Vollmacht gewinnen? Wie soll die Bank des Mannes bei jeder Auszahlung das Wirksamwerden der Vollmacht feststellen? Von einer derartigen Bedingung ist daher abzuraten.

Zweckmäßiger ist, dass der Vollmachtgeber die Vollmacht unbedingt erteilt und die Originalvollmacht dem Bevollmächtigten vorerst nicht aushändigt; zwar ist die Vollmacht (als sog. Innenvollmacht) auch ohne Aushändigung der Vollmachtsurkunde wirksam, der Bevollmächtigte findet aber in der Praxis keinen Geschäftspartner, der die Vollmacht ohne Urkundenvorlage anerkennt. Der Vollmachtgeber kann dann zu einem beliebigen Augenblick die Vollmachtsurkunde dem Bevollmächtigten aushändigen und diesem dann das Tätigwerden ermöglichen.

Eine andere Möglichkeit ist, dass der Vollmachtgeber eine unbedingte Vollmacht erteilt und den Notar anweist (§ 51 Abs. 2 BeurkG), dem Bevollmächtigten die Vollmachtsurkunde erst dann auszuhändigen, wenn dieser dem Notar eine fachärztliche Bescheinigung vorlegt, dass der Vollmachtgeber geschäftsunfähig ist oder die Geschäftsfähigkeit zumindest zweifelhaft ist. Derartige Konstruktionen werden nur bei großen Vermögen in Betracht kommen.

5. Wer überwacht den Bevollmächtigten?

Der Bevollmächtigte wird vom Vollmachtgeber überwacht. Ist dieser dazu geistig nicht mehr in der Lage, erfolgt die Überwachung nicht etwa durch das Betreuungsgericht, sondern durch einen Betreuer, der lediglich den Aufgabenkreis „Überwachung des Bevollmächtigten X" hat (§ 1896 Abs. 3 BGB). Der Betroffene kann aber auch zwei Bevollmächtigte benennen, die nur gemeinschaftlich tätig werden können.

6. Ersatzbevollmächtigter

Zumindest bei größeren Vermögen sollte der Vollmachtgeber zwei Bevollmächtigte bestellen, die nach außen gleichrangig sind, damit bei Wegfall eines Bevollmächtigten keine Unterbrechung der Handlungsmöglichkeiten eintritt. Im Übrigen sollte ein Ersatzbevollmächtigter bestellt werden, für den Fall, dass der ursprüngliche Bevollmächtigte, zB durch Tod, wegfällt.

7. Grundverhältnis

Der Vollmacht liegt ein Rechtsverhältnis zwischen dem Bevollmächtigten und dem Vollmachtgeber zugrunde (zB ein Auftrag, Dienstvertrag, Werkvertrag). Es sollte bei Erteilung der Vollmacht mitgeregelt werden: zB die Vergütung des Bevollmächtigten, Ersatz der Aufwendungen (pauschaliert oder gegen Einzelnachweis?); Verpflichtung des Bevollmächtigten zur getrennten Vermögensverwaltung und zur Buchführung nebst Belegsammlung; Benennung einer Person, an die die (zB jährlichen) Abrechnungen zu leiten sind; Regelungen über die Art der Vermögensverwaltung (zB die Anlage der Erträgnisse in Aktien oder festverzinslichen Papieren); Verbot der Unterbevollmächtigung.

BEISPIEL: Ein Geschäftsmann erteilt einem Rechtsanwalt Vollmacht zur Verwaltung eines Hauses, zum Abschluss von Mietverträgen und zur Verwaltung von Wertpapieren. In einem Vertrag wird vereinbart, welche Vergütung der Anwalt für seine Tätigkeit erhält.

Wer vom Betroffenen einseitig zum Bevollmächtigten bestellt wird, muss das „Amt“ nicht annehmen. Insgesamt zeigt sich, dass die Vorsorgevollmacht nur eine brauchbare Lösung ist, wenn erbberechtigte nahe Verwandte als Bevollmächtigte bestellt werden können oder wenn das Vermögen so groß ist, dass Rechtsanwälte, Steuerberater und sonstige Fachleute bezahlt werden können. In den sonstigen Fällen dürfte sich kaum jemand finden, der kostenlos die Aufgabe des Bevollmächtigten wahrnimmt.

Aus § 1901c Satz 2 BGB ergibt sich eine Verpflichtung zur Ablieferung einer Kopie der Vorsorgevollmacht an das Betreuungsgericht; das Original kann der Bevollmächtigte behalten. Zur Feststellung, ob eine Betreuung erforderlich ist, kann das Gericht ferner beim zentralen Vorsorgeregister anfragen (S. 13).

Muster

> Vollmacht
> Hiermit bevollmächtige ich, (Name, Geburtsdatum, Adresse), meinen Sohn Y …, mich in allen Angelegenheiten zu vertreten. Er muss von den Ärzten Auskunft über meinen Gesundheitszustand erhalten, darf auch die Einwilligung in Heilbehandlungen erteilen bzw. versagen, meinen Aufenthaltsort bestimmen, an meiner Stelle in eine freiheitsentziehende Unterbringung und in unterbringungsähnliche Maßnahmen (wie zB Bettgitter, Fesselung, Einschließen) einwilligen. Zu Schenkungen (ausgenommen Anstandsschenkungen) ist er nicht berechtigt.
> Diese Vollmacht und der zugrundeliegende Auftrag bleiben auch wirksam, wenn ich geschäftsunfähig werden sollte. Der Bevollmächtigte kann Ersatz seiner Aufwendungen und eine angemessene Vergütung beanspruchen. Sollte Y wegfallen, bestimme ich meine Tochter Z als Ersatzbevollmächtigte.
> München, den …
> gez. X

III. Betreuungsverfügung

1. Sinn der Betreuungsverfügung

Jeder kann in gesunden Tagen in einem Schriftstück Regelungen für den Fall treffen, dass er einmal betreuungsbedürftig werden sollte

(§§ 1897 Abs. 4 Satz 3; 1901c Satz 1 BGB). Beachtlich sind solche Wünsche zwar auch, wenn sie nicht schriftlich niedergelegt sind; sie können aber dann schwer bewiesen werden. Handschriftlich muss diese Verfügung (anders als das Testament) nicht geschrieben werden; handschriftliche Unterzeichnung ist aber ratsam, da nur dann klar ist, dass nicht nur ein Entwurf vorliegt. Die Verfügung ist auch dann beachtlich, wenn der Verfasser geschäftsunfähig ist, falls es sich um verständliche, sinnvolle Äußerungen handelt.

2. Inhalt der Betreuungsverfügung

In Frage kommen:

a) Auswahl des Betreuers.

Vorschläge zur **Auswahl des Betreuers;** zB „Betreuer soll einmal meine Nichte Hilde werden, hilfsweise meine Nichte Gertrud"; oder: „Betreuer soll auf keinen Fall mein Enkel Oskar werden".

b) Wahrnehmung der Betreuung.

Wünsche zur **Wahrnehmung der Betreuung.** Beispielsweise:

- Wohnsitz, Wohnung; Einzelheiten der Wohnungsauflösung.
- In welchem Alters- oder Pflegeheim möchte man untergebracht werden?
- Wieviel Taschengeld muss der Betreuer dem Betreuten monatlich zur Verfügung stellen (zB: „10 % der Rente")?
- Welcher Arzt soll die medizinische Betreuung übernehmen?
- Wer soll als Rechtsanwalt oder als Verfahrenspfleger eingeschaltet werden?
- Wie soll das Vermögen später verwaltet werden?
- Was soll mit den Haustieren geschehen?

3. Maßgeblichkeit der Betreuungsverfügung

Die Anordnungen in der Betreuungsverfügung sind nicht verbindlich. Schlägt der Betroffene eine bestimmte Person als Betreuer vor, ist diesem Wunsch vom Betreuungsgericht nicht zu entsprechen, wenn der Vorschlag dem Wohl des Betroffenen zuwiderläuft (§ 1897 Abs. 4 Satz 1) oder wenn der Betroffene an seinem Vorschlag erkennbar nicht festhalten will (§ 1897 Abs. 4 Satz 3 BGB). Wer also ungeeignet ist oder die Betreuung nicht übernehmen will, kann trotz Benennung in der Betreuungsverfügung nicht zum Betreuer bestellt werden. Hat der Betroffene in der Betreuungsverfügung jemanden zum Betreuer vorgeschlagen und äußert er bei der persönlichen Anhörung, dass er nun lieber eine andere Person hätte, ist der aktuelle Wunsch maßgeblich.

Die Wünsche des Betroffenen in der Betreuungsverfügung sind vom Betreuer nicht zu beachten, wenn sie außerhalb des Aufgabenkreises des Betreuers liegen, wenn sie dem Wohl des Betroffenen zuwiderlaufen (BGH NJW 2009, 2814), wenn ihre Erfüllung dem Betreuer nicht zuzumuten ist oder wenn der Betroffene erkennbar an den in der Betreuungsverfügung geäußerten Wünschen nicht festhalten will (§ 1901 Abs. 2 BGB).

4. Ablieferungspflicht

Problematisch ist, wie das Gericht von der Existenz einer solchen Betreuungsverfügung Kenntnis erlangt, wenn der Betroffene selbst ihre Errichtung oder den Verwahrungsort vergessen hat. Man kann die Verfügung zB bei zuverlässigen Verwandten oder Bekannten in Aufbewahrung geben.

Wer eine solche Betreuungsverfügung in Besitz hat, hat sie unverzüglich beim Betreuungsgericht abzuliefern, nachdem er von der Einleitung eines Betreuungsverfahrens Kenntnis erlangt hat (§ 1901c BGB). Das Betreuungsgericht kann den Besitzer durch Androhung und Festsetzung von Zwangsgeld zur Ablieferung anhalten und zwingen (§§ 35, 285 FamFG), falls das Gericht überhaupt erfährt, dass eine solche Verfügung existiert.

Die Betreuungsgerichte sind nicht verpflichtet, solche Verfügungen vorsorglich zu verwahren (KG FamRZ 1995, 1295). Eine gebührenpflichtige (ca. 18,50 EUR) **Registrierung** einer Betreuungsverfügung bei der Bundesnotarkammer in Berlin ist möglich (§ 78a Abs. 1 Satz 1 BNotO); allerdings wird dort der Text der Verfügung nicht festgehalten, ist also noch zu ermitteln.

IV. Stellung des Betreuers

1. Auswahl

Der Betreuer wird vom Betreuungsrichter ausgewählt. Den richtigen Betreuer zu finden ist eine schwierige verantwortungsvolle Aufgabe.

a) Wer ist als Betreuer geeignet?

Das Gesetz stellt an die natürliche Person als Betreuer zwei Anforderungen, die beide vorliegen müssen:

- **Eignung,** in dem gerichtlich bestimmten Aufgabenkreis **die Angelegenheiten des Betreuten zu besorgen.** Ob jemand dazu geeignet ist, hängt vom Aufgabenkreis ab. Ist ein großes Vermögen zu verwalten, scheiden geschäftlich unerfahrene Verwandte aus. Geht es um Personensorge, scheiden Verwandte, die weit entfernt wohnen, aus.
- **Eignung, den Betroffenen** hierbei im erforderlichen Umfang **persönlich zu betreuen** (§ 1897 Abs. 1 BGB). Denn nur dann kann der Vorrang der Wünsche des Betreuten nach § 1901 Abs. 2 BGB beachtet werden. Persönliche Betreuung ist der Gegensatz zu einer anonymen Verwaltung von „Fällen“. Persönliche Betreuung verlangt also einen persönlichen Kontakt, insbesondere das persönliche Gespräch zwischen Betreuer und Betreutem. Ist dem Betreuer eine einzelne Angelegenheit übertragen, kann ein einzelner Kontakt genügen; bei einem umfassenden Aufgabenkreis ist ein ständiger Kontakt in angemessenen Zeitabständen erforderlich. Er kann auch dann nicht unterbleiben, wenn

der Betreute verständigungsunfähig ist, weil dann der Betreuer von Zeit zu Zeit überprüfen muss, ob der Betreute tatsächlich angemessen versorgt wird. Lehnt der Betreute Kontakte ab, soll sich der Betreuer aber nicht aufdrängen.

b) Einzelbetreuer, Vereins- und Behördenbetreuer

Zum Betreuer kann bestellt werden:

- Eine **natürliche Person** (§ 1897 Abs. 1 BGB), zB Verwandter.
- **Selbstständige Berufsbetreuer,** zB Rechtsanwälte, Sozialpädagogen, Altenpfleger, Hausfrauen, frühere Anwaltsgehilfen, Kaufleute, Theologen. Eine bestimmte Ausbildung ist *nicht* vorgeschrieben; lediglich ein Führungszeugnis und eine Auskunft aus dem Schuldnerverzeichnis des Amtsgerichts soll zur Prüfung der Eignung vorgelegt werden (§ 1897 Abs. 7 BGB). Seit 1999 soll das Betreuungsgericht berufsmäßige Betreuer nur noch dann bestellen, wenn (billigere) geeignete ehrenamtliche Betreuer nicht zur Verfügung stehen (§ 1897 Abs. 6 BGB).
- Ein Mitarbeiter eines anerkannten Betreuungsvereins (sog. **Vereinsbetreuer**); er kann nur bestellt werden, wenn der Verein damit einverstanden ist (§ 1897 Abs. 2 Satz 1 BGB).
- Ein Mitarbeiter der Betreuungsbehörde (sog. **Behördenbetreuer**); auch er darf nur bestellt werden, wenn die Behörde damit einverstanden ist (§ 1897 Abs. 2 Satz 2 BGB).
- Ein anerkannter **Betreuungsverein** (also eine juristische Person); erforderlich ist, dass der Verein einverstanden ist und dass keine natürlichen Personen als Betreuer zur Verfügung stehen (§ 1900 Abs. 1 BGB). Der Verein überträgt dann die Wahrnehmung der Betreuung intern einem oder mehreren Mitarbeitern und teilt dem Betreuungsgericht die Namen mit (§ 1900 Abs. 2 BGB). Ergibt sich, dass hinreichend andere Betreuer zur Verfügung stehen, muss der Verein dies dem Gericht mitteilen (§ 1900 Abs. 3 BGB); das Gericht kann dann die Betreuung einem solchen Betreuer übertragen.
- Die **Betreuungsbehörde** kann nur zum Betreuer bestellt werden, wenn weder natürliche Personen noch Betreuungsvereine zur

Verfügung stehen (§ 1900 Abs. 4 BGB). Die Behörde überträgt die Wahrnehmung der Betreuung dann intern einem oder mehreren Mitarbeitern.

Es muss also unterschieden werden zwischen dem Vereinsbetreuer und dem Verein als Betreuer. Im ersten Fall ist eine natürliche Person Betreuer; sie ist allerdings ehrenamtlicher oder hauptamtlicher Mitarbeiter eines Vereins; der Verein ist der Arbeitgeber des Mitarbeiters. Im zweiten Fall ist der Verein als juristische Person Betreuer; da er aber selbst nicht tätig sein kann, überträgt er die Arbeit einem Mitarbeiter (dieser ist aber nicht Betreuer!); auch hier ist der Verein Arbeitgeber des Mitarbeiters.

c) Mehrere Betreuer

(aa) Mehrere Betreuer mit aufgeteiltem Aufgabenkreis: Die Betreuung kann einem oder mehreren Betreuern übertragen werden (§ 1899 Abs. 1 BGB). Mehrere Betreuer kommen in Frage, wenn hierdurch die Angelegenheiten des Betreuten besser besorgt werden können.

BEISPIEL: Einer alten Frau mit umfangreichem Immobilienvermögen soll ein Betreuer für alle Angelegenheiten bestellt werden. In Frage kommt eine geschäftlich unerfahrene Nichte. Hier ist es zweckmäßig, einem Rechtsanwalt oder Steuerberater den Aufgabenkreis „Vermögenssorge" und der Nichte den Aufgabenkreis „alle Angelegenheiten mit Ausnahme der Vermögenssorge" zu übertragen. Vgl. dazu § 1899 Abs. 1 Satz 2 BGB.

(bb) Mehrere Betreuer mit gleichem Aufgabenkreis: Das kommt in Betracht, wenn die in Frage kommenden Personen gleich geeignet sind und der Betroffene keine abweichenden Vorschläge macht.

BEISPIELE: Der 18-jährige Betroffene ist geistig behindert. Seine Eltern sind geeignet und bereit, die Betreuung zu übernehmen. Hier sind beide Eltern mit dem gleichen Aufgabenkreis zu bestellen und nicht nur der Vater oder die Mutter. – Die wohlhabende 70-jährige Frau braucht einen Betreuer für ihre Vermögensangelegenheiten. Beide Kinder, 35 und 40 Jahre alt, Rechtsanwältin und Steuerberater, sind geeignet und bereit. Auch hier sollte die Betreuung beiden übertragen werden.

Sind mehrere Betreuer mit demselben Aufgabenkreis betraut worden, können sie die Angelegenheiten nur gemeinsam besorgen. Der eine Betreuer kann aber den anderen (ausdrücklich oder stillschweigend) bevollmächtigen. Das Gericht kann im Anordnungsbeschluss ferner Ausnahmen von der Gesamtvertretung treffen. Ein Betreuer kann allein tätig werden, wenn mit dem Aufschub Gefahr verbunden wäre (§ 1899 Abs. 3 BGB am Ende).

BEISPIEL: Den Eltern ist die Betreuung (Aufgabenkreis: alle Angelegenheiten) über ihren schwachsinnigen volljährigen Sohn übertragen worden. Der Sohn muss operiert werden; der Vater ist auf einer längeren Auslandsreise. Hier kann die Mutter allein einwilligen, wenn mit der Operation nicht bis zur Rückkehr des Vaters oder einer anderweitigen Kontaktaufnahmen mit ihm gewartet werden kann.

(cc) Mehrere Berufsbetreuer nur ausnahmsweise: Mehrere zu vergütende Betreuer dürfen zwecks Kostenersparnis nur ausnahmsweise bestellt werden, nämlich für Verhinderungsfälle, Sterilisation und als Gegenbetreuer (§ 1899 Abs. 1 Satz 3 BGB).

(dd) Ergänzungsbetreuer: Steht ein Kind unter Vormundschaft und ist der Vormund an der Besorgung einer bestimmten Angelegenheit verhindert (zB weil er selbst ein Rechtsgeschäft mit dem Kind vornehmen will), ist dem Kind für diese Angelegenheit ein Ergänzungspfleger zu bestellen (§§ 1795, 1909 BGB). Einem Volljährigen, der einen Betreuer hat, kann dagegen in solchen Fällen kein Ergänzungspfleger bestellt werden, weil § 1909 BGB nach seinem Wortlaut nicht auf die Betreuung anwendbar ist. Vielmehr ist in solchen Fällen nach § 1899 Abs. 4 BGB ein weiterer Betreuer mit diesem beschränkten Aufgabenkreis zu bestellen.

BEISPIEL: Dem B ist seine Schwester zur Betreuerin bestellt worden. B hat auf der Bank ein Vermögen von 400.000 EUR in Sparguthaben und Sparbriefen. Die Schwester möchte bei B ein Darlehen von 30.000 EUR zu 4 % Zins, rückzahlbar in zehn Jahresraten, aufnehmen, um damit Erschließungskosten zu bezahlen. Hier ist die Schwester verhindert, mit sich selbst einen Darlehensvertrag zu schließen. Auf ihren Antrag kann das Betreuungsgericht einen weiteren Betreuer mit dem Aufgabenkreis

„Abschluss eines Darlehensvertrages mit der Schwester" bestellen. Der Vertrag bedarf später der Genehmigung des Betreuungsgerichts nach § 1811 BGB.

(ee) Gegenbetreuer: Das Betreuungsgericht kann neben dem Betreuer einen Gegenbetreuer bestellen (§§ 1908i Abs. 1, 1792, 1799 BGB). Dadurch soll bei Betreuungsfällen, die große Vermögen betreffen, eine zusätzliche Belastung des Betreuungsgerichts vermieden werden können. Der Gegenbetreuer beaufsichtigt den Betreuer; er kontrolliert insbesondere die Belege der laufenden Einnahmen und Ausgaben. In die Vermögensverwaltung selbst darf er nicht eingreifen. Bei der Aufstellung des Vermögensverzeichnisses hat er mitzuwirken (§§ 1802 Abs. 1 Satz 2, 1908i Abs. 1 BGB). Der Gegenbetreuer ist nie gesetzlicher Vertreter des Betreuten. Bei Pflichtwidrigkeiten des Betreuers muss er das Betreuungsgericht verständigen, das dann nach § 1837 BGB tätig werden kann.

d) Als Betreuer ungeeignete Personen

Personen, die keine ausreichende Sachkunde haben oder die zu wenig Zeit haben, um eine persönliche Betreuung leisten zu können (§ 1897 Abs. 1 BGB), kommen nicht in Frage. Wer wegen Vermögensdelikten (Betrug, Diebstahl, Unterschlagung usw.) vorbestraft ist oder bei wem Insolvenz zu befürchten ist, soll nicht zum Vermögensbetreuer bestellt werden. Im Übrigen sind als Betreuer **bestimmte Personen immer ungeeignet:**

- Ungeeignet sind Geschäftsunfähige oder beschränkt Geschäftsfähige oder wer selbst unter Betreuung steht; letztlich können also in der Regel nur volljährige geschäftsfähige Personen zu Betreuern bestellt werden.
- Wenn der Betroffene im Verfahren oder vor dem Verfahren vorschlägt, eine bestimmte Person nicht zum Betreuer zu bestellen, soll darauf Rücksicht genommen werden (§ 1897 Abs. 4 Satz 2 BGB); die Abneigung ist also für das Gericht nicht bindend.
- Vereine oder Behörden sind als Sterilisationsbetreuer ungeeignet (§ 1900 Abs. 5 BGB).

- Bedienstete der Anstalt oder des Heims usw., in dem der Betreute wohnt oder untergebracht ist, dürfen nicht zum Betreuer bestellt werden (§ 1897 Abs. 3 BGB). Ein hauptamtlicher Mitarbeiter eines DRK-Kreisverbandes kann nicht Betreuer einer Person werden, wenn das DRK Träger des Altenheims ist, in dem diese Person wohnt (LG Stuttgart BtPrax 1996, 75).
- Wer im Verfahren zum Verfahrenspfleger des Betroffenen oder zum Sachverständigen bestellt worden ist, soll später nicht zum Betreuer bestellt werden, damit keine Interessenkonflikte in Frage kommen können. Der Verfahrenspfleger könnte sonst (in Erwartung der auf ihn zukommenden lukrativen Betreuung des Multimillionärs) keine Einwendungen gegen die Anordnung der Betreuung haben.
- Eine höchstzulässige Zahl von Betreuungen ist im Gesetz nicht vorgeschrieben. Eine übermäßige Konzentration von Betreuungen bei einer einzelnen Person (beispielsweise mehr als 40) ist zwar nicht wünschenswert (nach § 1897 Abs. 8 BGB muss sich ein Berufsbetreuer über Zahl und Umfang seiner Betreuungen äußern); es ist aber eine Frage des Einzelfalls, wie viele Betreuungen jemand ordnungsgemäß führen kann.

e) Bedeutung von Vorschlägen

Sobald sich im Verfahren abzeichnet, dass eine Betreuung angeordnet werden wird, ist zu prüfen, wer als Betreuer in Frage käme. Zunächst sollte der Betroffene nach seinen Vorschlägen gefragt werden.

(aa) Vorschläge des Betroffenen: Schlägt der Betroffene eine Person vor, die zum Betreuer bestellt werden kann, ist zunächst diese Person zu fragen, ob sie zur Übernahme der Betreuung bereit ist (§ 1898 Abs. 2 BGB). Denn wer nicht zur Übernahme bereit ist, darf nicht zum Betreuer bestellt werden, weil er das Amt dann meist nur widerwillig und ungenügend führen würde.

Solche Vorschläge kann der Betroffene auch **vor** dem Betreuungsverfahren machen; sie sind aber unbeachtlich, wenn der Betroffene erkennbar nicht daran festhalten will (§ 1897 Abs. 4 Satz 3 BGB).

BEISPIEL: Die 80-jährige Betroffene, die das Schwinden ihrer geistigen Kräfte bemerkte, hat 2006 schriftlich festgelegt oder zu ihren Verwandten gesagt, falls es einmal notwendig werde, wolle sie von ihrer Nichte betreut werden. Wenn 2013 ein Betreuungsverfahren anhängig wird, ist dieser Vorschlag noch beachtlich. Anders ist es, wenn die Betroffene bei der Anhörung 2013 erklärt, sie wolle die Nichte nun doch nicht als Betreuerin und anzunehmen ist, dass sie sich der Tragweite ihrer Erklärung voll bewusst ist.

Die vom Betroffenen vorgeschlagene Person muss, wenn sie einverstanden und geeignet ist, zum Betreuer bestellt werden, wenn es dem Wohl des Betroffenen nicht zuwiderläuft (§ 1897 Abs. 4 Satz 1 BGB); das gilt auch, wenn der Betroffene geschäftsunfähig ist (BayObLG FamRZ 1994, 530; OLG Düsseldorf FamRZ 1996, 1373). Der Willensvorrang des Betroffenen (der unter Umständen die Bedeutung seines Vorschlags nicht abschätzen kann) wird durch diese Regelung sinnvoll eingeschränkt.

BEISPIEL: Der geistig behinderte 20-Jährige arbeitet in einer Behinderten-Werkstatt. Er schlägt einen flüchtig Bekannten als Betreuer vor. Ist diese Person einverstanden und geeignet, müsste sie vom Gericht ausgewählt werden. Die Anknüpfung an das „Wohl" ermöglicht es hier dem Gericht, entgegen dem Vorschlag des Behinderten (der vielleicht bloß aus einer Laune heraus gemacht wurde) die Eltern zu Betreuern zu bestellen (BT-Drucks. 11/6949, S. 71).

Schlägt der Betroffene eine bestimmte Person (zB den Bruder) vor und glaubt das Gericht, dass dies nicht dem Wohl des Betroffenen entspricht, muss es alle Umstände ermitteln und abwägen, auch ob Einflüsse Dritter vorliegen, ob jemand wirtschaftliche Interessen verfolgt, ob ein persönliches Verhältnis zum Vorgeschlagenen besteht. Nur wenn konkrete Gefahren für den Betroffenen bestehen, darf vom Willen des Betroffenen abgewichen werden. Kleinere Nachteile, Interessenkonflikte von geringerem Gewicht genügen nicht (BayObLG FamRZ 1996, 1374; KG BtPrax 1995, 106). Dass die vom Betroffenen als Betreuer vorgeschlagene Person erbberechtigt ist, steht der Bestellung zum Betreuer nicht entgegen (OLG Düsseldorf FamRZ 1996, 1373).

Erklärt der Betroffene bei der Anhörung oder auf sonstige Weise, eine bestimmte Person solle nicht zum Betreuer bestellt werden, soll darauf Rücksicht genommen werden (§ 1897 Abs. 4 Satz 2 BGB). Bindend ist das also nicht.

(bb) Vorschläge Angehöriger: Im Verfahren soll in der Regel dem Ehegatten des Betroffenen, seinen Eltern, Pflegeeltern und Kindern Gelegenheit zur Äußerung gegeben werden (§ 279 Abs. 1 FamFG); falls solche Personen am Verfahren „beteiligt" wurden (§ 274 Abs. 4 FamFG) besteht eine Pflicht zur Anhörung. Dabei können die Angehörigen auch Vorschläge zur Person des Betreuers machen. Bindend sind diese Vorschläge nicht.

(cc) Keine Vorschläge: Liegen keine Vorschläge vor, ist die Suche des Gerichts nach geeigneten Personen oder Organisationen oft mühsam und zeitaufwändig. Das Betreuungsgericht kann die Betreuungsbehörde auffordern, einen geeigneten Betreuer vorzuschlagen. Die Behörde muss dann eine Person vorschlagen, die sich im Einzelfall zum Betreuer eignet (§ 8 Satz 3 BtBG). Notfalls schlägt die Behörde einen ihrer Mitarbeiter vor, der dann als Behördenbetreuer bestellt werden kann (§ 1897 Abs. 2 Satz 2 BGB). An die Vorschläge der Behörde ist das Gericht nicht gebunden. Bei den vorgeschlagenen Personen muss nachgefragt werden, ob sie zur Übernahme der Betreuung bereit sind (§ 1898 Abs. 2 BGB) und es muss geprüft werden, ob sie geeignet sind (§ 1897 Abs. 1 BGB; vgl. unten f).

Bei der Auswahl des Betreuers ist auf die verwandtschaftlichen und sonstigen persönlichen Bindungen, insbesondere auf die Bindungen zu Eltern, Kindern und zu Ehegatten sowie auf die Gefahr von Interessenkonflikten Rücksicht zu nehmen (§ 1897 Abs. 5 BGB).

In der Praxis werden bei jüngeren Volljährigen meist die Eltern oder ein Elternteil zu Betreuern bestellt, bei älteren Personen in der Regel die (erwachsenen) Kinder; sind keine Kinder vorhanden oder geeignet, werden häufig Verwandte bestellt. Fehlt es auch daran, kommen Rechtsanwälte, Sozialarbeiter, Organisationen (Betreuungsvereine) und Ämter (Betreuungsbehörden) in Betracht. Die Bestellung der Eltern kann problematisch sein, wenn sie die Fürsorge so ausüben, dass dem Betreuten die Chance zur Selbstständigkeit genommen wird. Erbberechtigte Verwandte können dazu neigen, bei der Vermögensverwaltung die Eigeninteressen in den Vordergrund zu stellen; sie halten den Betreuten dann unter Umständen zwecks Vermehrung der künftigen Erbschaft knapp, etwa beim Taschengeld. Letztlich haben aber die Gerichte keine große Auswahl; der Verwandte, der sich auch in der Nacht im Ernstfall kümmert und kommt, ist (auch bei Erbinteressen) immer noch besser geeignet als der Rechtsanwalt, Amts- oder Vereinsbetreuer, der nur während der Dienstzeit erreichbar ist.

f) Feststellung der Eignung und Zumutbarkeit

Ist die vom Gericht als Betreuer in Aussicht genommene Person zur Betreuung bereit, muss das Betreuungsgericht ihre (doppelte) Eignung überprüfen: die Eignung zur Besorgung des in Frage kommenden Aufgabenkreises (also bei speziellen Problemen die Sachkunde) und die Eignung zur persönlichen Betreuung hierbei (also ob ein persönlicher Kontakt in angemessenen Abständen räumlich und zeitlich möglich ist). Das Gericht kann insoweit eine Anfrage an die Betreuungsbehörde richten, das dann mit dem Ausgewählten Kontakt aufnimmt, ihn auffordert, ein Führungszeugnis sowie eine Auskunft aus dem Schuldnerverzeichnis vorzulegen (§ 1897 Abs. 7 BGB) und einen Bericht nebst Stellungnahme an das Betreuungsgericht sendet. In der Praxis wird oft nur mitgeteilt, dass nach einem Gespräch keine Bedenken gegen die Eignung bestünden; eine nähere Überprüfung erfolgt also nicht. Es genügen der persönliche Eindruck und einige Fragen über Beruf und Lebensumstände des in Aussicht genommenen Betreuers. Die Zumutbarkeit wird angenommen, wenn die in Aussicht genommene Person von sich aus keine Einwendungen erhebt. An die Auffassung der Behörde ist das Gericht nicht gebunden. Das Gericht kann aber auch selbst den Ausgewählten anschreiben und seine Eignung überprüfen.

Auch Ausländer können zu Betreuern bestellt werden; soll zB einem hier wohnenden Türken ein Betreuer bestellt werden, ist es schon aus sprachlichen Gründen meist zweckmäßig, einen Türken zum Betreuer zu bestellen.

Die Betreuung muss für den Betreuer zumutbar sein. Das hängt von den familiären, beruflichen und sonstigen Verhältnissen des Betreuers ab (§ 1898 Abs. 1 BGB). Hier kommt es auf das Alter und den Gesundheitszustand des Betreuers an, auf sein Verhältnis zum Betroffenen (Zerwürfnis, verfeindet?), Belastbarkeit zB wegen Zahl der eigenen schulpflichtigen Kinder, weiter Entfernung vom Aufenthaltsort des Betroffenen oder vom Sitz des Gerichts. Allerdings gibt es insoweit für die Betreuung keine gesetzliche Regelung; es kommt vielmehr auf die Zumutbarkeit und Eignung im Einzelfall an.

g) Übernahmepflicht?

Eine Übernahmepflicht besteht nicht. Wer zur Übernahme der Betreuung nicht bereit ist, darf nicht zum Betreuer bestellt werden (§ 1898 Abs. 2 BGB); § 1898 Abs. 1 BGB ist insoweit missverständlich formuliert. Besondere Gründe müssen bei der Weigerung nicht angegeben werden. Durch Zwangsgeld kann jemand nicht gezwungen werden, eine Betreuung zu übernehmen. Wer trotz seiner Weigerung zum Betreuer bestellt wurde, kann Beschwerde einlegen (§§ 58 ff. FamFG) und so erreichen, dass das Landgericht die Bestellung aufhebt. Denn der entgegen seinem Willen Beigeordnete ist in seinem Recht verletzt, nicht mit einer Aufgabe belastet zu werden, zu deren Erledigung er nicht fähig ist (BT-Drucks. 11/4528, S. 129).

Wer aber wirksam zum Betreuer bestellt wurde, kann sein Amt nicht einfach durch ein Schreiben an das Gericht **niederlegen**; er kann die Entlassung beantragen (§ 1908b BGB) und muss den Beschluss des Gerichts abwarten.

2. Aufgaben, Rechte und Pflichten des Betreuers im Allgemeinen

Die speziellen Aufgaben, Rechte und Pflichten des Betreuers ergeben sich aus seinem Aufgabenkreis. Einzelheiten darüber sind auf S. 159 ff. dargestellt. Darüber hinaus hat jeder Betreuer bestimmte allgemeine Rechte und Pflichten.

a) Persönliche Betreuung

Bei allen Aufgabenkreisen, auch bei der bloßen Vermögenssorge, ist vom Betreuer anzustreben, dass die Betreuung persönlich geführt wird, dass also ein Kontakt zwischen Betreuer und Betreutem besteht. Es soll nicht so sein, dass der Betreute seinen Betreuer noch nie gesehen hat, obwohl er durchaus verständigungsfähig ist.

Deshalb verlangt § 1897 Abs. 1 BGB, dass nur jemand zum Betreuer bestellt wird, der zur persönlichen Betreuung geeignet ist. Wenn der Betreuer nicht mehr in der Lage zur persönlichen Betreuung ist, zB weil er weggezogen oder weil er anderweitig überlastet ist, hat ihn das Betreuungsgericht zu entlassen (§ 1908b Abs. 1 BGB). Um die persönliche Betreuung zu fördern, dürfen Betreuungsvereine als solche oder die Betreuungsbehörde nur in Ausnahmefällen zum Betreuer bestellt werden. Damit sich ein Vertrauensverhältnis zwischen Betreuer und Betreutem entwickeln kann, soll nach Möglichkeit die vom Betreuten vorgeschlagene Person zum Betreuer bestellt werden (§ 1897 Abs. 4 BGB); macht der Betroffene keinen Vorschlag, soll auf verwandtschaftliche und sonstige Bindungen Rücksicht genommen werden (§ 1897 Abs. 5 BGB); es sollen also nach Möglichkeit nicht dem Betroffenen unbekannte Personen zu Betreuern bestellt werden.

b) Pflegeleistung

Zur persönlichen Pflegeleistung (Einkaufen, Kochen, Waschen, Pflege usw.) ist der Betreuer selbst nicht verpflichtet. Er kann als Vertreter des Betreuten mit Dritten (sozialen Diensten, Altenheimen) entsprechende Pflegeverträge abschließen. Will er den Betreuten gegen Entgelt selbst pflegen, muss das Betreuungsgericht einen Ergänzungsbetreuer mit dem Aufgabenkreis „Abschluss eines Pflegevertrages“ bestellen, der dann in Vertretung des Betreuten mit dem Betreuer einen Pflegevertrag schließt.

c) Urlaubsvertretung

Fährt der Betreuer in Urlaub oder ist er sonst abwesend, kann er (ohne Rücksprache mit dem Betreuungsgericht) einem Dritten Untervollmacht erteilen, zB für Verwaltungsaufgaben. Im Bereich der Personensorge (zB Unterbringungsgenehmigung) muss aber die letzte Entscheidung beim Betreuer bleiben (A. Jürgens, BtPrax 1994, 10). In Frage kommt ferner die Bestellung eines weiteren Betreuers nur für die Urlaubszeit (§ 1899 Abs. 4 BGB). Vgl. dazu ferner § 1846 BGB (S. 150).

d) Erörterungspflichten

Wichtige Entscheidungen soll der Betreuer mit dem Betroffenen vor Erledigung besprechen (§ 1901 Abs. 2 Satz 3 BGB); dazu gehören zB die Kündigung und Auflösung der Wohnung, der Umzug ins Altenheim, Unterbringung, medizinische Behandlung, Vermögensumschichtungen. Eine Ausnahme besteht nur, wenn die Erörterung dem Wohl des Betroffenen zuwiderlaufen würde; solche Fälle sind kaum vorstellbar.

e) Wohl und Wünsche des Betreuten

Der Betreuer hat die Angelegenheiten des Betreuten so zu besorgen, wie es dessen Wohl entspricht (§ 1901 Abs. 1 Satz 1 BGB). Er hat den Wünschen des Betreuten zu entsprechen, soweit dies dessen Wohl nicht zuwiderläuft und dem Betreuer zuzumuten ist.

Ist der Betroffene geschäftsfähig, hat der Betreuer die Wünsche des Betroffenen im Rahmen der finanziellen Möglichkeiten zu beachten. Ist der Betroffene geschäftsunfähig, kommt es zunächst darauf an, ob die Wünsche des Betreuten seinem Wohl zuwiderlaufen; die Wünsche müssen also dem Wohl nicht entsprechen, es genügt, dass sie neutral sind. Das Wohl des Betreuten darf dabei nicht ausschließlich nach objektiven Gesichtspunkten beurteilt werden. Was nicht nützt, aber auch nicht schadet, soll gemacht werden. Will der Betreute Kleidung einer bestimmten Farbe oder nur Elektrogeräte einer bestimmten Marke, soll dem entsprochen werden. Denn § 1901 Abs. 1 Satz 2 BGB bestimmt, dass zum Wohl des Betreuten auch die Möglichkeit gehört, im Rahmen seiner Fähigkeiten sein Leben nach seinen eigenen Wünschen und Vorstellungen zu gestalten.

Die Wünsche des Betreuten sind auch bedeutsam, wenn sie in einer sog. Betreuungsverfügung enthalten sind (§ 1901 Abs. 3 Satz 2

BGB), dh vom Betroffenen schon einige Zeit vor seiner Betreuungsbedürftigkeit geäußert wurden (vgl. S. 17).

Vor allem bei der Vermögenssorge wird häufig angenommen, die Erhaltung und Mehrung des Vermögens entspreche dem Wohl des Betreuten. Die Betreuung dient aber nicht dazu, den Betreuten vom Genuss seines Vermögens und seiner Einkünfte weitgehend auszuschließen und ihn auf ein Existenzminimum zu verweisen, um sein Vermögen für seine späteren Erben zu erhalten. Bei behinderten alten Menschen muss dafür gesorgt werden, dass ihr Vermögen vor allem dazu eingesetzt wird, ihre Lage zu erleichtern und ihnen den von früher gewohnten Lebensstandard zu erhalten (BayObLG NJW 1991, 432).

Dies wirkt sich zum Beispiel aus, wenn der Betreuer die Höhe des Taschengeldes des Betroffenen bestimmt. Es kommt darauf an, ob sich der Betrag im Rahmen der zur Verfügung stehenden Mittel hält und ob es die Wünsche des Betroffenen und seinen früheren Lebenszuschnitt berücksichtigt. Hat der Betroffene eine hohe Rente und früher viel ausgegeben, ist nicht einzusehen, weshalb er als Pflegefall darben soll; wer früher jeden Abend eine Flasche guten Wein leerte, soll das auch als Pflegefall tun können, wenn sein Einkommen ausreicht.

Den Wünschen des Betreuten braucht der Betreuer nicht zu entsprechen, wenn es ihm nicht zumutbar ist (§ 1901 Abs. 3 Satz 1 BGB). Will der Betreute, dass der Betreuer wöchentlich mehrere Stunden als Gesprächspartner zur Verfügung steht, ist das überzogen und daher unbeachtlich. Auch im Übrigen ist zu beachten, dass der Betreuer nicht das Dienstmädchen des Betreuten ist.

f) Zwangsbefugnisse des Betreuers

Hat zB der Betreuer den Aufgabenkreis „Wohnungsangelegenheiten“, weigert sich der Betreute aber, den **Betreuer in die Wohnung** zu lassen (damit die Heizung abgelesen, entmüllt oder die Renovierung durchgeführt werden kann), ist streitig, ob der Betreuer Zwangsbefugnisse gegenüber dem Betreuten hat. Da eine entsprechende Vorschrift fehlt, der Betreuer auch nicht (wie eine Mutter gegenüber dem Kind) Erziehungsbefugnisse gegenüber dem Betreuten hat, nimmt die überwiegende Auffassung (OLG Schleswig FamRZ 2008, 918; LG Darmstadt FamRZ 2012, 1325) an, dass der Betreuer nicht *von sich aus* zu Zwangsmaßnahmen (dh zu gewaltsamem Öffnen der Türe durch einen Schlosser und Eindringen in die Wohnung) berechtigt ist, und dass er auch nicht durch einen Beschluss des Betreuungsgerichts hierzu ermächtigt werden kann. Folge ist im Beispiel freilich, dass dem Betreuten gekündigt wird und er demnächst die Wohnung verlieren wird; das nimmt diese Meinung aber in Kauf. Die Gegenansicht ermächtigt den Betreuer mit dem Aufgabenkreis „Wohnungsangelegenheiten, Zutritt zur Wohnung" in einem gesonderten Beschluss zum Betreten der Wohnung unter Anwendung von Zwang (LG Berlin FamRZ 1996, 821; Palandt/Götz § 1896 Rz. 24); die Betreuungsbehörde muss dann unter Amtshilfe der Polizei und mit technischer Hilfe eines Schlossers öffnen. Zur Zwangsbehandlung des Betreuten vgl. S. 189.

g) Gesetzliche Vertretung

In seinem Aufgabenkreis vertritt der Betreuer den Betreuten gerichtlich und außergerichtlich (§ 1902 BGB).

(aa) Bei Geschäftsfähigkeit des Betreuten: Da die Betreuung auf eine vorhandene Geschäftsfähigkeit keinen Einfluss hat, kann der geschäftsfähige Betreute (wenn insoweit kein Einwilligungsvorbehalt angeordnet ist) selbst rechtsgeschäftlich handeln. Es kann also zu Doppelverpflichtungen kommen.

BEISPIELE: Die Wohnung des Betreuten soll neu tapeziert werden. Der geschäftsfähige Betreute beauftragt den Maler A, der Betreuer den Maler B. Beide Werkverträge sind wirksam. – Oder: Der Bauernschrank des Betreuten soll veräußert werden. Der Betreute verkauft an den Antiquitätenhändler A, der Betreuer an den Händler B. Beide Kaufverträge sind wirksam.

In diesen Fällen wird ein Vertrag erfüllt, der andere Vertrag wird durch Schadensersatzzahlung des Betreuten an den Handwerker/Händler abgewickelt. Im Innenverhältnis hat allerdings der Wille des (geschäftsfähigen) Betreuten Vorrang (§ 1901 Abs. 2 BGB), so dass denkbar ist, dass sich der Betreuer gegenüber dem Betreuten schadenersatzpflichtig macht, wenn er ohne vorherige Rücksprache mit ihm (§ 1901 Abs. 3 Satz 3 BGB) derartige Verträge schließt.

Der Betreuer ist nur in dem im Gerichtsbeschluss angegebenen Aufgabenkreis gesetzlicher Vertreter. Der geschäftsfähige (!) Betreute kann aber dem Betreuer eine Vollmacht ausstellen (Veit FamRZ 1996, 1309; Jürgens/Klüsener Vor § 1802 Rz. 7) und so dessen Vertretungsmacht rechtsgeschäftlich erweitern; auf diese Weise wird eine Erweiterung des Aufgabenkreises des Betreuers überflüssig.

Manche Rechtsgeschäfte des Betreuers bedürfen der Genehmigung des Betreuungsgerichts (§§ 1821, 1822 BGB). Als Rechtsgeschäft des geschäftsfähigen Betreuten bedürfen sie dieser Genehmigung nicht. Der geschäftsfähige Betreute kann also die betreuungsgerichtliche Kontrolle vermeiden, wenn er das Geschäft des Betreuers an sich zieht (D. Schwab FamRZ 1990, 683; Klüsener Rpfleger 1991, 227; streitig).

(bb) Bei Geschäftsunfähigkeit des Betreuten: Ist der Betreute geschäftsunfähig, kann er nach § 104 Nr. 2 BGB nicht rechtsgeschäftlich handeln; für ihn handelt der Betreuer als sein gesetzlicher Vertreter. Die oben genannten Doppelverpflichtungen können nicht vorkommen. Ausnahme: Tätigt ein volljähriger Geschäftsunfähiger ein Geschäft des täglichen Lebens, das mit geringwertigen Mitteln bewirkt werden kann (zB Einkauf von Lebensmitteln, Zeitungen), gilt der Vertrag mit Erfüllung als wirksam (§ 105a BGB). Ähnlich ist es im Heimrecht: War der Bewohner zu dem Zeitpunkt der Aufnahme in ein Heim geschäftsunfähig, gilt der geschlossene Heimvertrag hinsichtlich einer bereits bewirkten Leistung und deren Gegenleistung grundsätzlich als wirksam (§ 4 Abs. 2 Satz 3 Wohn- und Betreuungsvertragsgesetz); die Erben können also keine Rückzahlung des Heimentgelts verlangen.

h) Betreuungsgerichtliche Genehmigungen

(aa) Fälle: Der Betreuer ist nicht nur dadurch beschränkt, dass seine Vertretungsmacht die Grenze an seinem Aufgabenkreis findet; in zahlreichen Fällen bedarf er auch der Genehmigung des Betreuungsgerichts (§ 1908i iVm §§ 1805–1821, 1822 Nr. 1–4, 6–13, 1823–1825 BGB); zB für:

- die Einwilligung des Betreuers (oder eines Bevollmächtigten) in gefährliche Untersuchungen, Heilbehandlungen, ärztliche Eingriffe (§ 1904 BGB); in den Fällen des § 1904 Abs. 4 BGB (vgl. S. 197) ist aber keine Genehmigung erforderlich;
- die Einwilligung in eine ärztliche Zwangsmaßnahme (Zwangsbehandlung), § 1906 Abs. 3a BGB;
- die Einwilligung in eine Sterilisation (§ 1905 BGB);
- die freiheitsentziehende Unterbringung des Betreuten (§ 1906 BGB); auch bei Vollmacht (§ 1906 Abs. 5 BGB);
- die Kündigung des vom Betreuer gemieteten Wohnraums (§ 1907 Abs. 1 BGB);
- den Abschluss von Verträgen, durch die der Betreute zu wiederkehrenden Leistungen für länger als vier Jahre verpflichtet werden soll (Beispiel: das Gasthaus des Betreuten soll für fünf Jahre verpachtet werden), § 1907 Abs. 3 BGB;
- den Abschluss von Verträgen, durch die der Betreute Wohnraum vermietet; nach dem Gesetzestext gilt dies auch, wenn es sich um Wohnraum handelt, den der Betreute bisher nicht selbst nutzte. Ist der Betreute Eigentümer eines Wohnblocks mit 24 Wohnungen, braucht der Betreuer für die Mietverträge die gerichtliche Genehmigung. Wandelt er eine Wohnung in ein Büro um mit unbestimmter Mietzeit und beiderseitigem Kündigungsrecht von einem Jahr, braucht er für die Vermietung keine Genehmigung;
- das Versprechen einer Ausstattung (zB der Geschäftsübergabe an die Tochter des Betreuten), § 1908 BGB;
- die Abweichung von Anordnungen des Erblassers bei der Verwaltung eines Erbschaftserwerbs des Betreuten, § 1803 BGB;
- die Abhebung und Überweisung von gesperrtem Geld des Betreuten, § 1809 BGB;

- bestimmte Geldanlagen, §§ 1810, 1811 BGB;
- die Verfügung über Forderungen und Wertpapiere des Betreuten im Betrag von über 3000 EUR, §§ 1812, 1813 BGB; zB Einziehung von Ansprüchen des Betreuten aus Kaufverträgen, Schadensersatz, Versicherungsleistungen, uU Renten. Die Verfügung (Abhebung, Überweisung) über **Giro- oder Kontokorrentguthaben** des Betreuten bedarf seit 1. 9. 2009 keiner Genehmigung mehr (§ 1813 Abs. 1 Nr. 3 BGB), unabhängig von der Höhe des Guthabens oder der Abhebung (anders bei Sparguthaben);

Merke:

Nach hM (OLG Köln FamRZ 2007, 1268) ist § 1813 Abs. 1 Nr. 2 BGB wegen seines Wortlauts dahin auszulegen, dass bei Abhebungen von einem Sparkonto oder Termingeldkonto (= Verfügung über eine Forderung der Betreuten) der Kontostand und nicht der Abhebungsbetrag entscheidend ist. Beträgt das Sparguthaben 5000 EUR und will der Betreuer 250 EUR abheben, besteht Genehmigungsbedürftigkeit nach § 1813 BGB; beträgt das Guthaben 2900 EUR und will der Betreuer 2800 EUR abheben, liegt kein Fall des § 1813 BGB vor. Durch diese Auslegung soll der Betreute vor Missbrauch geschützt werden; sind laufend Abhebungen nötig, kann der Betreuer eine allgemeine Ermächtigung nach § 1825 BGB beim Betreuungsgericht beantragen. Die abweichende Meinung sagt: Bei Abhebungen unter 3000 EUR besteht Genehmigungsfreiheit, auch wenn das Gesamtguthaben mehr als 3000 EUR beträgt (LG Saarbrücken FamRZ 1992, 1348). Das gilt nicht bei Giro- oder Kontokorrentkonten.

- die Verfügung über ein **Grundstück** oder ein Recht an einem Grundstück (Nießbrauch, Dienstbarkeit, Vorkaufsrecht usw.; nicht: Grundschuld, Hypothek, § 1821 Abs. 2 BGB), § 1821 Abs. 1 Nr. 1 BGB;
- die Verfügung über eine Forderung, die auf Übertragung des Eigentums an einem Grundstück gerichtet ist, zB Abtretung des Auflassungsanspruchs, § 1821 Abs. 1 Nr. 2 BGB;
- zahlreiche weitere Grundstücksgeschäfte, § 1821 Abs. 1 Nr. 2–5 BGB;

- das Rechtsgeschäft, durch das der Betreute zu einer Verfügung über eine ihm angefallene Erbschaft oder über seinen künftigen gesetzlichen Erbteil oder seinen künftigen Pflichtteil verpflichtet wird (§ 1822 Nr. 1 BGB);
- die Verfügung über den Anteil des Betreuten an einer Erbschaft, § 1822 Nr. 1 BGB;
- die Ausschlagung einer **Erbschaft** oder eines Vermächtnisses, Verzicht auf einen Pflichtteil, Erbteilungsvertrag, (auch teilweise) Erbauseinandersetzung, § 1822 Nr. 2 BGB; die Annahme der Erbschaft ist dagegen genehmigungsfrei;
- bestimmte Verträge über Erwerbsgeschäfte, Gesellschaftsverträge, § 1822 Nr. 3 BGB;
- den Pachtvertrag über ein Landgut (nicht: einige landwirtschaftliche Flächen) oder einen gewerblichen Betrieb; § 1822 Nr. 4 BGB;
- die Kreditaufnahme, § 1822 Nr. 8 BGB; Wechselverbindlichkeiten, § 1822 Nr. 9 BGB;
- die Übernahme einer fremden Verbindlichkeit, Eingehung einer Bürgschaft; § 1822 Nr. 10 BGB;
- die Erteilung einer Prokura, § 1822 Nr. 11 BGB;
- den Vergleich, Prozessvergleich, außer der Vergleichsgegenstand übersteigt nicht den Wert von 3000 EUR; wenn der Betrag höher ist, besteht keine Genehmigungsbedürftigkeit, wenn der Vergleich einem gerichtlichen Vergleichsvorschlag entspricht (§ 1822 Nr. 12 BGB). Beim Betrag kommt es auf den streitigen Betrag an, nicht die Vergleichssumme (Beispiel: gestritten wird um 4000 EUR, man einigt sich auf 2000 EUR; der Vergleichsgegenstand beträgt 4000 EUR);
- die Aufhebung oder Minderung einer Sicherheit, die für eine Forderung des Betreuten besteht (§ 1822 Nr. 13 BGB); zB Verzicht auf Sicherungseigentum, Sicherungsabtretung, Pfandrecht, Freigabe des Bürgen, Rangrücktritt.

(bb) Befreiung: Das Betreuungsgericht kann dem Betreuer zu bestimmten wiederkehrenden Rechtsgeschäften (zB monatliche Überweisung von 3000 EUR aus dem Sparguthaben an das Pflegeheim, §§ 1812, 1813 BGB) eine **allgemeine Ermächtigung** erteilen (§ 1825 BGB). Das Betreuungsgericht kann ferner den Betreuer auf dessen **Antrag** von den Verpflichtungen nach §§ 1806 bis 1816 BGB befreien, wenn das Vermögen des Betreuten (ohne Grundbesitz) nur ca. 6000 EUR beträgt und eine Gefährdung des Vermögens (zB wegen Vertrauenswürdigkeit des Betreuers) nicht zu befürchten ist (§ 1817 BGB); Folge wäre, dass Sparkonten nicht mehr gesperrt werden müssen und Überweisungen sowie Abhebungen vom Sparbuch von mehr als 3000 EUR nicht vom Gericht genehmigt werden müssen.

(cc) Genehmigungsverfahren: Der Betreuer kann eine Vor- oder eine Nachgenehmigung beantragen (also vor Abschluss des Geschäfts bzw. nachher). Die Einholung von Gutachten durch das Gericht zur Klärung, ob eine Genehmigung möglich ist, ist nicht ausdrücklich vorgeschrieben, doch wird das Betreuungsgericht oftmals ohne Gutachten nicht entscheiden können, was dem Wohl des Betreuten dient, zB wegen des angemessenen Preises, wenn ein Grundstück des Betreuten veräußert werden soll.

Das Gericht wird den Betreuten vor Erteilung der Genehmigung anhören müssen. Es ist zu unterscheiden:

(1) Beschluss des Betreuungsgerichts, der genehmigt oder ablehnt: Der Beschluss wird erst mit Rechtskraft (§ 45 FamFG) wirksam (§ 40 Abs. 2 Satz 1 FamFG), was im Beschluss anzugeben ist. Eine Rechtsmittelbelehrung ist notwendig (§ 39 FamFG; Beschwerde nach §§ 58 ff FamFG zum LG); die Beschwerdefrist beträgt nur zwei Wochen (§ 63 Abs. 2 Nr. 2 FamFG). Der Beschluss ist auch demjenigen, für den das Rechtsgeschäft genehmigt ist, also dem Betreuten, mitzuteilen (§ 41 Abs. 3 FamFG); da für ihn eine Frist läuft ist Zustellung erforderlich (§ 41 Abs. 1 Satz 2 FamFG). Wenn der Betreute den Vorgang nicht mehr nachvollziehen kann, ist ihm schon im Genehmigungsverfahren ein Verfahrenspfleger zu bestellen; dem Pfleger ist auch der Genehmigungsbeschluss zuzustellen. Er kann dagegen Beschwerde einlegen, desgleichen der Betreute.

(2) Die Genehmigung ist vom Gericht dem Betreuer mitzuteilen; er kann nun frei entscheiden, ob er davon Gebrauch macht oder nicht.

(3) Die nachträgliche (rechtskräftige) Genehmigung des Gerichts wird dem Geschäftsgegner gegenüber (zB Käufer des Grundstücks) erst wirksam in dem Zeitpunkt, in dem der Betreuer (als Vertreter des Verkäufers) sie dem Käufer des Grundstücks mitteilt (§§ 1828, 1829 BGB).

(4) Ab Wirksamwerden gegenüber dem Dritten wird der Beschluss über die Genehmigung oder Verweigerung der Genehmigung durch § 48 Abs. 3 FamFG angriffsfest gemacht, ist also nicht mehr anfechtbar.

(dd) Folgen fehlender Genehmigung: In den Fällen der sog. Innengenehmigung, also zB wenn nur Sollvorschriften verletzt sind (zB § 1810 BGB), ist das Fehlen der Genehmigung für die Wirksamkeit des Rechtsgeschäfts belanglos. Bei einer Außengenehmigung (zB bei § 1812, §§ 1821, 1822 BGB) ist die Genehmigung Wirksamkeitsvoraussetzung. Bei Verstoß gegen § 1813 Abs. 1 Satz 2 BGB kann daher als Schadensersatz nochmalige Zahlung erforderlich sein (LG Mannheim FamRZ 2008, 640). Einseitige Rechtsgeschäfte wie Kündigung sind ohne Genehmigung unwirksam (§§ 1907, 1831 BGB).

i) Vertretung im Prozess

Der Betreuer vertritt in seinem Aufgabenkreis den Betreuten auch in einem Prozess. Ist Betreuung zB mit dem Aufgabenkreis „Vermögenssorge“ angeordnet und ist der Betreute Eigentümer eines Hauses, dann wird der Betreute bei einem Mieterhöhungsprozess vom Betreuer vertreten. Auch wenn der Betreute geschäftsfähig ist, liegt die Prozessführung im Interesse der Rechtsklarheit allein beim Betreuer (§ 53 ZPO).

j) Schenkungen

Der Betreuer darf grundsätzlich keine Schenkungen in Vertretung des Betreuten machen (§§ 1908i Abs. 2, 1804 Satz 1 BGB). Der Betreuer darf insbesondere nicht Grundbesitz des Betreuten unentgeltlich auf dessen künftige Erben übertragen (sog. vorweggenommene Erbfolge), auch dann nicht, wenn dadurch Steuern gespart werden können (BayObLG BtPrax 1996, 183). Bei Verstoß ist die Schenkung nichtig und zurückzufordern (§§ 985, 812 BGB); der Betreuer haftet nach § 1833 BGB.

Vom Schenkungsverbot gibt es Ausnahmen:

- Schenkungen, durch die einer sittlichen Pflicht oder einer auf den Anstand zu nehmenden Rücksicht entsprochen wird, kann der Betreuer namens des Betreuten machen (§ 1804 Satz 2 BGB). Darunter fallen Geschenke an nahe Angehörige zu Geburtstagen, Weihnachten, Verlobung, Hochzeit, Examen usw. Bezüglich der Höhe kommt es auf die Einkommens- und Vermögensverhältnisse des Betreuten an.
- Gelegenheitsgeschenke kann der Betreuer in Vertretung des Betreuten auch dann machen, wenn dies dem Wunsch des Betreuten entspricht und nach seinen Lebensverhältnissen üblich ist (§ 1908i Abs. 2 Satz 1 BGB). Auf Geschäftsfähigkeit des Betreuten kommt es beim „Wunsch“ nicht an; auch der Geschäftsunfähige kann eindeutige Wünsche haben. Wann Üblichkeit nach den Lebensverhältnissen anzunehmen ist, ist unklar. Es wird auf die Einkommens- und Lebensverhältnisse und die bisherigen Gepflogenheiten des Betroffenen ankommen. Hat der wohlhabende Betreute jahrelang den Museumsverein finanziell gefördert, fällt dies zwar nicht unter § 1804 Satz 2 BGB, wohl aber unter Umständen unter § 1908i Abs. 2 Satz 1 BGB.
- Der geschäftsfähige Betreute kann nach seinem Gutdünken Geschenke machen, auch an den Betreuer.

k) Berichtspflicht

Der Betreuer hat über seine Vermögensverwaltung jährlich Rechnung zu legen (§§ 1908i, 1840 BGB). Wer kein Vermögen verwaltet, hat dem Betreuungsgericht auf Verlangen zu berichten (§§ 1908i, 1839 BGB); das Gericht kann periodische Berichte verlangen.

Ist Betreuer der Vater, die Mutter, der Ehegatte, oder ein Abkömmling des Betreuten, ein Vereinsbetreuer, Behördenbetreuer, ein Verein oder die Behörde, besteht **Befreiung** von der Rechnungslegungspflicht (§§ 1908i Abs. 2 Satz 2, 1857a BGB).

Über Art und Umfang des Berichts bestehen bei den Gerichten unterschiedliche Vorstellungen; es empfiehlt sich, beim zuständigen Rechtspfleger nachzufragen.

Bei Betreuungen mit allen Aufgabenkreisen sollte sich der Bericht mit folgenden Umständen befassen:

- Persönliche Verhältnisse (gesundheitliche Lage, Aufenthalt)
- Einkünfte
- Vermögensverwaltung
- Steuern
- Vergütungsantrag des Betreuers, Aufwendungen.

l) Meldepflichten

Werden dem Betreuer Umstände bekannt, die eine Aufhebung der Betreuung ermöglichen, so hat er dies dem Betreuungsgericht mitzuteilen (§ 1901 Abs. 5 Satz 1 BGB). Dasselbe gilt für Umstände, die eine Einschränkung oder Erweiterung des Aufgabenkreises, die Bestellung eines weiteren Betreuers oder die Anordnung eines Einwilligungsvorbehalts erfordern (§ 1901 Abs. 5 Satz 2 BGB). Ein Berufsbetreuer, welcher erfährt, dass sein Schützling auch durch einen (billigeren) ehrenamtlichen Betreuer versorgt werden kann, muss dies dem Betreuungsgericht mitteilen (§ 1897 Abs. 6 Satz 2 BGB).

BEISPIELE: Der Zustand des Betreuten hat sich nachhaltig gebessert; in Teilbereichen kann die Betreuung durch andere Hilfen genauso gut erledigt werden; der Betreuer mit dem Aufgabenkreis „Vermögenssorge" stellt bei einem Besuch fest, dass der Betreute dringend ärztlicher Behandlung bedarf; der Betreuer mit dem Aufgabenkreis „alle Angelegenheiten" erkennt, dass schwierige Vermögensangelegenheiten zu erledigen sind, für die er nicht sachkundig ist; der Betroffene schädigt sich schwer, indem er seine Rente für unsinnige Bestellungen ausgibt.

Seit 1.1.1999 bzw. 1.7.2005 müssen Berufsbetreuer der örtlich zuständigen Betreuungsbehörde ferner kalenderjährlich bis 31.3. des darauf folgenden Jahres mitteilen, wie viele Betreuungen sie im vergangenen Jahr führten (aufgeschlüsselt nach Heimbewohnern und zuhause wohnenden Betreuten) und welcher Geldbetrag dafür eingenommen wurde (§ 10 VBVG). Dadurch soll ua Abrechnungsbetrug verhindert werden. Streitig ist, ob und welche Folgen es hat, wenn ein Betreuer diese Meldung nicht macht.

3. Aufwendungsersatz und Vergütung (Übersicht)

Vergütung und Aufwendungsersatz für die verschiedenen Betreuertypen sind im Gesetz unübersichtlich geregelt. Ab 1.7.2005 erfolgte eine Neuregelung. Im Einzelnen gilt:

a) Einzelbetreuer

Der Einzelbetreuer erhält:

- eine Vergütung vom vermögenden Betreuten, falls er **Berufsbetreuer** ist, § 1836 Abs. 1, 2 BGB; der ehrenamtliche Betreuer erhält nur dann eine Vergütung vom vermögenden Betreuten, wenn Umfang oder Schwierigkeit der Geschäfte dies rechtfertigen.
- vom mittellosen Betreuten erhält der Betreuer keine Vergütung, dafür aber von der Staatskasse (§ 1836 Abs. 1 Satz 2 BGB, § 1 Abs. 2 Satz 2 VBVG), falls er **Berufsbetreuer** ist.
- allgemeinen Aufwendungsersatz vom Betreuten, bei dessen Mittellosigkeit von der Staatskasse, § 1835 Abs. 1 und 4 BGB.
- uU Ersatz von Versicherungskosten vom Betreuten, bei dessen Mittellosigkeit aus der Staatskasse, § 1835 Abs. 2 Satz 1, 2 BGB.
- uU statt der Vergütung eine Aufwandspauschale vom Betreuten, bei Mittellosigkeit von der Staatskasse, § 1835a BGB.

b) Betreuungsverein

- keine Vergütung vom vermögenden Betreuten, § 1836 Abs. 3 BGB (deshalb ist die Bestellung eines Vereins sehr selten; vgl. unten c).
- keine Vergütung vom mittellosen Betreuten, auch nicht aus der Staatskasse, § 1836 Abs. 3 BGB.

- **Aufwendungsersatz** vom vermögenden Betreuten, § 1835 Abs. 1, Abs. 5 BGB.
- keinen Ersatz der Versicherungskosten, § 1835 Abs. 5 BGB.
- keine Aufwendungspauschale, § 1835 a Abs. 5 BGB.

Vergütung des Betreuers für Tätigkeiten ab 1.7.2005

	Zahlungspflichtig ist	Höhe der Vergütung
Mittelloser Betreuter; der Betreuer handelt als Berufsbetreuer	die Staatskasse	Je nach Ausbildung des Betreuers: je „fiktive" Stunde 27 bis 44 EUR, einschließlich Auslagen und Umsatzsteuer; § 4 VBVG. Umsatzsteuer fällt seit 1.7.2013 nicht mehr an.
Vermögender Betreuter; der Betreuer handelt als Berufsbetreuer	der Betreute	
Mittelloser Betreuter; der Betreuer handelt ehrenamtlich	die Staatskasse	Keine Vergütung (§ 1836 Abs. 1 BGB), aber Aufwandspauschale von 323 EUR jährlich (§ 1835a BGB), ab 1.8.2013 399 EUR
Vermögender Betreuter; der Betreuer handelt ehrenamtlich	der Betreute	Vergütung ist möglich (§ 1836 Abs. 2 BGB), zur Höhe gibt es keine Tabelle

c) Vereinsbetreuer

Der Verein erhält, wenn ein Vereinsmitarbeiter zum Vereinsbetreuer bestellt wurde:

- eine Vergütung vom vermögenden Betreuten, §§ 1908i, 1836 Abs. 1 Satz 2 BGB; §§ 7, 4, 5 VBVG.
- vom mittellosen Betreuten erhält der Verein keine Vergütung, dafür aber von der Staatskasse, § 7 VBVG (27 bis 44 EUR je fiktive Stunde).
- der Aufwendungsersatz und die Umsatzsteuer sind in den pauschalen Stundensätzen (27 bis 44 EUR) inbegriffen, § 4 Abs. 2 Satz 1 VBVG. Umsatzsteuer fällt seit 1.7.2013 nicht mehr an.
- keinen Ersatz der Versicherungskosten.
- keine Aufwendungspauschale, § 1835a Abs. 5 BGB.

Der Vereinsmitarbeiter ist selbst ohne Anspruch (§ 7 Abs. 4 VBVG).

d) Betreuungsbehörde

Die Betreuungsbehörde als Betreuer erhält:

- keine Vergütung vom vermögenden Betreuten, § 1836 Abs. 3 BGB (deshalb wird in der Praxis immer ein Mitarbeiter bestellt, unten e).
- keine Vergütung vom mittellosen Betreuten, auch nicht aus der Staatskasse, § 1836 Abs. 3.
- allgemeinen Aufwendungsersatz vom Betreuten, § 1835 Abs. 1, 5 BGB, falls dieser vermögend ist.
- keinen Ersatz der Versicherungskosten.
- keine Aufwendungspauschale, § 1835a Abs. 5 BGB.

e) Behördenbetreuer

Die Behörde erhält, wenn ein Mitarbeiter zum Behördenbetreuer bestellt wurde:

- eine Vergütung vom vermögenden Betreuten, soweit angemessen (§ 8 VBVG, § 1836 Abs. 2 BGB), also nicht nach den pauschalen Stundensätzen der §§ 4, 5 VBVG; die Höhe ist nicht geregelt.
- vom mittellosen Betreuten erhält die Behörde keine Vergütung, auch nicht von der Staatskasse.
- allgemeinen Aufwendungsersatz vom vermögenden Betreuten; bei dessen Mittellosigkeit von der Staatskasse aber nichts, § 8 Abs. VBVG, 1835 Abs. 1, 5 BGB.
- keinen Ersatz der Versicherungskosten.
- keine Aufwendungspauschale, § 1835a Abs. 5 BGB.

Der Behördenbetreuer ist selbst ohne Anspruch (§ 8 Abs. 3 VBVG).

4. Aufwendungsersatz

Macht der Betreuer zum Zweck der Führung der Betreuung Aufwendungen (zB Fahrtkosten, Porto; sog. Auslagen), die er den Umständen nach für erforderlich halten durfte, so kann er vom Betreuten Ersatz verlangen (§§ 1908i, 1835 Abs. 1, 670 BGB), uU auch

Vorschuss. Die entsprechenden Geldbeträge kann der Betreuer dem von ihm verwalteten Vermögen des (nicht mittellosen) Betreuten unmittelbar entnehmen. Ab Entstehung der Aufwendungen können **Zinsen** von 4 % jährlich verlangt werden (§§ 256, 246 BGB).

Merke:

Wichtig ist, dass **beim berufsmäßigen Betreuer** (auch beim Vereinsbetreuer) die Auslagen in den Stundensätzen (27 bis 44 EUR) pauschal **inbegriffen** sind (§ 4 Abs. 2 Satz 1 VBVG); er kann also Fahrtkosten, Porto, Telefon usw., nicht zusätzlich abrechnen; wohl aber „berufliche Dienste" (s. unten).

Die **nachstehenden Ausführungen** beziehen sich daher *nur* auf

- ehrenamtliche (nichtberufsmäßige) Betreuer;
- Behördenbetreuer (§ 8 Abs. 2 VBVG);
- Betreuungsbehörde als Betreuer (§ 1835 Abs. 5 BGB);
- Verein als Betreuer;
- Sterilisationsbetreuer (§ 6 VBVG);
- Betreuer bei Verhinderung des „Hauptbetreuers", falls die Verhinderung rechtlicher (und nicht tatsächlicher) Art ist; § 6 VBVG; § 1899 Abs. 4 BGB.

Als **Aufwendungen** kommen in Frage:

- **Berufliche Dienste:** Als Aufwendungen gelten auch solche Dienste des Betreuers, die zu seinem Beruf oder Gewerbe gehören (§ 1835 Abs. 3 BGB). Beispiel: Ist der Betreuer Arzt, kann er für die ärztliche Behandlung des Betreuten das übliche Honorar als Aufwendung verlangen. Ist der Betreuer Rechtsanwalt, kann er für einen Rechtsstreit das Honorar nach dem RVG als Aufwendung fordern (BayObLG FamRZ 2003, 1586); bei Mittellosigkeit des Betreuten ist allerdings Prozesskostenhilfe bzw. Beratungshilfe zu beantragen. Für ein gewöhnliches Mahnschreiben dagegen kann der Anwalts-Betreuer kein Honorar nach dem RVG berechnen, weil diese Tätigkeit von jedermann geleistet werden kann.

- **Allgemeine Bürounkosten** (Miete, Personal, Strom usw.) können im Regelfall (vgl. „Hilfskräfte“) nicht (anteilig) als Aufwendungen angesetzt werden. Beim Berufsbetreuer fließen sie über den Stundensatz (§ 1836 Abs. 2 BGB) ein.
- **Allgemeine Fachliteratur,** Aus- und Fortbildungskosten, Kosten des Erfahrungsaustauschs sind als Allgemeinkosten der Kanzlei nicht über § 1835 Abs. 1 BGB erstattungsfähig (BT-Drs. 11/4528, 204 und 11/6949, 69); die Kosten der Einholung eines *konkreten* Rats (zB bei einem Anwalt, bei einem Steuerberater) dagegen fallen unter § 1835 Abs. 1 BGB. Strebt der Betreute die Ablösung des Betreuers an, weshalb der Betreuer einen Anwalt einschaltet, sind diese Anwaltskosten nicht vom Betreuten als Aufwendungen zu erstatten (AG Völklingen FamRZ 1996, 229).
- **Fahrkosten** für Besuche beim Betreuten, für Fahrten zu Behörden, Gerichten usw. in der Betreuungsangelegenheit. Kosten für Bahn, Bus. Bei Verwendung des eigenen Pkw erhält der Betreuer nach § 5 Abs. 2 Nr. 2 JVEG 0,30 EUR je km (§ 1835 Abs. 1 Satz 1 BGB).
- **Fotokopien** (soweit von anderer Seite angefordert oder sonst notwendig oder für die Handakten des Betreuers). Auf Fremdgeräten: bezahlter Betrag; auf eigenen Geräten: zweckmäßig ist eine entsprechende Anwendung von § 7 Abs. 2 JVEG iVm Nr. 9000 GKG-KV: Für die ersten 50 Seiten je 0,50 EUR, für alle weiteren Seiten 0,15 EUR je Seite für jede Sache und jedes Kalenderjahr (LG Koblenz BtPrax 2000, 180; aA Dodegge/Roth F 15; BayObLG FamRZ 2002, 495: auch für die ersten 50 Seiten nur je 0,15 EUR).
- **Gesundheitsschäden** des Betreuers: Verletzt sich der Betreuer aus Anlass der Betreuung (zB er stürzt beim Betreuten auf der Treppe) sind die Behandlungskosten keine Aufwendungen. Personenschäden des ehrenamtlichen Betreuers sind aber über die gesetzliche Unfallversicherung abgedeckt (§ 2 Abs. 1 Nr. 9 SGB VII; Damrau/Stolle Rpfleger 1994, 289); Berufsbetreuer dagegen sind nicht durch das SGB VII geschützt (Knittel § 1835 Rz. 19).
- **Hilfskräfte:** Werden fremde Personen für delegierbare, über die allgemeine Führung der Betreuung hinausgehende Tätigkeiten,

zB für Sortieren von zahlreichen Belegen, komplizierter Kontenabrechnung, Buchführung eingesetzt, ist das diesen bezahlte Honorar als Aufwendung erstattungsfähig.

- **Lebensunterhalt** des Betreuten: Auslagen dafür (zB Einkauf von Lebensmitteln, Zeitungen, Miete, ärztliche Behandlung usw.) sind nicht über § 1835 Abs. 4 BGB aus der Staatskasse zu erstatten, sondern vom vermögenden Betreuten zu bezahlen; ist der Betreute vermögenslos, sind sie gegebenenfalls beim Sozialamt bzw. bei der Krankenkasse geltend zu machen.
- **Mehrwertsteuer auf Vergütung:** Beim Berufsbetreuer ist sie im Stundensatz inbegriffen (§ 4 Abs. 2 Satz 1 VBVG). Umsatzsteuer fällt seit 1.7.2013 nicht mehr an (§ 4 Nr. 16k UStG), der Betreuer verdient also jetzt mehr. Früher musste der Betreuer Umsatzsteuer abführen, wenn er nicht als Kleinunternehmer davon befreit war (§ 19 UStG). Nach Europarecht konnte schon vor dem 1.7.2013 Umsatzsteuerfreiheit bestehen (BFH DStR 2009, 687); die Frage war umstritten – der BFH hat die Umsatzsteuerfreiheit bejaht (Bescheid vom 25.4.2013 FamRZ 2013, 1222). Führt ein RA, der Berufsbetreuer ist, für den Betreuten einen Prozess, kann er seine RVG-Gebühren einschließlich darauf entfallender Umsatzsteuer (RVG VV 7008) über § 1835 Abs. 3, Abs. 1 BGB als Aufwendung ersetzt verlangen.
- **Mehrwertsteuer bei Betreuungsvereinen:** Sie sind befreit (BFH BtPrax 2009, 120), jedenfalls bei Anerkennung der Gemeinnützigkeit; andernfalls 7 %. Die Umsatzsteuer fällt seit 1.7.2013 nicht mehr an.
- **Mehrwertsteuer auf Auslagen:** Kauft der Betreuer eine Fahrkarte für 100 EUR, stecken darin derzeit 15,97 EUR Mehrwertsteuer. Trotzdem hat der Betreuer Anspruch auf Erstattung des vollen Aufwendungsbetrags einschließlich Mehrwertsteuer (OLG Dresden BtPrax 2000, 217). Ebenso ist es, wenn sonst auf Aufwendungen Mehrwertsteuer an das Finanzamt abgeführt werden muss.
- **Parkgebühren.**
- **Pflegekosten:** Pflegt der Betreuer den Betreuten selbst in seinem Haushalt, kann er die Barauslagen für Lebensmittel, Kleidung,

Betteinlagen, Medikamente usw. über § 1835 Abs. 1 BGB nur vom vermögenden Betreuten abrechnen (nicht aus der Staatskasse); die Pflegedienste als solche sind keine Aufwendungen im Sinne von Abs. 1. Notwendig ist der Abschluss eines Pflegevertrages mit dem Betreuten (S. 29); dann könnte die Bezahlung der Pflegeleistung aus Vertrag gefordert werden.

- **Porto, Telefon, Telefax:** jeweilige Entgelte (aber nicht die Kosten der Beschaffung und Einrichtung des Telefons, des Telefaxgeräts).
- **Schäden,** die der Betreute dem Betreuer zufügt (zB zerkratztes Auto; zerrissene Kleidung) sind keine Aufwendungen; sie sind vom Betreuten aus § 823 BGB zu ersetzen, soweit nicht ein Fall des § 827 BGB vorliegt.
- **Schreibkräfte:** Beauftragt der private Betreuer eine Schreibkraft mit dem Abtippen der Jahresabrechnung und des sonstigen Betreuungs-Schreibwerks, ist das der Schreibkraft bezahlte Honorar eine nach § 1835 Abs. 1 BGB ersetzbare Aufwendung.
- **Schreibpapier; Ordner.**
- **Übernachtungskosten,** soweit Übernachtungen notwendig sind, in angemessener Höhe.
- **Umsatzsteuer:** siehe Mehrwertsteuer (19 %; 7 %; 0 %).
- **Verdienstausfall:** Besucht der zB als Handwerker beruflich tätige (ehrenamtliche) Betreuer den Betreuten wegen eines akuten Problems während der Arbeitszeit und erleidet er dadurch einen Verdienstausfall, ist die Ersatzfähigkeit umstritten: Nach einer Meinung liegt keine bare Aufwendung vor, ein Ersatz über Abs. 1 entfalle daher (Bach, BtPrax 1995, 10). Die aA (Dodegge/Roth F 24) bejaht Aufwendungen, teils allerdings nur bei Stundenlohnempfängern. Für eine solche Differenzierung ist kein ausreichender Grund ersichtlich (sie beruht nur auf der leichteren Nachweisbarkeit); eine Ersetzbarkeit erscheint im Prinzip zutreffend, weil durch bezahlten Einsatz von Vertretern (s. dort) sonst dasselbe Ergebnis erzielbar wäre.
- **Vermögensschäden,** die der Betreuer bei der Amtsführung erleidet (zB Autoschäden bei der Fahrt zum Betreuten; Betreuer

beschmutzt seine Kleidung in der verwahrlosten Wohnung des Betreuten), sind nicht als Aufwendung zu ersetzen (Bauer in HK-BUR § 1835 Rz. 34). Anders mag es sein, wenn der Betreuer in einem Notfall eine Rettungshandlung zugunsten des Betreuten unternimmt (§ 683 BGB; umstritten, vgl. MünchKomm/Wagenitz § 1835 Rz. 17 mwN).

- **Verpflegungsmehraufwand** bei länger dauernden Reisen (LG Augsburg JB 1993, 87).
- **Versicherungskosten:** hier ist zu differenzieren:

(**1**) Die Kosten einer angemessenen Versicherung gegen Schäden, die der Betreuer dem Betreuten zufügt, sind ersatzfähige Aufwendungen (§§ 1908i, 1835 Abs. 2 BGB).

BEISPIEL: Der Betreuer klagt eine Mietforderung des Betreuten verspätet ein, der Mieter erhebt die Verjährungseinrede, die Klage wird abgewiesen; der Betreuer haftet dann dem Betreuten nach § 1833 BGB auf Schadensersatz; den bezahlten Schadensbetrag soll der Betreuer von der Versicherung zurückerhalten.

(**2**) Die Kosten einer angemessenen Versicherung gegen Schäden, die dem Betreuer dadurch entstehen können, dass er einem Dritten zum Ersatz eines durch die Führung der Betreuung verursachten Schadens verpflichtet ist, sind ersatzfähige Aufwendungen (§§ 1908i, 1835 Abs. 2 BGB).

BEISPIEL: Der Betreuerbeaufsichtigt den Betreuten mangelhaft; der Betreute zündet daher die Werkstatt des Dritten an; der Betreuer haftet dem Dritten aus der Verletzung der Aufsichtspflicht (§ 832 BGB); die Versicherung soll dem Betreuer den bezahlten Schadensersatz ersetzen.

(**3**) Die Kosten einer Kfz-Haftpflichtversicherung sind nicht ersatzfähig (§ 1835 Abs. 2 BGB).

(**4**) Kosten einer Versicherung, die Schäden abdecken soll, die der Betreute dem Betreuer zufügt (zB wenn der Betreute das Auto des Betreuers beschädigt) sind nicht ersatzfähig.

(5) **Sonderregelungen** gelten für Berufsbetreuer (§ 1835 Abs. 2, Satz 2 BGB); ihnen werden Versicherungskosten nicht ersetzt. Der Betreuungsbehörde und dem Betreuungsverein werden die Kosten der Haftpflichtversicherung nicht ersetzt. Vereinsbetreuer und Behördenbetreuer erhalten die Versicherungskosten ebenfalls nicht ersetzt (§§ 7 Abs. 1, 4 Abs. 2 Satz 1 VBVG), auch nicht „ihr" Verein oder ihre Behörde (§§ 7 Abs. 2 Satz 1, 8 Abs. 2 Satz 1 VBVG).

- **Vertretungskosten:** Hat der Betreuer eine Vertretung (zB für die Aufsicht über die eigenen Kinder) engagiert, damit der Betreute besucht werden kann, sind die Kosten erstattungsfähige Aufwendungen im Sinne von Abs. 1 (Bach BtPrax 1995, 10; Seitz BtPrax 1992, 85).
- **Zeitaufwand** (für das Einführungsgespräch, für die Führung der Betreuung), der nicht mit einem konkreten Verdienstausfall verbunden ist, ist beim ehrenamtlichen Betreuer nur im Rahmen der Vergütung (S. 51), nicht als Aufwendung, zu erstatten.

Ersatz von Aufwendungen des Betreuers		
Der Betreuer ist	Der Betreute ist	Die Aufwendungen zahlt
Berufsbetreuer	mittellos	die Staatskasse § 1835 Abs. 4 BGB; sie sind aber mit den Stundensätzen pauschal abgegolten, § 4 Abs. 2 Satz 1 VBVG
	vermögend	der Betreute selbst, § 1835 Abs. 1 BGB; sie sind aber mit den Stundensätzen pauschal abgegolten, § 4 Abs. 2 Satz 1 VBVG
ehrenamtlicher Betreuer	mittellos	die Staatskasse; entweder konkret nachgewiesene Aufwendungen (§ 1835 Abs. 1 BGB) oder 323 EUR Pauschale (§ 1835a BGB), ab 1.8.2013 399 EUR
	vermögend	der Betreute selbst, § 1835 Abs. 1 BGB

Die Aufwendungen kann der Betreuer dem Vermögen des Betreuten selbst entnehmen, wenn er die Vermögenssorge hat und der Betreute nicht mittellos ist. Ist dies nicht möglich, zB bei Mittellosigkeit, muss der Anspruch rechtzeitig geltend gemacht werden. Der Anspruch ist **15 Monate nach der Entstehung** erloschen, wenn er nicht vorher beim Betreuungsgericht geltend gemacht, dh beziffert zur Erstattung eingereicht wurde (die Belege können nach Fristablauf nachgereicht werden). Entstanden ist der Anspruch auf Erstattung mit der Aufwendung.

BEISPIEL: Besucht der ehrenamtliche Betreuer den Betreuten am 9.4.2013 und hat dafür 60 EUR Fahrtkosten, dann muss dieser Betrag spätestens am 9.7.2014 beim Gericht abgerechnet werden, dh der Antrag muss dort eingegangen sein, also einige Tage vorher abgesandt werden.

Es handelt sich um eine Ausschlussfrist; keine Wiedereinsetzung bei Versäumung. Für den Anspruch gegen den (vermögenden) Betreuten gilt dieselbe Frist. Die Anmeldung beim Betreuungsgericht unterbricht den Fristablauf gegenüber dem Betreuten (aber nicht umgekehrt). Die 15-Monatsfrist kann auf Antrag vom Betreuungsgericht verlängert werden (§ 1835 Abs. 1 a BGB).

5. Aufwandspauschale

Erhält der Betreuer keine Vergütung (weil er zB ehrenamtlich tätig und der Betreute mittellos ist), kann er statt Einzelaufschreibung seiner Auslagen pauschal 323 EUR pro Jahr verlangen, ab 1.8.2013 399 EUR (§ 22 nF JVEG, 1835a Abs. 1 BGB: 17 mal 19 bzw. 17 mal 21) und zwar bei Mittellosigkeit des Betreuten aus der Staatskasse, sonst vom (vermögenden) Betreuten. Es sind damit nicht nur die geringfügigen Aufwendungen abgegolten, sondern alle Aufwendungen. Wer also nur 30 EUR Fahrtauslagen hatte, wird die Pauschale verlangen; wer 1000 EUR Auslagen hatte, schreibt sie auf und fordert diese 1000 EUR. Die Entschädigung kann erstmals ein Jahr (nicht: ein Kalenderjahr) nach Bestellung zum Betreuer verlangt werden (§ 1835a Abs. 2 BGB). Berufsbetreuer können die Pauschale nicht erhalten. Bei bis zu 6 Betreuten sind die 323 bzw. 399 EUR einkommensteuerfrei (denn der Freibetrag beläuft sich seit 2013 auf 2400 EUR). Bei mehr Betreuten sollte der ehrenamtliche Betreuer, auch wenn er die Pauschale geltend macht, Belege aufheben, weil er den „Gewinn“ evtl. als Einkommen versteuern muss; BFH DStR 2013, 187 (§§ 3 Nr.12, Nr. 26b EStG).

Eltern, die Betreuer ihrer volljährigen Kinder sind, bekommen diese Pauschale ebenfalls (§ 1835a Abs. 3 BGB). Sind Eltern gleichberechtigte Mitbetreuer ihres volljährigen behinderten Kindes, erhalten sie die Pauschale doppelt (BayObLG NJW-RR 2002, 942; OLG Zweibrücken NJW-RR 2002, 651; aA LG Münster BtPrax 2001, 220). Betreut ein Vater seine beiden Kinder, fällt ebenfalls die Pauschale doppelt an.

Erlöschen des Anspruchs. Es gilt § 1835a Abs. 4 Halbs. 1 BGB (sowohl für den Anspruch gegen den vermögenden Betreuten wie gegen die Staatskasse): Die Pauschale ist irgendwann während des Kalenderjahres fällig, nachdem der einjährige Tätigkeitszeitraum abgelaufen ist. Am darauf folgenden 31.12. beginnt eine Dreimonatsfrist zu laufen, mit deren Verstreichen der Anspruch erloschen ist. Hat der ehrenamtliche Betreuer selbst die Vermögenssorge, kann er den Betrag selbst dem Vermögen des Betreuten entnehmen.

BEISPIEL: Betreuerbestellung am 2.2.2013: Pauschale ist erstmals am 2.2.2014 fällig. Der Erstattungsantrag muss spätestens am 31.3.2015 beim Amtsgericht eingehen; Telefax genügt. Der Betreuer hat im ungünstigsten Fall also 15 Monate Zeit, im günstigsten 27 Monate, um zu überlegen, ob die Einzelabrechnung oder Pauschale für ihn günstiger ist.

6. Vergütung

a) Nichtberufsmäßige Betreuer

Grundsätzlich wird die Betreuung unentgeltlich geführt (§§ 1908i, 1836 Abs. 1 Satz 1 BGB). Das Betreuungsgericht kann aber dem Betreuer eine angemessene Vergütung bewilligen, wenn das **Vermögen** des Betreuten und der Umfang oder die Schwierigkeit der Betreuungs-Geschäfte es rechtfertigen (§ 1836 Abs. 2 BGB). Maßgebend ist das Aktiv-Vermögen, also das Vermögen ohne Abzug von Schulden; ab etwa 2600 EUR Vermögen (§ 1836c Nr. 2 BGB und § 90 SGB XII) kommt eine Vergütung in Betracht. Der Umfang der Betreuertätigkeit rechtfertigt nur dann keine Vergütung, wenn die Tätigkeit ganz geringfügig ist. Bei Betreuten **ohne Vermögen** erhält der nichtberufsmäßige Betreuer keine Vergütung, nur Aufwandsentschädigung nach § 1835a BGB (S. 50).

Für die **Höhe der Vergütung** gibt es keine Tabelle oder Taxe; sie richtet sich im Einzelfall nach dem Aktiv-Vermögen und dessen Zusammensetzung, dem Reinvermögen, Umfang der Tätigkeit, Höhe der Einkünfte usw. Beträgt das Vermögen eine halbe Million und ist es in einem Sparbrief angelegt, fällt kaum Verwaltungsaufwand an; ist es in einem Altbau angelegt, ist der Aufwand erheblich. Im ersten Jahr ist der Arbeitsaufwand größer als in den Folgejahren.

Vorgeschlagen wurden zB früher folgende Sätze: bis 30.000 EUR Reinvermögen 3 %, darüber bis 75.000 EUR 2 %, darüber bis 150.000 EUR 1 % (Soergel/Damrau § 1836 Rz. 6); das ergibt bei 200.000 EUR Vermögen 3000 EUR im Jahr. Zulässig ist es nach wie vor, die Vergütung des nicht berufsmäßigen Betreuers in einer Gesamtsumme festzusetzen (BayObLG BtPrax 1998, 161). Häufig wird aber nicht nach Prozentsätzen, sondern nach Zeitaufwand abgerechnet (OLG Köln FamRZ 2009, 76). Je Stunde kommen ca. 22 bis 35 EUR ggf. *zuzüglich* Auslagenersatz und Umsatzsteuer, bei großem Vermögen und besonderen Schwierigkeiten auch 100 EUR und mehr, in Betracht (weshalb sollte ein Vermögensbetreuer weniger verdienen als ein berufsmäßiger Haus- oder Vermögensverwalter?). Mindernd wirkt sich aus, dass der nichtberufsmäßige Betreuer nicht von der Vergütung „leben" muss; trotzdem kann seine Vergütung höher sein als die Vergütung eines Berufsbetreuers in einem vergleichbaren Fall (OLG München FamRZ 2009, 78; OLG Karlsruhe NJW-RR 2007, 1084). Umsatzsteuer fällt seit 1.7.2013 nicht mehr an.

Die Festsetzung der Vergütung erfolgt auf Antrag des Betreuers oder des Betreuten (§§ 292 Abs. 1, 168 FamFG). Zuständig ist der Rechtspfleger (§ 3 Nr. 2 b RPflG). Vor der Bewilligung ist der Betroffene (zumindest schriftlich) zu hören (§ 168 Abs. 4 FamFG). Ferner sollte in zweifelhaften Fällen vorher ein Verfahrenspfleger bestellt werden, der sich dann zur Frage der Angemessenheit der Vergütung äußern kann.

Rechtsmittel: Betreuer bzw. Betreuter können nur binnen einer **Frist von** einem Monat (§ 63 Abs. 1 FamFG) ab Zustellung Erinnerung bzw. Beschwerde gegen den Vergütungsfestsetzungsbeschluss einlegen; die Beschwerde zum Landgericht findet nur statt, wenn die Beschwer 600 EUR übersteigt (§ 61 Abs. 1 FamFG) oder das Betreuungsgericht die Beschwerde zulässt; die Rechtsbeschwerde zum BGH ist nur statthaft bei Zulassung durch das LG.

BEISPIEL: 900 EUR Vergütung werden beantragt, nur 800 EUR werden zugesprochen, Beschwer beträgt nur 100 EUR, Beschwerde zum LG ist also unzulässig (Erinnerung zum AG bleibt aber zulässig). Ist die Beschwerde zulässig, gibt es gegen den Beschluss des LG die Rechtsbeschwerde zum BGH, aber nur, wenn sie vom LG zugelassen wird (§ 70 Abs. 1 und 3 FamFG) und nur durch einen beim BGH zugelassenen Anwalt; sie scheidet als faktisch aus. Hat nur der Betreuer gegen die Festsetzung der Vergütung Beschwerde eingelegt, um eine Erhöhung zu erlangen (zB von 4000 EUR auf 6000 EUR), kann ihm die Vergütung nicht im Beschwerdeweg herabgesetzt werden (zB auf 3000 EUR); eine Verschlechterung ist unzulässig (BayObLG FamRZ 1996, 244; streitig).

b) Berufsbetreuer

Führt jemand Betreuungen berufsmäßig, *muss* ihm vom Betreuungsgericht eine Vergütung bewilligt werden (§§ 1908i, 1836 Abs. 1 Satz 2 BGB; § 1 Abs. 2 Satz 1 VBVG); Berufsbetreuer sind meist Rechtsanwälte, Sozialpädagogen, Sozialarbeiter, frühere Reno-Gehilfen, Diplomtheologen usw. Ob jemand Berufsbetreuer ist, war früher manchmal unklar. Seit 1.1.1999/1.7.2005 gilt: Berufsbetreuer ist jemand nur noch, wenn das Betreuungsgericht bei der Bestellung zum Betreuer oder später (OLG Naumburg FamRZ 2011, 1252) **mit Beschluss feststellt,** dass er die Betreuung berufsmäßig führt (§ 1836 Abs. 1 Satz 2 BGB); zuständig ist der Richter bzw. der Rechtspfleger (§§ 6, 8, 15 RPflG).

Diese **Berufsmäßigkeit** darf bzw. muss das Betreuungsgericht in folgenden Fällen feststellen (§ 1836 Abs. 1 Satz 3 BGB; § 1 Abs. 1 VBVG):

- Wenn der Betreuer mehr als zehn Betreuungen (oder Vormundschaften, Pflegschaften) gleichzeitig führt. Oder:

- **Prognose der Berufsmäßigkeit.** Wer nur eine Betreuung führt, aber bereit ist, weitere zu übernehmen, ist Berufsbetreuer, wenn anzunehmen ist, dass das Betreuungsgericht oder mehrere Betreuungsgerichte dem Betreuer künftig mehrere Betreuungen übertragen, so dass er schließlich mindestens zehn führt. Diese Regelung betrifft insbesondere Berufsanfänger; der angehende Berufsbetreuer erhält deshalb eine Vergütung nach § 1 VBVG schon für den ersten Fall. Umgekehrt: wer als Berufsbetreuer bestellt wurde, verliert den Vergütungsanspruch nicht dadurch, dass die Zahl seiner Betreuungen zurückgeht.
- **Ausnahmefälle:** Die Feststellung der Berufsmäßigkeit ist ferner immer dann zulässig, wenn die Gesamtbetrachtung der vom Betreuer auszuführenden Tätigkeiten zu dem Ergebnis führt, diese seien nur im Rahmen einer Berufsausübung zu erwarten, wenn es sich also nicht mehr nur um Erfüllung allgemeiner staatsbürgerlicher Pflichten handeln wird (BayObLG FamRZ 1998, 187; OLG Zweibrücken BtPrax 2000, 223); denn im Gesetzestext von § 1 Abs. 1 VBVG steht „im Regelfall", also gibt es Ausnahmefälle. So ist es bei einem Rechtsanwalt, der nur *eine* Betreuung führt.
- Für die Anerkennung als Berufsbetreuer ist dagegen nicht erforderlich, dass wöchentlich 20 Stunden oder mehr Zeitaufwand für die Betreuungen anfällt (§ 4 Abs. 3 Satz 2 VBVG).

Berufsbetreuer als Nebentätigkeit? Jemand kann auch zwei Berufe haben. Ein Dipl. Sozialpädagoge, der als Angestellter eines Staatlichen Gesundheitsamts vollzeitbeschäftigt ist, kann zB nebenbei Berufsbetreuer sein (BayObLG FamRZ 1997, 1305); ebenso ein Beamter in Form einer Nebentätigkeit (BayObLG FamRZ 1996, 371; BVerfG BtPrax 1999, 70). Es genügt, dass die Tätigkeit als Teil einer Berufsausübung wahrgenommen wird, wenn die Gesamtbetrachtung eine Inanspruchnahme des Betreuers ergibt, die üblicherweise nicht unentgeltlich als allgemeine staatsbürgerliche Pflicht geleistet wird.

Es gibt **keine allgemein verbindliche Anerkennung** als Berufsbetreuer; jeder Rechtspfleger entscheidet dies für sein konkretes Vergütungsverfahren.

(aa) Mittellose Betreute des Berufsbetreuers: Der Berufsbetreuer des mittellosen Betreuten wird aus der Staatskasse bezahlt (§ 1836

Abs. 1 S. 2 BGB; § 1 Abs. 2 S. 2 VBVG). Zum Begriff der „Mittellosigkeit“ vgl. S. 63.

(1) **Betreuergruppen:** Zwecks Feststellung des jeweiligen „Stundenlohns“ werden die Betreuer ja nach ihrer Vorbildung in drei Gruppen eingeteilt. Es kommt nicht auf die erforderlichen Fachkenntnisse oder die Schwierigkeit der Betreuung an, sondern nur noch auf die Ausbildung des Betreuers:

- 27 EUR beträgt der Mindeststundenlohn; diesen Betrag erhält zB eine Hausfrau ohne jegliche Ausbildung.
- 33,50 EUR je Stunde erhält ein Betreuer wenn er (a) eine **abgeschlossene** Lehre oder eine vergleichbare abgeschlossene Ausbildung hat. Abgeschlossen heißt: durch Zeugnisse bzw. amtliche Bestätigungen nachgewiesen. Erwerb von Wissen durch Selbststudium oder durch Erfahrung zählt nicht. Die Ausbildung und der Abschluss müssen nicht in Deutschland erfolgt sein. Und: (b) der Betreuer muss durch diese Ausbildung **besondere Kenntnisse** erworben haben, die für die Führung einer Betreuung **nutzbar** sind. Besondere Kenntnisse sind solche, die über die üblichen Kenntnisse (zB Briefe schreiben) hinausgehen, wie zB kaufmännische, pflegerische Kenntnisse. Sie müssen **allgemein** für die Führung von Betreuungen nutzbar sein (die sog. Wissensvorhaltung ist maßgebend); dass sie im konkreten Betreuungsfall nicht benötigt werden spielt keine Rolle.

BEISPIELE:
- Ein Metzgermeister hat zwar eine abgeschlossene Ausbildung, doch sind seine Fleisch-Kenntnisse für Betreuungen nicht nutzbar; er erhält somit nur 27 EUR.
- Ein Kaufmannsgehilfe hat eine Lehre hinter sich und für Betreuungen nutzbare Kenntnisse; er erhält 33,50 EUR.

- 44 EUR je Stunde erhält ein Betreuer wenn er (a) eine **abgeschlossene Ausbildung an einer Universität,** Hochschule, Fachhochschule oder eine vergleichbare abgeschlossene Ausbildung hat. Und: (b) der Betreuer muss durch diese Ausbildung **besondere** Kenntnisse erworben haben, die für die Führung einer Betreuung

nutzbar sind, mag auch die konkrete Betreuung einfach gelagert sein (überqualifizierter Betreuer), zB rechtliche Kenntnisse. **Beispiele:** Ein Universitätsprofessor für Musik hat keine für Betreuungen nutzbaren Kenntnisse; er erhält nur 27 EUR. Ein Rechtsreferendar, Rechtsanwalt, Diplomsozialpädagoge, Diplomkaufmann, Sozialarbeiter mit entsprechendem Abschluss hat nutzbare Kenntnisse und erhält 44 EUR. Ergänzungen: Mittelwerte (zB 36 EUR) sind unzulässig. Eine Erhöhung dieser Sätze wegen besonderer Schwierigkeiten gibt es nicht mehr. Es gibt **keine allgemeine Anerkennung eines bestimmten Stundensatzes** für einen bestimmten Betreuer, auch nicht durch das Justizministerium; denkbar ist also, dass der Rechtspfleger A des Betreuungsgerichts Adorf einem Betreuer 44 EUR je Stunde bewilligt, der Rechtspfleger B des Gerichts in B-Stadt dagegen demselben Betreuer nur 33,50 EUR; hier muss mit Rechtsmitteln eine Klärung versucht werden.

(2) **Umsatzsteuer:** In den Stundensätzen ist seit 1.7.2005 die jeweilige **Umsatzsteuer inbegriffen** (§ 4 Abs. 2 S. 1 VBVG), gleichgültig, ob sie 0 % oder 7 % oder 19 % beträgt. Wenn ein Berufsbetreuer wegen seines geringen Umsatzes als Kleinunternehmer kein USt zu zahlen hat (§ 19 Abs.1 UStG), ist der Stundensatz aber nicht entsprechend zu kürzen (BGH FGPrax 2013, 166). Das heißt im Ergebnis: Die Betreuungsvereine, die nur 7% oder bei Gemeinnützigkeit gar keine USt zahlen mussten, verdienten mehr als ein gewöhnlicher Berufsbetreuer. Steigt der Umsatzsteuersatz, verringert sich der Nettostundenlohn des Betreuers. Seit **1.7.2013** sind Betreuervergütungen umsatzsteuerfrei (§ 4 Nr. 16 S. 1 Buchst. k UStG), für die Zeit vorher gemäß BFH Bescheid v. 25.4.2013, FamRZ 2013, 1222.

(3) **Aufwendungen:** Auch Ansprüche „auf Ersatz anlässlich der Betreuung entstandener **Aufwendungen**" sind im Stundensatz **inbegriffen** (§ 4 Abs. 2 Satz 1 VBVG); Fahrtkosten, Telefon etc. können also von einem Berufsbetreuer nicht mehr gesondert in Rechnung gestellt werden. Wenn der Betreuer den Betreuten dreimal anruft und dann besucht und dazu 50 km fährt, verringert er seinen „Gewinn", weil ihm die Benzinkosten nicht mehr (wie bis 30.6.2005) gesondert bezahlt werden; auch Porto und Telefon gehen voll zu Lasten des „Gewinns".

Nur Aufwendungen im Sinne **beruflicher Dienste** (§ 1835 Abs. 3 BGB) können zusätzlich gesondert abgerechnet werden (§ 4 Abs. 2 Satz 2 VBVG). Wenn also ein Rechtsanwalt Betreuer ist und für den Betreuten einen Prozess führt, dann kann er die Anwaltsvergütung gesondert geltend machen.

(4) Herabsetzung des Stundensatzes durch das Betreuungsgericht: Nach § 4 Abs. 3 Satz 1 iVm § 3 Abs. 2 Satz 2 VBVG kann das Betreuungsgericht bei einem Berufsbetreuer vor Beginn der abzurechnenden Tätigkeit aus **besonderen Gründen** einen niedrigeren Stundenlohn (als den gemäß Ausbildung zustehenden) festsetzen. Wenn zB besondere Fachkenntnisse für die konkret zu führende Betreuungen entbehrlich erscheinen, kann das Betreuungsgericht dafür dem Anwalt oder Diplomsozialpädagogen statt 44 EUR je Stunde nur 33,50 EUR oder 27 EUR je Stunde anbieten. In der Praxis kommen solche Herabsetzungen nicht vor. Der Betreuer kann eine solche Betreuung angesichts der geringen Vergütung ablehnen, er muss sie nicht annehmen. – Bei der späteren Abrechnung kann der Betreuer versuchen, darzulegen, dass seine Fachkenntnisse (zB als Anwalt) gleichwohl für die konkrete Betreuung nutzbar waren (weil zB rechtliche Probleme aufgetreten sind) und deshalb ihm doch ein höherer Stundenlohn zustehe.

(5) Erhöhung des Stundenlohns durch Nachschulung (§ 11 VBVG): Das Landesrecht kann bestimmen, dass Betreuer, die mangels Ausbildung nur 27 EUR je Stunde erhalten würden, nach Bestehen einer (einfacheren) Prüfung in die Gruppe derer eingereiht werden, die 33,50 EUR je Stunde erhalten. Solche Regelungen gibt es zB in Brandenburg, Sachsen oder Thüringen. Das Landesrecht kann weiter bestimmen, dass Betreuer, die mangels Hochschulausbildung nur 27 EUR oder 33,50 EUR je Stunde erhalten würden, nach Bestehen einer (schwierigen) Prüfung in die Gruppe derer eingereiht werden, die 44 EUR je Stunde erhalten.

(6) Keine Erhöhung des Stundenlohns bei besonderer Schwierigkeit des Falles: Die Regelung in § 3 Abs. 3 VBVG, die eine Erhöhung (aber auch nur bei vermögenden Personen) gestatten würde, ist auf Betreuer nicht anwendbar (§ 4 Abs. 3 Satz 1 VBVG nennt § 3 Abs. 3 nicht).

(7) Verminderter Stundensatz für Sterilisationsbetreuer: Betreuer, die speziell für die Einwilligung in eine Sterilisation bestellt werden (§ 1899 Abs. 2 BGB), werden nicht mit einer Monatspauschale vergütet, sondern nach Stunden (§ 6 Satz 1 VBVG). Der Tarif beträgt wie bei Vormündern je nach Vorbildung des Betreuers 19,50 EUR oder 25 EUR oder 33,50 EUR je Stunde zuzüglich Umsatzsteuer (fällt seit 1.7.2013 nicht mehr an) und Ersatz der Auslagen (§ 3 Abs. 1 VBVG); nur bei vermögenden Betreuten und besonderen Schwierigkeiten kann ein höherer Stundensatz bewilligt werden (§ 3 Abs. 3 VBVG). Dasselbe gilt für **Ergänzungsbetreuer,** die wegen *rechtlicher* Verhinderung des Hauptbetreuers bestellt wurden (§ 6 Satz 2 VBVG), zB bei Geschäften zwischen Betreuer und Betreutem. Bei *tatsächlicher* Verhinderung (Urlaub) dagegen bleibt es bei 27 bis 44 EUR.

(8) Zahl der Stunden: Seit 1.7.2005 können die Betreuer nicht mehr alle tatsächlich aufgewandten und erforderlichen Stunden abrechnen, sondern nur noch eine pauschalierte Stundenzahl; diese Pauschale bekommt auch der Berufsbetreuer, der in der fraglichen Zeit überhaupt keinen Zeitaufwand hatte; irgendein Nachweis ist nicht erforderlich. Wer mehr Stunden aufwendet, bekommt den Mehraufwand nicht bezahlt. Einfache Fälle mit weniger Zeitaufwand als pauschaliert und schwierige Fälle, mit mehr Zeitaufwand, gleichen sich wechselseitig aus, wenn das „Mischungsverhältnis“ stimmt.

Pauschale Stundenzahl bei mittellosen Betreuten (§ 5 Abs. 2 VBVG)

	wenn der Betreute seinen gewöhnlichen Aufenthalt in einem Heim hat	wenn der Betreute seinen gewöhnlichen Aufenthalt **nicht** in einem Heim hat (dh wenn der Betreute zB zu Hause wohnt)
in den ersten drei Monaten der Betreuung	4,5 Stunden je Monat	7,0 Stunden je Monat
im vierten, fünften, sechsten Monat	3,5 Stunden je Monat	5,5 Stunden je Monat
im siebten bis zwölften Monat	3,0 Stunden je Monat	5,0 Stunden je Monat
danach, dh ab dem 13. Monat	2,0 Stunden je Monat	3,5 Stunden je Monat

(9) Definition des Heims: Das sind nach § 5 Abs. 3 VBVG Einrichtungen, die dem Zweck dienen, Volljährige aufzunehmen, ihnen Wohnraum zu überlassen sowie tatsächliche Betreuung und Verpflegung zur Verfügung zu stellen oder vorzuhalten, und die in ihrem Bestand von Wechsel und Zahl der Bewohner unabhängig sind und entgeltlich betrieben werden; § 1 Abs. 2 des Heimgesetzes gilt entsprechend.

(10) Zinsen: Ab Rechtskraft des Vergütungsfestsetzungsbeschlusses (also nicht für die Zeit von seiner Abrechnung bis zur Festsetzung) bis zur Zahlung kann der Betreuer nach § 291 BGB eine Verzinsung der Vergütung mit 5 %-Punkten über dem Basiszinssatz verlangen (OLG Hamm BtPrax 2003, 81; aA OLG Celle FamRZ 2002, 1431).

(11) Welcher Verdienst ergibt sich?: Der Stundensatz des Betreuers (27,00, 33,50 bzw. 44,00 EUR) multipliziert mit der pauschalen Stundenzahl laut Tabelle ergibt den Bruttoverdienst des Betreuers (einschließlich Auslagen; Umsatzsteuer fällt seit 1.7.2013 nicht mehr an).

Das ergibt bei Betreuung eines mittellosen **Heimbewohners** für das ganze erste Jahr (also für zwölf Monate) 42 Stunden (3 mal 4,5; plus 3 mal 3,5; plus 6 mal 3) und (bei der höchsten Vergütungsstufe, 44 EUR) somit für den Berufsbetreuer 1848 EUR Honorar einschließlich Auslagen; ab dem 2. Jahr jährlich 1056 EUR.

BEISPIELE:
- Die Betreuung besteht seit 1999; der mittellose Betreute wohnt im Heim. Ein Sozialarbeiter ist seit 2012 als Berufsbetreuer tätig. Ihm werden jährlich nur noch 1056 EUR (12 mal 2 Stunden, mal 44 EUR) bezahlt, weil die besser bezahlten Anfangsmonate ihm nicht zugute kommen.
- Bei Betreuung einer mittellosen Person, die zuhause wohnt, ergeben sich für das ganze erste Jahr der Betreuung (12 Monate) 67,5 Stunden und (bei der höchsten Vergütungsstufe, 44 EUR) somit für den Berufsbetreuer 2970 EUR Honorar einschließlich Auslagen und Umsatzsteuer; ab dem 2. Jahr jährlich 1848 EUR. Umsatzsteuer fällt seit 1.7.2013 nicht mehr an.
- Wird die Betreuungsanordnung am 1.7.2013 wirksam, beginnt die Vergütung am 2.7., stirbt der Betreute am 11.9.2013, dann werden

2 volle Monate und ein 10/30 Monat abgerechnet (§ 5 Abs. 4 VBVG mit §§ 187 Abs. 1, 188 Abs. 2 erste Alt. BGB).
- Zieht der Betreute am 10.9. ins Altenheim, werden 10/30 der Septemberpauschale mit dem Haus-Satz und 20/30 mit dem Heim-Satz abgerechnet (§ 5 Abs. 4 Satz 2 VBVG).
- Verarmt der Betreute am 10.9., wird ebenso gerechnet (wobei das genaue Datum des Eintritts der „Verarmung" oft schwierig sein dürfte). Dabei wird die Stundenzahl jeweils auf volle Zehntel aufgerundet (§ 5 Abs. 4 Satz 3 VBVG), was die Sache unnötig nur noch weiter verkompliziert.

(12) Dauer der Betreuung: Das Gesetz (§ 5 VBVG) stellt ab auf die „ersten drei Monate der Betreuung" usw., nicht darauf, wie lange eine bestimmte Person schon als Berufsbetreuer tätig ist. Wer im Jahr 2013 eine seit 1999 bestehende Betreuung als Berufsbetreuer übernimmt, startet also nicht mit 4,5 Stunden je Monat, sondern nur mit 2,0 Stunden im Monat. Das gilt auch, wenn ein Berufsbetreuer einem ehrenamtlichen Betreuer nachfolgt und ergibt sich aus dem Wortlaut des Gesetzes sowie durch Umkehrschluss aus § 5 Abs. 5 VBVG.

(13) Ganze und anteilige Monate: Wird der Berufsbetreuer **durch einen ehrenamtlichen Betreuer abgelöst,** wird dem Berufsbetreuer der Monat, in den der Wechsel fällt, und der Folgemonat mit der vollen Monatspauschale vergütet (§ 5 Abs. 5 VBVG); obwohl der Berufsbetreuer (fast) nichts mehr gearbeitet hat, bekommt er noch zwei volle Monatspauschalen. Bezüglich des maßgebenden Tages wird es auf den Tag ankommen, an dem die Aufhebung der Bestellung wirksam wird (§ 287 Abs. 1 FamFG).

Betreuer, die im Falle der Verhinderung des eigentlichen Betreuers bestellt werden (§ 1899 Abs. 4 BGB; **„Urlaubsvertreter"**), werden – „bei Verhinderung tatsächlicher Art" – kompliziert abgerechnet (§ 6 S. 2 VBVG): sie werden je Stunde mit 27 bzw. 33,50 bzw. 44 EUR einschließlich Umsatzsteuer und Auslagen vergütet, jeweils mit den gestaffelten Monatspauschalen (§ 5 VBVG), nach Tagen geteilt. Wer im April 21 Tage zum Aushilfs-Betreuer bestellt wurde, erhält also 21/30 des Monatssatzes des „eigentlichen" Betreuers, der Stundensatz wird aufgerundet auf ein volles Zehntel, zB von 3,15 auf 3,20 Stunden. Umsatzsteuer fällt seit 1.7.2013 nicht mehr an.

(14) **Erlöschen des Vergütungsanspruchs:** Der Anspruch erlischt, wenn er nicht binnen 15 Monaten nach seiner Entstehung beim Betreuungsgericht (beziffert) geltend gemacht wird (§ 2 VBVG). Er entsteht mit der Ausübung der vergütungspflichtigen Tätigkeit; da wegen der Pauschalierung eine Vergütung auch dann anfällt, wenn überhaupt keine Tätigkeit entfaltet wurde, bedeutet das, dass maximal 15 Monate rückwärts abgerechnet werden kann. Nach Ansicht des BGH (FamRZ 2013, 871; noch offen gelassen BGH FamRZ 2008, 1611) beginnt die Ausschlussfrist des § 2 VBVG wegen § 9 VBVG erst mit Ablauf der ersten drei Betreuungsmonate. Wurde der Berufsbetreuer erstmals am 6.12.2011 bestellt, läuft „sein" erstes Vergütungs-Vierteljahr vom 7.12. bis 6.3.2012. Frühestens am 7.3.2012 könnte er die abgelaufenen drei Monate abrechnen. Am 7.3.2002 beginnen die 15 Monate zu laufen und enden am 6.6.2013. Das ist von Amts wegen vom Rechtspfleger zu beachten.

(15) **Abrechnungszeitraum:** Der Berufsbetreuer kann nicht täglich abrechnen; nach § 9 VBVG kann nur nach Ablauf von jeweils drei Monaten für diesen Zeitraum abgerechnet werden. Wurde die Betreuerbestellung am 1.7.2013 wirksam, kann also der Betreuer nicht Anfang August für den Juli abrechnen, sondern erstmals Ende September für die Monate Juli/August/September; er kann aber auch erst nach 6 oder 9 oder 12 oder 15 Monaten abrechnen.

(16) **Steuern:** Der Berufsbetreuer muss seinen Gewinn der **Einkommensteuer** (mit Solidaritätszuschlag, evtl. Kirchensteuer) unterwerfen. Er muss **keine Gewerbesteuer** zahlen, weil er keine Einkünfte aus Gewerbebetrieb im Sinne von § 15 Abs. 1 Nr. 1 EStG erzielt, sondern solche aus selbständiger Arbeit (§ 18 EStG); BFH NJW 2011, 110; aA noch BFH NJW 2005, 1006. Deshalb muss er keine doppelte Buchführung machen und keine Eröffnungsbilanz vorlegen. Er ist auch nicht beitragspflichtiges Zwangsmitglied der IHK (aA VG Ansbach FamRZ 2006, 728 zur früheren Rechtslage). Das BVerwG (NJW 2008, 1974; NJW 2013, 2214) hat entschieden, der Berufsbetreuer müsse (ordnungsrechtlich gesehen) sein Gewerbe anmelden, so dass er ggf. eine Gewerbemülltonne zahlen muss und

dem Arbeitsschutzrecht unterliegt; außerdem muss er den **Gewerbeschein** zahlen (Kosten 15 bis 65 EUR). Die Anmeldepflicht gilt auch für Rechtsanwälte, die Berufsbetreuer sind (BVerwG NJW 2013, 2214). Im Steuerrecht und Gewerberecht gelten also unterschiedliche Definitionen darüber, was eine „Gewerbe" ist.

(bb) Vermögende Betreute des Berufsbetreuers: Der Berufsbetreuer des „vermögenden" Betreuten wird vom Betreuten bezahlt. Er beantragt die Festsetzung der Vergütung durch das Betreuungsgericht und kann nach Wirksamwerden des Beschlusses, wenn er die Vermögenssorge hat, die festgesetzte Vergütung dem Vermögen des Betreuten entnehmen, also den Betrag an sich überweisen. Als „vermögend" ist zu behandeln, wer nicht mittellos ist. Zum Begriff der „Mittellosigkeit" vgl. S. 63. Auch im Übrigen gelten die obigen Ausführungen zu den mittellosen Betreuten. Ein wichtiger Unterschied ist allerdings, dass der Berufsbetreuer des „vermögenden" Betreuten pauschal mehr Stunden abrechnen kann, als der Betreuer eines mittellosen Betreuten. Da der Zeitaufwand im Durchschnitt nicht höher ist, verdient also der Berufsbetreuer eines vermögenden Betreuten wesentlich mehr als der Berufsbetreuer eines mittellosen Betreuten.

Stundenansatz bei „vermögenden" Betreuten (§ 5 Abs. 1 VBVG)		
	wenn der Betreute seinen gewöhnlichen Aufenthalt in einem Heim hat	wenn der Betreute seinen gewöhnlichen Aufenthalt **nicht** in einem Heim hat (dh wenn der Betreute zB zu Hause wohnt)
in den ersten drei Monaten der Betreuung	5,5 Stunden je Monat	8,5 Stunden je Monat
im vierten, fünften, sechsten Monat	4,5 Stunden je Monat	7 Stunden je Monat
im siebten bis zwölften Monat	4 Stunden je Monat	6 Stunden je Monat
danach, dh ab dem 13. Monat	2,5 Stunden je Monat	4,5 Stunden je Monat

Welcher Verdienst ergibt sich? Es errechnen sich somit bei Betreuung eines „vermögenden" Heimbewohners im 1. Jahr der Betreuung

54 Stunden und (bei der höchsten Vergütungsstufe, 44 EUR) also für den Berufsbetreuer 2376 EUR Honorar einschließlich Auslagen und Umsatzsteuer; ab dem 2. Jahr jährlich 30 Stunden und somit 1320 EUR. Umsatzsteuer fällt seit 1.7.2013 nicht mehr an.

Bei Betreuung einer „vermögenden" Person, die zuhause wohnt, ergeben sich im 1. Jahr sogar 82,5 Stunden und (bei der höchsten Vergütungsstufe, 44 EUR) somit für den Berufsbetreuer 3630 EUR Honorar einschließlich Auslagen und Umsatzsteuer; ab dem 2. Jahr jährlich 54 Stunden und somit 2376 EUR einschließlich Auslagen und Umsatzsteuer

(cc) Mittellosigkeit: Da die Staatskasse dem Betreuer die Vergütung und den Aufwendungsersatz nur bezahlt, wenn der Betreute **mittellos** ist, ist wichtig, wann dies der Fall ist. Die Regelung findet sich in § 1836c BGB.

(1) **Einkommen:** Wenn das Einkommen des Betreuten eine bestimmte Grenze übersteigt, ist es vom Betreuten ganz oder teilweise zur Bezahlung der Kosten der Betreuung einzusetzen, dh an die Staatskasse bzw. an den Betreuer zu zahlen. Der maßgebliche Betrag ändert sich jährlich ab dem 1. Juli und ergibt sich aus §§ 82, 85 Abs. 1, 86 SGB XII: maßgebend sind die Einkommensgrenzen für **Hilfe in besonderen Lebenslagen.** In der ersten Stufe stellt das Gesetz auf das Einkommen des Betreuten und seines nicht getrennt lebenden Ehegatten ab. Beide werden als Wohn- und Wirtschaftsgemeinschaft behandelt. Das Einkommen der Eltern eines Betreuten wird nicht berücksichtigt. Dazu gehören alle Einkünfte in Geld oder Geldeswert (auch der Wert von Wohnrechten etc.), nicht aber die Grundrente nach dem Bundesversorgungs- bzw. Bundesentschädigungsgesetz. Was davon abzuziehen ist, ergibt sich aus § 82 Abs. 1 SGB XII: ua Steuern, Versicherungen und für den erwerbstätigen Betreuten zusätzlich ein Freibetrag von 30 % dieses Erwerbseinkommens. Dies führt zum **bereinigten Einkommen.**

Die **maßgebende Einkommensgrenze** (§ 85 Abs. 1 SGB XII) hat sich geändert. Seit 1.1.2013 ergibt sich ein Gesamtbetrag von 764 EUR in den alten und neuen Bundesländern (zweifacher Eckregelsatz von 382 EUR). Dazu kommen die Kosten der Unterkunft (ob

Kalt- oder Warmmiete ist umstritten) sowie ein Familienzuschlag von 70 % des Eckregelsatzes, dh von 267 EUR, für den Ehegatten sowie unterhaltsbedürftige Personen.

BEISPIEL: Wenn der ledige Betreute im Monat 1060 EUR netto Rente bekommt und hiervon 300 EUR Kaltmiete zu zahlen hat, verbleiben ihm 760 EUR; er muss für die Betreuung nichts an die Staatskasse zahlen. Durch die Zahlungen des Betreuten für die Betreuung darf dabei im Ergebnis nicht eine erhöhte Sozialhilfebedürftigkeit begründet werden (§ 1836c Nr. 1 Halbs. 2 BGB).

Angemessene Zahlung: Aber nicht jeder EUR, der die Grenze übersteigt, ist vom Betreuten einzusetzen. Denn § 87 SGB XII besagt, dass die Aufbringung der Mittel in **angemessenem** Umfang zuzumuten ist, wenn das zu berücksichtigende Einkommen die maßgebende Grenze übersteigt. Hat der Betreute im Beispiel eine monatliche Rente von 1200 EUR und eine Mietbelastung von 300 EUR, müsste er an sich 136 EUR monatlich an die Staatskasse zahlen. Wegen § 87 SGB XII braucht er nur einen Teil dieses Betrages zahlen. Wieviel genau lässt das Gesetz offen.

Ehegatteneinkommen: Einzusetzen ist das Einkommen des Betreuten, nicht das seines Ehegatten. Das Ehegatteneinkommen kann aber dazu führen, dass der Betreute sein eigenes Einkommen vollständig einzusetzen hat, weil das Einkommen des Ehegatten zur Deckung des sonstigen Bedarfs ausreicht. Ferner ist das Ehegatteneinkommen insoweit von Bedeutung, als es Unterhaltungsansprüche begründen kann: Bei Erfüllung erhöhen sie das Einkommen des Betreuten; bei Nichterfüllung tritt die Staatskasse in Vorlage und greift dann auf den Ehegatten zu (§ 1836e BGB).

(2) **Vermögen:** Das Vermögen des Betreuten ist nach § 1836c Nr. 2 BGB im Rahmen von § 90 SGB XII einzusetzen. Vermögen in diesem Sinne sind auch Ansprüche auf Erbauseinandersetzung, auf Schenkungsrückforderung.

Kleinere Barbeträge sind nicht einzusetzen (§ 90 Abs. 2 Nr. 9 SGB XII); nach der dazu ergangenen DurchführungsVO (v. 21.3.2005) ist das ein Betrag von 2600 EUR zuzüglich 614 EUR für den (nicht getrennt lebenden) Ehegatten und 256 EUR für jede unterhaltene Person; bei besonders schwerer Behinderung (Blindheit, erhöhter Pflegebedürftigkeit) beträgt der Zuschlag für den Ehegatten statt 614 EUR 1534 EUR. Bei Beziehern von Kriegsopferfürsorge bleibt es bei den Grundbeträgen (OLG Hamm FamRZ 2004, 1324).

Nicht einzusetzen ist ferner das **angemessene Hausgrundstück,** § 90 Abs. 2 Nr. 8 SGB XII. Die Angemessenheit bestimmt sich nach der Zahl der Bewohner, dem Wohnbedarf, der Grundstücksgröße, der Hausgröße, dem Zuschnitt und der Ausstattung des Wohngebäudes sowie dem Wert des Grundstücks einschließlich des Wohngebäudes (sog. Kombinationstheorie). Maximale Wohnflächen von 120 bis 156 qm werden diskutiert, Grundstücksflächen bis etwa 500 qm (bei einem größeren Garten kommt es darauf an, ob ein Teil abtrennbar und wirtschaftlich zB durch Verkauf verwertbar ist). Beim Wert des Anwesens gibt es keine starren Grenzen; es kommt darauf an, ob sich der Verkehrswert im unteren Bereich der Vermögenswerte vergleichbarer Objekte am Wohnort des Betroffenen hält. Wenn allerdings der alleinstehende Betreute auf Dauer in einem Pflege- oder Altersheim wohnt, das Haus also nicht mehr selbst bewohnt, ist das Anwesen nicht mehr geschützt (BVerwG NJW 1992, 1402) – ebenso ist es bei einer Eigentumswohnung, auch dem Hälftanteil hieran (BayObLG FGPrax 1997, 102).

Bei unzumutbarer Härte darf auch der Einsatz sonstigen Vermögens nicht verlangt werden (§ 90 Abs. 3 SGB XII). Das ist zB der Fall, wenn Guthaben aus Schmerzensgeldzahlungen oder aus angespartem Erziehungsgeld entstanden sind.

BEISPIELE:

- Der Betreute hat ein selbst und allein bewohntes Reihenhaus (Fläche 130 qm) im Wert von 250.000 EUR in München-Grünwald; Monatsrente 1000 EUR. Da für die Bewirtschaftung und Beheizung des Hauses monatlich wohl 400 EUR anfallen, gilt der Betreute als mittellos; der Staat zahlt die Kosten der Betreuung (hält sich aber später an den Erben schadlos, vgl. S. 275).
- Der Betreute hat keine nahen Angehörigen mehr; das Haus ist 664.000 EUR wert. Da durch Verkauf des Hauses unter gleichzeitiger Bestellung eines unentgeltlichen Wohnrechts auf Lebenszeit sicher-

gestellt werden kann, dass er weiterhin im Haus wohnen bleiben kann und dafür ein Preis von 388.000 EUR erzielbar ist, ist keine Härte gegeben; der Betreute ist nicht mittellos (BayObLG FamRZ 1996, 245).

- Der Betreute bezieht eine Altersrente von 600 EUR und hat ein Sparguthaben von 1500 EUR. Ein Verwandter ist als (ehrenamtlicher) Betreuer für alle Angelegenheiten bestellt. Seine Ausgaben betrugen: 4 EUR für Fotokopien, 5 EUR für Porto, 200 EUR für Anwaltsberatung in der Rentenfrage. – Eine Vergütung (§ 1836 Abs. 2 BGB) entfällt, weil kein ausreichendes Einkommen bzw. Vermögen vorhanden ist. Der Betreuer erhält die Aufwandspauschale von jährlich 323 EUR bzw. (ab 1.8.2013) 399 EUR (§ 1835a BGB), womit alles abgegolten ist. Zahlungspflichtig ist an sich der Betreute; da er aber als mittellos gilt, zahlt die Staatskasse (§ 1835a Abs. 3 BGB). Problematisch ist, weshalb der Betreuer nicht zur Senkung der Anwaltskosten Beratungshilfe (nach dem BeratungshilfeG) in Anspruch genommen hat.
- Der Betreute bezieht eine Pension von 1300 EUR, hat ein Einfamilienhaus und ein Wertpapiervermögen (Wert zusammen 500.000 EUR). Der ehrenamtliche Betreuer hat Ausgaben von 100 EUR. – Hier wird eine Vergütung nach dem Stundenaufwand, beispielsweise von ca. 2000 EUR, bewilligt werden (§ 1836 Abs. 2 BGB); eine Aufwandspauschale entfällt; der Betreuer kann aber die aufgewandten 100 EUR dem Vermögen des Betreuten selbst entnehmen (§ 1835 BGB), wenn ihm (auch) die Vermögenssorge übertragen ist; die Beträge muss er in die jährliche Abrechnung einschreiben.

Teilmittellosigkeit: Kostet die Betreuung jährlich 3000 EUR und hat der Betreute zB 3600 EUR Sparguthaben, dann hat nicht etwa der Betreute selbst 1000 EUR an den Betreuer zu zahlen (dadurch käme der Betreute an die Schongrenze von 2600 EUR) und die Staatskasse die restlichen 2000 EUR. Denn § 1836d Nr. 1 BGB bestimmt, dass auch derjenige Betreute als mittellos gilt, der Aufwendungen und Vergütung nicht in **einem Betrag** begleichen kann. Die Staatskasse tritt also **in voller Höhe** in Vorlage (dh sie zahlt im Beispiel 3000 EUR an den Betreuer) und versucht ihrerseits, beim Betreuten Regress (in Höhe von 3000 EUR) zu nehmen (§ 1836e BGB), was aber nur in Höhe von 1000 EUR (3600–2600 EUR) Erfolg haben wird.

Fälligkeit und Erlöschen der Ansprüche des Betreuers für Tätigkeiten ab 1.1.1999			
Anspruch auf	Fälligkeit	Zahlungspflichtig ist	Der Anspruch erlischt
Ersatz von Aufwendungen (Auslagen, zB Fahrtkosten), § 1835 BGB	sofort, mit Aufwendung	beim mittellosen Betreuten die Staatskasse; beim vermögenden Betreuten dieser selbst, § 1835 Abs. 1, Abs. 2 BGB	15 Monate nach der Aufwendung, § 1835 Abs. 1 Satz 3 BGB. Der Berufsbetreuer kann keinen Ersatz seiner Aufwendungen verlangen; sie sind in der Stundenpauschale inbegriffen (§ 4 Abs. 2 VBVG)
Aufwandsentschädigung von pauschal 323 EUR jährlich, seit 1.8.2013: 399 EUR, § 1835a BGB	nur jährlich, erstmals ein Jahr nach Bestellung zum Betreuer	beim mittellosen Betreuten die Staatskasse; beim vermögenden Betreuten dieser selbst, § 1835a Abs. 3 BGB	drei Monate nach Ablauf des Jahres, in dem der Anspruch entsteht, § 1835a Abs. 4 BGB
Vergütungsanspruch des Berufsbetreuers	ab dem Tag nach dem Wirksamwerden der Bestellung zum Betreuer	beim mittellosen Betreuten die Staatskasse; beim vermögenden Betreuten dieser selbst, § 1836 Abs. 1 BGB; § 1 Abs. 2 VBVG	15 Monate nach der Entstehung des Anspruchs, § 2 VBVG. Vgl. dazu S. 61
Vergütungsanspruch des ehrenamtlichen Betreuers, wenn der Betreute vermögend (= nicht mittellos) ist	mit Festsetzung durch das Gericht, sonst nach jeder Tätigkeit	der nicht mittellose Betreute, § 1836 Abs. 2 BGB	Verjährung nach §§ 195 ff. BGB; Verjährung gehemmt, § 207 Abs. 1 Nr. 4 BGB

Unterhaltsansprüche. Ein in knappen finanziellen Verhältnissen lebender Betreuter kann uU Unterhaltsansprüche gegen wohlhabende volljährige Kinder oder Eltern oder Ehegatten haben (§§ 1361, 1569 ff., 1601 ff. BGB), so dass er, da er werthaltige Forderungen hat, an sich nicht mittellos ist. § 1836d Nr. 2 BGB stellt klar, dass ein solcher Betreuter solange als mittellos gilt, als die Unterhaltsverpflichteten nicht freiwillig leisten, sondern verklagt werden müssten. Der Betreuer mit dem Aufgabenkreis „Vermögenssorge, Geltendmachung des Unterhalts“ muss dann den Unterhalt einklagen und letztlich ganz oder teilweise an die Staatskasse abführen.

Durchsetzung der Ansprüche des Betreuers		
Der Betreuer fordert	von wem	Verfahren
(als berufsmäßiger Betreuer) Vergütung (§ 1836 Abs. 1 BGB)	Staatskasse (Betreuter ist mittellos)	Feststellung durch den Urkundsbeamten oder Festsetzung durch den Rechtspfleger des Betreuungsgerichts, § 168 Abs. 1 FamFG
(als ehrenamtlicher Betreuer) Aufwandspauschale von 323 bzw. 399 EUR, § 1835a BGB		
(als ehrenamtlicher Betreuer) Ersatz von Aufwendungen § 1835 Abs. 1 oder Aufwandspauschale von 323 bzw. 399 EUR, § 1835a BGB	vom vermögenden Betreuten	Betreuer hat die **Vermögenssorge:** Entnahme aus dem Vermögen. Keine Festsetzung der Anwendungen durch das Betreuungsgericht
		Wenn der Betreuer **nicht** die **Vermögenssorge** hat: Festsetzung durch Betreuungsgericht, Vollstreckung hieraus, § 86 Abs. 1 Nr. 1 FamFG
(als ehrenamtlicher Betreuer) Vergütung, § 1836 Abs. 2 BGB	vom vermögenden Betreuten	Festsetzung durch das Betreuungsgericht. a) Wenn Betreuer die **Vermögenssorge** hat: anschließend Entnahme aus dem Vermögen des Betreuten b) Wenn Betreuer **nicht** die **Vermögenssorge** hat: Vollstreckung aus der Festsetzung, § 86 Abs. 1 Nr. 1 FamFG.

c) Rechtsanwälte als Berufsbetreuer

Ein Anwalt ist in der Regel Berufsbetreuer, auch wenn er nur eine oder zwei Betreuungen hat. Anders ist es nur, wenn eindeutig ehrenamtliche Tätigkeit vorliegt, so wenn der Anwalt Betreuer seiner alten Mutter ist. Der Anwalt kann für seine Tätigkeit nur nach den Pauschalen abrechnen (§§ 4, 5 VBVG). Zusätzlich kann er aber anwaltstypische Tätigkeiten nach dem RVG abrechnen (§ 4 Abs. 2 Satz 2 VBVG; § 1835 Abs. 3; oben S. 44), beispielsweise einen Mietprozess, einen Erbschaftsstreit, den er für den Betreuten führt. Für das Anwaltshonorar gilt dann nicht die Verjährungsfrist nach dem RVG/BGB, sondern die 15-Monatsfrist nach § 1835 Abs. 1 BGB (BGH NJW 2012, 3307).

d) Abrechnungsfähige Stunden

(aa) Berufsbetreuer: Die früher sehr umstrittene Frage, welche Stunden abrechnungsfähig sind, spielt keine Rolle mehr. Denn jetzt kann der Berufsbetreuer im Regelfall nur noch pauschal abrechnen: zB 8,5 Stunden pro Monat (oben S. 62); obwohl er nur eine halbe Stunde aufwandte; andererseits aber auch nur 8,5 Stunden, obwohl er 10 Stunden benötigte.

(bb) Ehrenamtliche Betreuer vermögender Personen: Bei ihnen (sowie für **Ergänzungsbetreuer, Sterilisationsbetreuer**, etc.; vgl. oben S. 52) spielt die Zahl der abrechnungsfähigen Stunden uU noch eine Rolle. Es gelten dann folgende Kriterien:

(1) **Vergütungsfähig** ist die **aufgewandte** Zeit, begrenzt durch die erforderliche **Zeit.** Es muss sich um **Tätigkeiten innerhalb des Aufgabenkreises** handeln. Abrechenbar sind zB Wartezeit beim Gericht, Weg zum Gericht und zurück, Zeit für das Einführungsgespräch. Bei der Gesundheitssorge sind auch abrechenbar der Zeitaufwand für Gespräche mit behandelnden Ärzten, wenn sie zB die Grundlage bilden für vom Betreuer zu treffende Entscheidungen (Auflösung der Wohnung, Heimplatz finden). Auch auf einen konkreten Fall bezogenes Literaturstudium (juristische, steuerrechtliche, medizinische Literatur) kann abrechenbar sein, wenn der Betreuer anders seine Aufgabe nicht erfüllen kann. Begleitet der Betreuer den Betreuten beim **Arztbesuch,** kommt es darauf an: Sind Einwilligungen abzugeben oder muss sich der Betreuer über den Gesundheitszustand informieren, ist der Zeitaufwand abrechenbar. **Besuche** beim Betreuten sind abrechenbar. Dazu gehören auch die Fahrt- und Wartezeiten. Die Besuche müssen nicht einen konkreten Anlass haben, es genügt der Aufbau bzw. die Pflege des Vertrauensverhältnissen (vgl. § 1901 BGB). Es gibt keine allgemeine Regel, wie häufig der Betreuer den Betreuten (vergütungsmäßig) besuchen darf; etwa ein Besuch im Monat dürfte (im Regelfall) vergütungsfähig sein. Ebenso sind vergütungsfähig die Zeit zum Anlegen einer Akte, für Aktenvermerke, für die Erstellung der Berichte (§§ 1840 Abs. 1 iVm 1908i Abs. 1 BGB) sowie die Rechnungslegung (§§ 1840 Abs. 2, 1841 iVm § 1908i Abs. 1 BGB); Kontakte mit Angehörigen

nur, soweit sie den Angelegenheiten des Betreuten dienen; Anwesenheit bei der Wohnungsauflösung jedenfalls solange, als wertvollere Gegenstände im Auge behalten werden müssen; im Übrigen nur der Zeitaufwand für die Koordination; schließlich die Unterbringung des Betreuten.

(2) **Nicht vergütungsfähiger Zeitaufwand** ist der Aufwand *vor* Bestellung zum Betreuer. Das Amt beginnt mit dem Zugang des Bestellungsbeschlusses an den Betreuer (§ 287 Abs. 1 FamFG); wird der ehrenamtliche Betreuer einer vermögenden Person deshalb sofort nach Zugang des Beschlusses tätig, ist er für die Zeit zu vergüten, auch wenn die Verpflichtung erst nachfolgt oder sich erübrigt, weil der Betreute inzwischen gestorben ist. **Zeitaufwand für Tätigkeiten außerhalb des Aufgabenkreises** (zB der Vermögensbetreuer kümmert sich auch um die Gesundheitssorge) wird nicht vergütet. Für den ehrenamtlichen Betreuer einer vermögenden Person sowie einen Spezialbetreuer (oben (bb), S. 69) ist deshalb wichtig, dass er in einem weiteren Aufgabenkreis erst tätig wird, wenn sein Aufgabenkreis hierauf erweitert ist (§ 293 FamFG), notfalls durch einstweilige Anordnung (§ 300 FamFG). Er riskiert sonst kostenlos zu arbeiten. Der Zeitaufwand für die Erstellung des Vergütungsantrages nebst dazugehöriger Zeit- und Tätigkeitsliste ist nicht zu vergüten (hM; OLG Hamm Rpfleger 1999, 391); dasselbe gilt für die Durchsetzung des Vergütungsanspruchs (vgl. LG Koblenz FamRZ 1995, 1019). Wichtig ist aber, dass der Zeitaufwand für den *Berufs*betreuer im Regelfall keine Rolle spielt (oben (aa), S. 69).

Zeitaufwand zugunsten des Betreuten, der der privaten Sphäre zuzurechnen ist, ist nicht anzusetzen, beispielsweise der Besuch zum Geburtstag. Sicher nicht zu vergüten ist die Begleitung bei Caféhausbesuchen (LG Münster Rpfleger 1996, 288) sowie an der Beerdigung des Betreuten oder von Angehörigen des Betreuten; Aufräumen der Wohnung des verstorbenen Betreuten; Erbenermittlung nach dem Tod des Betreuten; ständige Anwesenheit am Krankenbett des Betreuten. Pflegerische Tätigkeit wie etwa Wundversorgung und Ganzkörperpflege (LG Limburg BtPrax 1997, 119), Begleitung des Betroffenen bei mehrtägigen Reisen, bei Kuraufenthalten. Hilfe im Alltag wie bei der Haushaltsführung, beim Saubermachen, bei der Wohnungsrenovierung; bei der Zaunreparatur; Botendienste; Teilnahme an Gruppenfreizeiten. Dass die Begleitung des Betroffenen beim Einkaufen zur Lebensführung des Betreuten gehöre und daher der Stundenaufwand nicht vergütungsfähig sei (LG Augsburg BtPrax 1996, 76), trifft in dieser Allgemeinheit nicht zu. **Nutzlose Tätigkeiten** innerhalb des Amts, die von vornherein (für den Betreuer erkennbar) ungeeignet oder unzweckmäßig waren, wie der Zeitaufwand für einen unangemeldeten Hausbesuch, bei dem der Betreute nicht angetroffen wurde, sind nicht vergütungsfähig, außer, es gibt keine andere zumutbare Möglichkeit für den Betreuer, mit dem Betreuten in Kontakt zu kommen.

Zeitaufwand nach Beendigung des Amts ist nur in Sonderfällen (Erstellung des Schlussberichts, Vermögensaufstellung usw.) vergütungsfähig. Ist **der Betreute gestorben,** endet die Betreuung von selbst, ohne dass es noch eines Aufhebungsbeschlusses des Betreuungsgerichts bedürfte; zu den Resttätigkeiten des Betreuers vgl. S. 271. **Während der Betreuung angefallener, aber anderweitig abrechenbarer Zeitaufwand** ist aus der Stundenaufstellung herauszunehmen. Der Vergütungsanspruch besteht auch dann, wenn die Betreuung (rückwirkend) **aufgehoben** wird (BGH FGPrax 2013, 44).

Zeitaufwand von Hilfspersonal, Vertretern. Nur der eigene Zeitaufwand des Betreuers ist vergütungspflichtig, weil die Betreuung persönlich zu erfolgen hat, durch eine persönlich hierzu geeignete Person (vgl. §§ 1897 Abs. 1, 1908b BGB). Die **Übertragung der Betreuung als solcher** (zB durch Generalvollmacht) ist im Gesetz nicht vorgesehen und daher unzulässig.

Muster der Abrechnung eines Berufsbetreuers

> An das Betreuungsgericht …
> In der Betreuungssache Walter Bach, geb. 9.4.1931
> beantrage ich meine Vergütung für die Zeit vom 1.10.2012 bis 31.12.2012 wie folgt aus der Staatskasse[2] festzusetzen:
> 3 Monate je 3,5 Stunden zu je 44 EUR … 462 EUR
> Die Betreuung besteht seit 31.12.2006 (Wirksamwerden). [1]

> Der Betreute ist mittellos.[2]
> Er wohnt zuhause.[3]
> Ich bin Berufsbetreuer,[4] wie im Bestellungsbeschluss des Betreuungsgerichts vom … festgestellt wurde.
> Mein Stundensatz beträgt 44 EUR,[5] weil ich ausgebildeter Sozialpädagoge bin.
> gez. …

Erläuterungen:

[1] Nach der bisherigen Dauer der Betreuung richtet sich, wie viele Stunden abgerechnet werden können; § 5 Abs. 2, Abs. 4 Satz 1 VBVG. Vgl. oben S. 59.

[2] Wäre der Betreute nicht mittellos, könnte der Betreuer 4,5 Stunden je Monat abrechnen, § 5 Abs. 1 VBVG, (oben S. 62). Dann wäre nicht die Staatskasse zahlungspflichtig, sondern der Betreute. Statt „aus der Staatskasse" schreibt man „aus dem Vermögen des Betreuten".

[3] Wichtig für die Stundenzahl: würde der Betreute im Heim wohnen, könnte der Betreuer nur zwei Stunden je Monat abrechnen. § 5 Abs. 2 VBVG.

[4] Vgl. § 1836 Abs. 1 Satz 2 BGB; § 1 Abs. 1 VBVG. Als ehrenamtlicher Betreuer bekäme der Betreuer wegen der Mittellosigkeit keine Vergütung, § 1836 Abs. 1 Satz 1 BGB.

[5] Vgl. § 4 Abs. 1 VBVG.

Muster der Abrechnung des ehrenamtlichen Betreuers eines vermögenden Betreuten

> An das Betreuungsgericht…
> In der Betreuungssache Walter Berg, geb. 9.4.1931
> beantrage ich meine Vergütung für die Zeit vom 1.10.2012 bis 31.12.2013 wie folgt festzusetzen, zahlbar aus dem Vermögen des Betreuten (§ 1836 Abs. 2 BGB):
> Das Vermögen des Betreuten besteht aus zwei Hotelappartements in Passau und Berlin, einem Zehnfamilienhaus in Landshut (Wert der Immobilien ca. 1.000.000 EUR) und Wertpapiervermögen (Wert ca. 800.000 EUR); Schulden sind nicht vorhanden. Jahreseinkommen ca. 100.000 EUR. Mein Aufgabenkreis ist die Vermögenssorge.

Es sind gemäß nachfolgender Aufstellung angefallen:
98 Stunden, die Stunde zu 50 EUR = 4900,00 EUR
19 % MWSt (Steuerpflicht unterstellt) = 931,00 EUR
Summe: 5831,00 EUR
Die Auslagen habe ich dem Vermögen bereits entnommen.[1]
Ich bin ausgebildeter Volljurist und war früher in einer Bank beschäftigt; ein Stundensatz von 35 EUR steht mir daher zu, obwohl ich kein Berufsbetreuer bin.
gez. …

Erläuterungen:

[1] Der Stundensatz von 50 EUR ist angemessen, weil das Jahreseinkommen 100.000 EUR beträgt. Hat der Betreuer, wie hier, die Vermögenssorge, kann er die Auslagen dem verwalteten Vermögen selbst entnehmen und nimmt die Beträge in seine Jahresabrechnung auf; eine Festsetzung der Auslagen durch das Betreuungsgericht ist nicht möglich, §§ 168 Abs. 1 Satz 1 Nr. 2 FamFG; eine Aufstellung der Auslagen entfällt daher.

Datum	Tätigkeit	Dauer in Stunden
15.10.2012	Fahrt nach Berlin zur Eigentümerversammlung	15
16.10.2012	Mieterauszug, Wohnungsabnahme	05
18.10.2012	Abschluss eines Mietvertrags	03
15.2.2013	Buchführung, Steuererklärung	20 usw.
Summe		98

7. Haftung des Betreuers

a) Haftung gegenüber dem Betreuten

Der Betreuer ist dem Betreuten für den aus einer Pflichtverletzung entstehenden Schaden verantwortlich, wenn ihm ein Verschulden zur Last fällt (§§ 1908i, 1833 BGB). Die Verjährungsfrist beträgt drei Jahre, § 195 BGB; ihr Lauf ist allerdings während der Dauer der Betreuung gehemmt (§ 207 Abs. 1 Satz 2 Nr. 4 BGB). Die Frist beginnt erst mit dem Schluss des Jahres, in dem der Anspruch entstanden ist *und* der Geschädigte von den Umständen, die den Anspruch begründen, Kenntnis erlangt oder ohne grobe Fahrlässigkeit erlangen musste (§ 199 Abs. 1 BGB); Besonderheiten regeln § 199 Abs. 2 bis 5 BGB.

Solche Pflichtverletzungen sind zB: Unterlassen einer Klageerhebung vor Ablauf der Verjährungsfrist; verspätetes Stellen eines Rentenantrages, Antrags auf Wohngeld, Pflegegeld, Sozialhilfe, Blindengeld usw.; Unterlassen von Rechtsmitteln, von Einholen von Rat bei Rechtsanwälten, Steuerberatern, Betreuungsgericht; Unterlassen der Geltendmachung von Unterhaltsansprüchen des Betreuten; von Gewinnanteilen bei einer Beteiligung (BGH FamRZ 2005, 358); Verkauf von Vermögensgegenständen zu unangemessenen Preisen (der Betreuer muss uU vorher ein Wertgutachten einholen).

BEISPIEL: Der Betreuer verkauft ein Grundstück des Betreuten zu billig (BGH NJW 2011, 1009); Suizidversuche und Selbstverletzung deliktsunfähiger, fixierter Personen, die der Betreuer hätte verhindern können (BGH NJW 1994, 794; OLG Stuttgart VersR 1994, 731; OLG Karlsruhe VersR 1995, 217).

Der Betreuer muss als eigenes Verschulden Vorsatz und Fahrlässigkeit vertreten (§ 276 BGB). Er muss nicht nur für die Sorgfalt in eigenen Angelegenheiten einstehen; wer in seinen Angelegenheiten schlampig ist, muss gleichwohl die Betreuung sorgfältig führen. Auch auf Arbeitsüberlastung kann sich der Betreuer nicht berufen. Dass das Betreuungsgericht etwas genehmigt hat, befreit ihn nicht von der Haftung (BGH NJW 2004, 220).

b) Haftung gegenüber Dritten

Der Betreuer kann einem Außenstehenden (Dritten) zum Schadensersatz verpflichtet sein, wenn der Betreute diesen Dritten durch eine unerlaubte Handlung geschädigt hat. Voraussetzung ist weiter, dass der Betreuer seine Aufsichtspflicht (§ 832 BGB) verletzt hat und die Beaufsichtigung zum Aufgabenkreis des Betreuers gehörte.

BEISPIEL: B ist Betreuer für die verwirrte X mit dem Aufgabenkreis „alle Angelegenheiten". X läuft ziellos über die Straße und veranlasst dadurch einen Autofahrer zu einer Notbremsung mit Sachschaden am Auto.

Die Aufsichtspflicht kann durch Vertrag auf andere übertragen werden, zB auf das Heimpersonal.

Der Betreuer kann einem Dritten direkt haften, wenn er namens des Betreuten mit einem Dritten einen Vertrag geschlossen hat, obwohl seine Vertretungsmacht (dh sein Aufgabenkreis) nicht so weit reichte. Weitere Voraussetzung ist aber, dass der Aufgabenkreis des Betreuers nicht nachträglich vom Gericht entsprechend erweitert wird (so dass dieser sein Geschäft selbst genehmigen kann) oder ein weiterer Betreuer mit diesem Aufgabenkreis oder der geschäftsfähige Betreute es nicht genehmigen. Die Haftung auf Erfüllung oder Schadensersatz ergibt sich aus § 179 Abs. 1 BGB.

BEISPIEL: Der Betreuer mit dem Aufgabenkreis „Gesundheitsfürsorge" kauft ein Fernsehgerät für den Betreuten. Erweitert das Gericht den Aufgabenkreis nicht muss der Betreuer den Fernseher uU selbst abnehmen und zahlen.

Eine eigene Haftung kommt ferner unter dem Gesichtspunkt der Sachwalterhaftung (culpa in contrahendo, § 311 Abs. 2, Abs. 3 BGB) in Betracht, wenn der Betreuer am Vertragsschluss ein unmittelbares eigenes wirtschaftliches Interesse hatte (vgl. BGH FamRZ 1995, 282) oder in besonderem Maße Vertrauen des Geschäftspartners in Anspruch genommen hat und dadurch die Verhandlungen beeinflusst hat, das Geschäft also nur seinetwillen zustande kam.

BEISPIEL: Der Betreuer (ein Rechtsanwalt) lieferte die Betreute ins Pflegeheim ein. Das Pflegeheim konnte von der Betreuten die Pflegekosten nicht erlangen, weil sie vermögenslos war. Es verklagte daher den Betreuer selbst auf Zahlung von 18.000 EUR Pflegekosten aus Sachwalterhaftung. Die Vorinstanz gab der Klage statt. Der BGH wies die Klage ab: weder aus der Funktion („öffentliche Bestellung") noch aus der beruflichen Stellung (Rechtsanwalt) könne die Sachwalterhaftung abgeleitet werden. Entscheidungserheblich sei, ob der Betreuer durch sein Verhalten auf die Entscheidung des Pflegeheims, die Betreute weiter zu pflegen, Einfluss genommen hat und zwar so, dass er dem Heim gegenüber über das allgemeine Vertrauen hinaus eine zusätzliche, von ihm persönlich ausgehende Gewähr für die Seriosität und Erfüllung des Geschäfts geboten hat. Im Fall hatte der Betreuer aber nur darum gebeten, ihm die Pflegekostenrechnung persönlich (und nicht ins Anwaltsbüro) zuzusenden; nur die erste Rechnung war beglichen worden. Das hielt der BGH (FamRZ 1995, 282) für ungenügend.

Der Betreuer sollte also in derartigen Fällen den Vertragspartner (hier: das Altenheim) von vornherein (schriftlich) darauf hinweisen, dass der Betreute vermögenslos ist, allenfalls das Sozialamt zahlt, er (der Betreuer) jedenfalls nicht.

c) Versicherung

Gegen die Haftung kann sich der *ehrenamtliche* Betreuer auf Kosten des Betreuten versichern (S. 48). In einigen Bundesländern sind die ehrenamtlichen Betreuer im Rahmen von Sammelhaftpflichtversicherungen der Justizverwaltung mit einem Versicherungsträger automatisch versichert (meist für Vermögensschäden bis 25.000 EUR, Personen-/Sachschäden bis 1 Million EUR). Anwaltliche Betreuer sind davon nicht erfasst; sie sind evtl. über ihre Anwaltshaftpflicht versichert. Sonstige Berufsbetreuer sollten sich versichern; dabei ist zu beachten, dass die Haftpflichtversicherung in zahlreichen Fällen einen Eintritt ablehnt.

8. Beratung des Betreuers

a) Durch das Gericht

Eine Anfangsinformation erhält der Betreuer bei der Unterrichtung über seine Aufgaben anlässlich der mündlichen Verpflichtung (§ 1837 Abs. 1 Satz 2 BGB; § 289 Abs. 1 FamFG). Auch in der folgenden Zeit hat der Betreuer einen Anspruch auf kostenlose Beratung durch das Betreuungsgericht (§§ 1908i, 1837 Abs. 1 Satz 1 BGB).

b) Durch die Betreuungsbehörde

Die Betreuungsbehörde bei der Stadt bzw. Landkreis muss dafür sorgen, dass in ihrem Bezirk ein ausreichendes Angebot zur Einführung der Betreuer in ihre Aufgaben und zu ihrer Fortbildung vorhanden ist (§ 5 BtBG); sie hat also zB Einführungsveranstaltungen zu organisieren. Unabhängig von diesen Veranstaltungen kann sich der Betreuer bei der Betreuungsbehörde jederzeit kostenlos beraten und unterstützen lassen (§ 4 BtBG).

9. Kontrolle des Betreuers durch das Gericht

a) Aufsicht

Das Betreuungsgericht hat über die gesamte Tätigkeit des Betreuers die Aufsicht zu führen und gegen Pflichtwidrigkeiten durch geeignete Gebote und Verbote einzuschreiten (§§ 1908i, 1837 Abs. 2 BGB). Es kann insbesondere dem Betreuer aufgeben, eine Versicherung gegen Schäden, die er dem Betreuten zufügen kann, abzuschließen (§ 1837 Abs. 2 Satz 2 BGB). Zur Befolgung der Anordnungen kann das Gericht den Betreuer durch Androhung und Festsetzung von Zwangsgeld (in Höhe von 5 EUR bis 25.000 EUR) anhalten; das Zwangsgeld kann unbegrenzt wiederholt werden.

Die Kontrolltätigkeit des Gerichts wird durch ergänzende Vorschriften erleichtert:

- Der Betreuer mit dem Aufgabenkreis „Vermögenssorge“ oder ähnlich hat ein Verzeichnis des Vermögens des Betreuten bei Gericht einzureichen, §§ 1908i, 1802 BGB.
- Der Betreuer hat jährlich Rechnung zu legen, §§ 1908i, 1840, 1843 BGB.
- Auf Verlangen des Gerichts muss der Betreuer jederzeit mündlich oder schriftlich über die Führung der Betreuung und die persönlichen Verhältnisse des Betreuten Auskunft geben, §§ 1908i, 1839 BGB. Auch periodische Berichterstattung kann verlangt werden.
- Auf Verlangen des Gerichts muss ein Berufsbetreuer zu Beginn der Betreuung einen Betreuungsplan erstellen, also darlegen, welche Maßnahmen geplant sind (§ 1901 Abs. 4 BGB).

b) Zweckmäßigkeitsfragen

Nur gegen Pflichtwidrigkeiten kann das Betreuungsgericht einschreiten (§ 1837 BGB). In Zweckmäßigkeitsfragen darf das Betreuungsgericht deshalb keine bindenden Anordnungen treffen (BGHZ 17, 116; LG Köln NJW 1993, 206). Dazu gehört zB die Frage, wie die Vermögensverwaltung erfolgen soll und welche Beträge für den Lebensunterhalt des Betreuten aufgewendet werden sollen (Soergel/Damrau § 1837 Rz. 9).

10. Entlassung des Betreuers

a) Auf Verlangen des Betreuers

Der Betreuer kann seine Entlassung verlangen, wenn nach seiner Bestellung Umstände eintreten, aufgrund derer ihm die Betreuung nicht mehr zugemutet werden kann (§ 1908b Abs. 2 BGB). Solche Umstände sind zB: persönliche Umstände wie Krankheit, fortgeschrittenes Alter, eigener Umzug oder Umzug des Betreuten, Störung des Vertrauensverhältnisses zwischen dem Betreuer und dem Betreuten; familiäre Umstände wie Familienzuwachs, Pflegebedürftigkeit von Angehörigen; berufliche Umstände wie Arbeitsüberlastung oder Versetzung (vgl. Damrau/Zimmermann § 1908b Rz. 8); eine zu geringe Vergütung beim ehrenamtlichen Betreuer (vgl. AG Northeim BtPrax 1994, 179).

b) Von Amts wegen

Das Betreuungsgericht hat den Betreuer zu entlassen (§ 1908 b Abs. 1 BGB):

- Wenn seine **Eignung,** die Angelegenheiten des Betreuten zu besorgen, **nicht mehr gewährleistet** ist.

BEISPIELE: Dem Betreuer fehlt die Sachkunde (zB für die Verwaltung von Mietgrundstücken); der Betreuer nimmt seine Aufgaben nur unzureichend wahr (zB keine ausreichende Rechnungslegung; Nichteinholen von betreuungsgerichtlichen Genehmigungen; gegen ihn muss wiederholt mit Geboten und Verboten vorgegangen werden, § 1837 Abs. 2 BGB); zwischen ihm und dem Betreuten kann ein persönlicher Kontakt nicht hergestellt werden.

- Oder wenn ein **anderer wichtiger Grund** für die Entlassung vorliegt.

BEISPIELE: Längere Krankheit des Betreuers (BayObLG FamRZ 1996, 509); längere Ortsabwesenheit; der Betreuer wird Bediensteter einer Anstalt oder eines Heims, in dem der Betreute wohnt (§ 1897 Abs. 3 BGB) oder der Betreute zieht in ein Heim um, in dem der Betreuer angestellt ist; statt durch einen Fremden kann nun die Betreuung durch eine erheblich besser geeignete Person oder einen geeigneten Verwandten durchgeführt werden (BayObLG FamRZ 1996, 509); tiefgreifende Feindschaft zwischen dem Betreuer und dem Betreuten (BayObLG FamRZ 1995, 1235); Misshandlungen; wenn der Betreuer eine erforderliche Abrechnung vorsätzlich falsch erteilt hat (§ 1908b Abs. 1 Satz 2 BGB). Dagegen reicht es nicht aus, dass der Betreute Verwaltungsmaßnahmen des Betreuers (zB Änderung der Bankverbindung) missbilligt (BayObLG FamRZ 1996, 509).

Bei der Entlassung eines Betreuers gegen seinen Willen ist der Verhältnismäßigkeitsgrundsatz zu beachten; sie ist das letzte Mittel und erst zulässig, wenn Weisungen und Ordnungsgeldandrohung erfolglos blieben (BayObLG FamRZ 1995, 1232).

Das Betreuungsgericht soll ferner einen Berufsbetreuer entlassen, wenn der Betroffene statt dessen durch einen (billigeren) ehrenamtlichen Betreuer (genauso gut) betreut werden kann, § 1908b Abs. 1 Satz 3 BGB. Wird eine entsprechende Anregung der Staatskasse abgelehnt, kann der Vertreter der Staatskasse (Bezirksrevisor) hiergegen Beschwerde einlegen, § 304 Abs. 1 Satz 2 FamFG, § 11 RPflG.

c) Auf Wunsch des Betreuten

Der Wunsch des Betreuten auf Entlassung des Betreuers allein rechtfertigt nicht dessen Entlassung. Entweder muss der Betreuer ungeeignet sein (oben b) oder der Betreute muss einen gleich geeigneten Nachfolger vorschlagen (S. 87).

11. Rechtsmittel des Betreuers

a) Erinnerung, Beschwerde

(**aa**) Gegen Entscheidungen des **Rechtspflegers** beim Betreuungsgericht ist nicht zunächst Erinnerung einzulegen, sondern sofort die Beschwerde statthaft (§ 11 RPflG, §§ 58 ff. FamFG). Der Rechtspfleger kann der Beschwerde abhelfen; hilft er nicht ab, legt er die Beschwerde dem übergeordneten Landgericht vor. Gegen die Entscheidung der Zivilkammer des Landgerichts kann keine weitere Beschwerde zum Oberlandesgericht eingelegt werden, sondern allenfalls Rechtsbeschwerde zum Bundesgerichtshof, §§ 70 ff. FamFG. Einzelheiten vgl. S. 151 ff. Hat beim Betreuungsgericht der **Richter** entschieden, ist es ebenso.

(**bb**) Gegen Entscheidungen des Rechtspflegers betreffend **Vergütungen, Aufwendungsersatz, Kostenerstattung** durch den Betreuten und seine Erben sind §§ 292 Abs. 1, 168 FamFG und § 11 RPflG zu beachten:

- Bei einem Beschwerdewert (= Kostennachteil) bis 600 EUR ist nur **befristete Erinnerung** (Frist ein Monat, § 63 Abs. 1 FamFG) statthaft; der Rechtspfleger kann abhelfen; andernfalls hat er die Sache dem Betreuungsrichter vorzulegen. Die Entscheidung des Richters ist unanfechtbar, es sei denn, der Richter lässt die Beschwerde zum LG zu (§ 61 Abs. 2 FamFG). Nach anderer Ansicht kann auch der Rechtspfleger die Beschwerde zulassen (OLG Hamm FGPrax 2000, 66).
- Bei einem Beschwerdewert ab 600,01 EUR ist nur die befristete **Beschwerde** (Frist: ein Monat ab Bekanntgabe der Entscheidung, § 63 Abs. 3 FamFG) statthaft. Eine Abhilfe ist zulässig (§ 68 Abs. 1 FamFG). Die weitere Beschwerde zum OLG ist nicht statthaft. Die **Rechtsbeschwerde** zum BGH ist in Vergütungssachen *nur* statthaft (§ 70 Abs. 1 FamFG; § 133 GVG), wenn sie vom LG zugelassen wurde. Wird die Zulassung vergessen, kann sie vom LG nicht nachgeholt werden (OLG Zweibrücken FamRZ 1999, 1167). Äußert sich der Beschluss des LG nicht zur Zulassung, gilt das als Nichtzulassung (OLG Brandenburg BtPrax 2000, 127). Einzelheiten vgl. S. 151 ff.

b) Beschwerde im eigenen Namen

Erinnerungsberechtigt bzw. beschwerdeberechtigt ist nach § 59 Abs. 1 FamFG nur der, der durch die gerichtliche Entscheidung in seinen Rechten beeinträchtigt ist. Ein solches eigenes Recht des Betreuers ist nicht bei allen Betreuungsentscheidungen beeinträchtigt. Beispielsweise hat der Betreuer kein Beschwerderecht im eigenen Namen gegen die Aufhebung der Betreuung, weil er kein eigenes Recht auf Fortbestand der Betreuung hat (BayObLG FamRZ 1994, 1189). Vgl. aber unten d.

c) Beschwerde im Namen des Betreuten

Der Betreuer kann gegen eine Entscheidung, die seinen Aufgabenkreis betrifft, *auch* im Namen des Betreuten (also als dessen gesetzlichen Vertreter) Beschwerde einlegen, § 303 Abs. 4 Satz 1 FamFG. Da der Betreute durch Betreuungsentscheidungen stets in seinen Rechten im Sinne von § 59 Abs. 1 FamFG verletzt ist, wird durch § 303 Abs. 4 FamFG die Beschwerdemöglichkeit des Betreuers wesentlich erweitert. Bei einer Beschwerde des Betreuers sollte klargestellt werden, ob er sie in eigenem Namen, als Vertreter des Betreuten oder in beiden Funktionen einlegt.

d) Einzelfälle

Der Betreuer kann zB Beschwerde einlegen:

- gegen seine Bestellung zum Betreuer;
- gegen die Entlassung;
- gegen die Erweiterung oder Beschränkung des Aufgabenkreises;
- gegen die Gebote und Verbote des Betreuungsgerichts nach § 1837 BGB;
- gegen die Androhung und gegen die Festsetzung von Zwangsgeld;
- gegen die Ablehnung einer Vergütung oder gegen die zu geringe Höhe der Vergütung (oben a);

- gegen die Anordnung, Ablehnung oder Aufhebung eines Einwilligungsvorbehalts, gegen die Erweiterung und Beschränkung des Kreises der einwilligungsbedürftigen Willenserklärung.

V. Stellung des Betreuten

1. Im Verfahren vor Bestellung des Betreuers

a) Verfahrensfähigkeit

Der Betroffene ist verfahrensfähig, auch wenn er geschäftsunfähig ist (§ 275 FamFG); er kann also alle Anträge selbst stellen. Die Anträge können schriftlich eingereicht werden, aber auch bei der Geschäftsstelle des zuständigen Gerichts oder irgendeines Amtsgerichts zu Protokoll erklärt werden (§ 25 FamFG). Ein Rechtsanwalt ist nicht erforderlich.

b) Anhörung

Der Betroffene muss im Verfahren auf Bestellung eines Betreuers grundsätzlich persönlich angehört werden (§ 278 Abs. 1 FamFG). Das Anhörungsverfahren kann der Betroffene auf verschiedene Weise beeinflussen:

- Er ist nicht verpflichtet, bei der Anhörung Angaben zu machen.
- Er kann verlangen, dass sich der Richter in seine Wohnung oder sonstige Umgebung begibt und sich dort einen unmittelbaren Eindruck von ihm verschafft (§ 278 Abs. 1 Satz 3 FamFG).
- Er kann der Anhörung in der Wohnung widersprechen, wenn der Richter sie zwecks Sachaufklärung dort vornehmen will (§ 278 Abs. 1 Satz 3 FamFG).
- Er kann verlangen, dass bei der (nicht-öffentlichen) Anhörung einer Person seines Vertrauens die Anwesenheit gestattet wird (§ 274 Abs. 4 Nr. 1 FamFG; § 170 Abs. 1 Satz 3 GVG).
- Er kann sich dagegen wenden, dass das Gericht weiteren Personen die Anwesenheit bei der Anhörung gestattet (§ 170 Abs. 1 Satz 2 GVG).

- Er kann sich weigern, zum Anhörungstermin zu erscheinen; das verschiebt allerdings das Verfahren lediglich um einige Wochen, weil er dann auf Anordnung des Richters von Mitarbeitern der Betreuungsbehörde vorgeführt wird (§ 278 Abs. 5 FamFG).

c) Beauftragung eines Rechtsanwalts

Der Betroffene kann selbst einen Rechtsanwalt mit der Vertretung beauftragen; kann er dies nicht selbst finanzieren, kann er die Beiordnung eines Anwalts in Verfahrenskostenhilfe beantragen (§§ 76 ff. FamFG, 114 ff. ZPO). Das setzt zum einen voraus, dass der Betroffene „arm" ist (geringes monatliches Nettoeinkommen entspr. § 115 ZPO; kein nennenswertes Vermögen); zum anderen, dass die Rechtsverteidigung Erfolgsaussicht hat, dass es also mit Wahrscheinlichkeit nicht zur Anordnung der Betreuung kommen wird.

d) Anhörung der sonstigen Beteiligten

Der Betroffene kann verlangen, dass das Gericht dem Ehegatten, den Eltern, den Pflegeeltern und den Kindern des Betroffenen sowie einer ihm nahe stehenden Person den Sachverhalt mitteilt und ihnen Gelegenheit zur Äußerung gibt (§§ 274 Abs. 4, 279 FamFG). Diese Personen können dann dem Gericht Umstände mitteilen, die für ihn günstig sind; sie können dem Betroffenen selbst helfen, soziale Dienste organisieren usw. und so die Anordnung einer Betreuung überflüssig machen.

e) Vollmachtserteilung

Der Betroffene kann noch während des Verfahrens einer anderen Person Vollmacht erteilen, wenn er geschäftsfähig ist, und so die Anordnung der Betreuung entbehrlich machen (§ 1896 Abs. 2 BGB); vgl. S. 10.

f) Sachverständigengutachten

Vor Bestellung eines Betreuers ist vom Gericht ein Sachverständigengutachten einzuholen (§ 280 Abs. 1 FamFG). Möglicherweise genügt ein bereits vorhandenes Gutachten des Medizinischen Dienstes der Krankenversicherung zur Pflegebedürftigkeit (§ 282 FamFG). Erscheint der Betroffene nicht zum Untersuchungstermin, kann er vorgeführt werden (§ 283 FamFG). Die Fragen des Sachverständigen muss der Betroffene allerdings nicht beantworten, an Tests usw. muss er nicht aktiv mitwirken. Hat dies jedoch zur Folge, dass der Gutachter zu keinem eindeutigen Ergebnis kommt, kann auf Anregung des Sachverständigen das Gericht die Unterbringung des Betroffenen zB in einer psychiatrischen Anstalt bis zu sechs Wochen anordnen, damit der Sachverständige den Betroffenen beobachten kann (§ 284 FamFG). Einzelheiten vgl. S. 124.

Der Betroffene kann auf die Einholung des Gutachtens verzichten; dann kann unter Umständen ein ärztliches Zeugnis (Attest) genügen (§ 281 FamFG).

Der Sachverständige kann abgelehnt werden, wenn Gründe vorliegen, die geeignet sind, Misstrauen gegen die Unparteilichkeit zu rechtfertigen (§ 6 FamFG, § 41 ff. ZPO). Die Anordnung der Begutachtung ist in der Regel nicht mit Beschwerde anfechtbar; auch gegen das Gutachten gibt es kein Rechtsmittel.

g) Rechtsmittel

Der Betroffene kann gegen die Entscheidungen des Rechtspflegers Erinnerung bzw. Beschwerde einlegen, gegen die Entscheidungen des Richters Beschwerde (vgl. S. 151 ff.).

2. Nach Bestellung des Betreuers

a) Geschäftsfähigkeit

Auf die Geschäftsfähigkeit des Betreuten hat die Bestellung eines Betreuers keinen Einfluss: War der Betreute vorher geschäftsfähig, ändert sich daran nichts. Er kann dann weiter rechtsgeschäftlich tätig werden, zB Sachen einkaufen, Handwerker beauftragen, Wohnungen mieten. Die Rechtsgeschäfte des Betreuers kann er aber nur widerrufen, wenn dies nach den allgemeinen Regeln des Bürgerlichen Rechts zulässig ist, zB weil ein Kündigungs- oder Rücktrittsrecht besteht oder vereinbart wurde. Ausnahmen von diesen

Grundsätzen bestehen dann, wenn vom Gericht ein Einwilligungsvorbehalt (§ 1903 BGB) angeordnet wurde (vgl. S. 257).

b) Geschäfte des täglichen Lebens

Tätigt ein geschäftsunfähiger Betreuter ein Geschäft des täglichen Lebens, das mit geringwertigen Mitteln bewirkt werden kann, gilt der Vertrag als wirksam, sobald Leistung und Gegenleistung bewirkt sind (§ 105a Satz 1 BGB); das gilt nicht bei einer erheblichen Gefahr für die Person oder das Vermögen des Geschäftsunfähigen (§ 105a Satz 2 BGB).

BEISPIEL: Der geschäftsunfähige Betreute kauft für 30 EUR Zigaretten und Bier, bezahlt und konsumiert. Der Betreuer kann das Geld nicht zurückverlangen.

c) Aufgabenkreis

Die Vertretungsbefugnis des Betreuers besteht nur im Rahmen seines Aufgabenkreises; wem nur die Vermögenssorge übertragen wurde, kann sich in persönliche Angelegenheiten nicht einmischen. Manchmal ist aber unklar, wie weit ein Aufgabenkreis geht (vgl. S. 159 ff.).

d) Anhörungspflicht

In zahlreichen Fällen ist vorgeschrieben, dass vor Einzelentscheidungen im Rahmen der Betreuung der Betroffene angehört werden muss. Teils ist diese Anhörung nur empfohlen (sie „soll" erfolgen); manchmal genügt schriftliche Anhörung, teils ist persönliche Anhörung vorgeschrieben.

BEISPIELE für Anhörungspflichten:
- vor Verfügungen über Grundstücke, Eigentumswohnungen (§§ 1908i, 1821 BGB; § 299 FamFG);
- vor Rechtsgeschäften über das Vermögen im Ganzen, Erbschaften, künftige Erb- und Pflichtteile (§ 1822 Nr. 1 BGB);
- vor Genehmigung der Ausschlagung einer Erbschaft, eines Vermächtnisses (§ 1822 Nr. 2 BGB);

- vor Erwerb bzw. Veräußerung eines Erwerbsgeschäfts (§ 1822 Nr. 3 BGB);
- vor einem Pachtvertrag über einen gewerblichen Betrieb;
- vor Darlehensaufnahme (§ 1822 Nr. 8 BGB);
- vor Eingehung einer Bürgschaft (§ 1822 Nr. 9 BGB);
- vor Abschluss eines Vergleichs (zB eines Prozessvergleichs), außer der Streitgegenstand beträgt höchstens 3000 EUR; bei einem höheren Streitgegenstand entfällt die Anhörungspflicht, wenn der Vergleich einem gerichtlichen Vorschlag entspricht; § 1822 Nr. 12 BGB;
- vor Beginn oder Auflösung eines Erwerbsgeschäfts (§ 1823 BGB);
- vor Erteilung einer allgemeinen Ermächtigung zur Teilnahme am Wirtschaftsleben (§ 1825 BGB);
- vor Bewilligung einer Vergütung für den Betreuer aus dem Vermögen des Betreuten (§§ 1908i, 1836 BGB; § 168 Abs. 4 Satz 1 FamFG);
- vor gewaltsamer Öffnung und Durchsuchung der Wohnung (§ 283 Abs. 3 FamFG);
- vor Genehmigung der Einwilligung in gefährliche Untersuchungen, Heilbehandlungen, ärztliche Eingriffe (§ 1904 BGB; § 298 FamFG);
- vor Genehmigung der Einwilligung in eine Zwangsbehandlung (§ 1906 Abs. 3, 3a BGB) oder in eine Sterilisation (§ 297 FamFG);
- vor Kündigung oder sonstiger Auflösung der vom Betreuten gemieteten Wohnung (§ 1907 Abs. 1 BGB; § 299 Satz 2 FamFG);
- vor Abschluss von Mietverträgen über Wohnraum, bei denen der Betreuer Vermieter ist (§ 1907 Abs. 3 BGB; § 299 Satz 2 FamFG).

In weiteren Fällen kann sich eine Pflicht zur persönlichen Anhörung aus § 26 FamFG (Amtsermittlungspflicht) ergeben, eine Pflicht zur Gewährung des rechtlichen Gehörs aus Art. 103 GG. Die persönliche Anhörung kann unterbleiben, wenn der Betroffene offenbar nicht in der Lage ist, seinen Willen kundzutun oder wenn die persönliche Anhörung für seine Gesundheit erhebliche Nachteile hätte (§ 34 Abs. 2 FamFG).

e) Anregungen an das Betreuungsgericht

Der Betreute kann sich jederzeit an das Betreuungsgericht wenden, wenn er glaubt, dass sich der Betreuer pflichtwidrig verhält. Zu den Pflichten des Betreuers gehört es zB, den Wünschen der Betreuten zu entsprechen, soweit dies dem Wohl des Betreuten nicht zuwiderläuft und dem Betreuer zuzumuten ist (§ 1901 Abs. 2 BGB). Das Gericht muss dann den Sachverhalt aufklären, indem es zB den Betreuer anhört und gegen festgestellte Pflichtwidrigkeiten durch Gebote und Verbote einschreiten (§§ 1908i, 1837 Abs. 2 BGB).

f) Wechsel des Betreuers

Wenn der Betreute mit seinem Betreuer nicht einverstanden ist, gibt es mehrere Möglichkeiten:

(aa) Er kann beim Betreuungsgericht die Entlassung des Betreuers anregen mit der Begründung, die Eignung des Betreuers, die Angelegenheiten des Betreuten zu besorgen, sei nicht mehr gewährleistet oder es liege ein anderer wichtiger Grund für die Entlassung vor, § 1908b Abs. 1 BGB. War ein Berufsbetreuer bestellt worden, kann der Betreute vorbringen, er habe nun einen billigeren (ehrenamtlichen) Betreuer gefunden (§§ 1908b Abs. 1 Satz 2, 1987 Abs. 6 BGB). Nach Entlassung bestellt dann das Gericht einen neuen Betreuer (§ 1908c BGB).

(bb) Er kann dem Betreuungsgericht eine gleich geeignete Person, die zur Übernahme bereit ist, vorschlagen (§ 1908b Abs. 3 BGB). Das Problem liegt hier darin, dass der Nachfolger „gleich" oder besser geeignet sein muss. Selbst wenn der Betreute eine solche Person findet, muss das Gericht noch keinen Betreuerwechsel vornehmen – es „kann", hat also ein Ermessen.

(cc) Er kann gegen die Anordnung der Betreuung Beschwerde zum Landgericht einlegen und diese Beschwerde auf die Auswahl des Betreuers beschränken (§§ 58 ff. FamFG; OLG Karlsruhe FamRZ 1995, 431; OLG Schleswig FamRZ 1995, 432).

(dd) Der Betreuungsverein oder die Betreuungsbehörde sind als Betreuer zu entlassen, wenn der Betreute durch eine natürliche Person hinreichend betreut werden kann (§ 1908b Abs. 5 BGB). Das Gericht muss aber nicht von Amts wegen prüfen, ob ein solcher Betreuerwechsel möglich ist. Verein und Behörde müssen dies stets im Auge behalten und dem Gericht eine als Einzelbetreuer geeignete Person mitteilen (§ 1900 Abs. 3, Abs. 4 BGB). Der Betreute kann ebenfalls jederzeit solche Personen vorschlagen.

(**ee**) Hat der Verein oder die Behörde die Wahrnehmung der Betreuung einer bestimmten Person übertragen, ist möglich, dass der Betreute lieber mit einem anderen Mitarbeiter (den er zB anlässlich einer Urlaubsvertretung kennengelernt hat) zusammenarbeiten möchte. Der Betreute kann sich dann an den Vereinsvorstand oder den Behördenleiter wenden und um eine Änderung der Zuständigkeitsverteilung bitten. Wird dem Wunsch nicht entsprochen, kann der Betreute eine Entscheidung des Betreuungsgerichts über die Auswahl beantragen (§ 291 FamFG).

g) Aufhebung der Betreuung

Die Betreuung ist aufzuheben, wenn ihre Voraussetzungen wegfallen (§ 1908d Abs. 1 Satz 1 BGB). Wenn die Voraussetzungen nur für einen Teil der Aufgaben wegfallen, ist der Aufgabenkreis des Betreuers einzuschränken (§ 1908d Abs. 1 Satz 2 BGB). Der Betreute kann jederzeit beim Betreuungsgericht die Aufhebung der Betreuung oder die Einschränkung des Aufgabenkreises anregen. Dass seit 1.9.2009 Betreuerbestellungen formell rechtskräftig werden steht nicht entgegen.

h) Rechtsmittel

Gegen alle Entscheidungen des Rechtspflegers, durch die der Betreute in seinen Rechten beeinträchtigt ist, kann der Betreute (auch wenn er geschäftsunfähig ist) Beschwerde/Erinnerung einlegen; gegen alle entsprechenden Entscheidungen des Richters Beschwerde (§§ 58, 59 FamFG; § 11 RPflG). Einzelheiten vgl. S. 151 ff.

i) Beratung des Betreuten

Das Betreuungsgericht berät die Betreuer (§§ 1908i, 1837 Abs. 1 Satz 1 BGB). Ein Anspruch des Betreuten auf Beratung ist gesetzlich nicht verankert. Auch der Betreuungsbehörde ist keine spezielle Pflicht, den Betreuten zu beraten, auferlegt (§ 4 BtBG). Beides schließt aber nicht aus, dass der Betreute beim Gericht oder bei der Behörde um Rat fragt und auch beraten wird. Im Übrigen bleibt dem Betreuten nur, sich bei einem Rechtsanwalt (gebührenpflichtig, § 34 RVG; bis 190 EUR für ein erstes Beratungsgespräch) beraten zu lassen, wobei die Gebührenhöhe letztlich eine Frage der (vorherigen) Vereinbarung ist. Bei unzureichenden finanziellen Mitteln kann der Betreute beim Amtsgericht (Rechtsantragstelle) einen Antrag auf Beratungshilfe stellen und, wenn ein Verfahren folgt, hierfür Verfahrenkostenhilfe (§§ 76 ff. FamFG; §§ 114 ff. ZPO) beantragen.

VI. Stellung der Angehörigen des Betreuten

Wird ein Fremder zum Betreuer bestellt, sehen sich die Angehörigen manchmal beeinträchtigt, sei es, dass sie wegen der Betreuerkosten um ihr Erbe fürchten, sei es, dass sie die Betreuung für unzureichend halten. Wird ein Familienangehöriger bestellt, taucht dasselbe Problem bei den nicht zum Zuge gekommenen Verwandten auf. Fraglich ist, inwieweit die Verwandten auf die Betreuung einwirken können.

1. Vor Bestellung eines Betreuers

Die Ehegatten, Verwandten und sonstigen Angehörigen haben kein Antrags*recht* auf Bestellung eines Betreuers. Sie können aber beim Betreuungsgericht die Bestellung anregen; bei der Betreuungsbehörde sollte die Anregung nicht gemacht werden, weil diese Behörde nicht verpflichtet ist, diesen Umstand an das Gericht weiterzuleiten (§ 7 BtBG).

2. Die Angehörigen als Beteiligte am Verfahren

Ist ein Betreuungsverfahren eingeleitet worden, muss natürlich der Betroffene beteiligt werden (§ 7 Abs. 2 Nr. 1 FamFG), ferner der (künftige) Betreuer (soweit sein Aufgabenkreis betroffen ist) und ebenso ein Bevollmächtigter, falls vorhanden (§ 274 Abs. 1 FamFG) sowie der Verfahrenspfleger, falls bestellt (§ 274 Abs. 2 FamFG).

Im Übrigen sind diejenigen Personen hinzuziehen, deren Recht durch das Verfahren unmittelbar betroffen wird (§ 7 Abs. 2 Nr. 1 FamFG). Solche Personen fehlen im Betreuungsverfahren in der Regel.

Beteiligt werden können ferner **bestimmte Angehörige** (§ 274 Abs. 4 Nr. 1 FamFG). Hier sind mehrere **Einschränkungen** vorhanden:

(1) Die Beteiligung steht im Ermessen des Gerichts („kann").

(2) Nur der Ehegatte oder der (gleichgeschlechtliche registrierte) Lebenspartner, wenn die Ehegatten oder Lebenspartner nicht dauernd getrennt leben, sowie dessen Eltern, Pflegeeltern, Großeltern, Abkömmlinge, Geschwister und eine Person seines Vertrauens können beteiligt werden. Die Schwägerin des Betroffenen gehört zB nicht dazu, auch nicht der bzw. die „Lebensgefährtin". Sie könnten aber als „Vertrauenspersonen" des Betroffenen beteiligt werden.

(3) Nur in den in § 274 Abs. 3 FamFG genannten Verfahren (also nicht in allen Angelegenheiten des Betreuungsverfahrens) kann eine Beteiligung erfolgen: das sind Verfahren über die Bestellung eines Betreuers oder die Anordnung eines Einwilligungsvorbehalts; Umfang, Inhalt oder Bestand der genannten Entscheidungen. Nicht erfasst sind zB die Vergütung Betreuers und die Genehmigung, wenn der Betreuer das Grundstück des Betreuten veräußern will.

(4) Keine Beteiligung erfolgt ferner, wenn dies dem Interesse des Betroffenen zuwiderläuft; die Wünsche und Belange des Betroffenen müsste das Gericht also berücksichtigen. Er müsste erst gefragt werden, ob er mit der Verständigung seiner Kinder etc. einverstanden ist.

Diese Angehörigen sind von der Einleitung des Verfahrens zu verständigen, wenn sie dem Gericht bekannt sind (§ 7 Abs. 4 Satz 1 FamFG); das Gericht muss also in der Regel weder Personen noch Anschriften ermitteln, was sehr bedenklich ist. Diese Personen können dann dem Gericht mitteilen, dass sie beteiligt werden wollen. Durch die Beteiligung entstehen noch keine Kosten für den Beteiligten. Bei Ablehnung des Antrags ist ein Beschluss notwendig (mit Begründung und Rechtsmittelbelehrung, § 39 FamFG), der mit sofortiger Beschwerde nach §§ 567 bis 572 ZPO (also mit einer Frist von zwei Wochen) anfechtbar ist (§ 7 Abs. 5 FamFG). Wird ein Angehöriger nicht beteiligt, muss er sich im Klaren sein, dass er dann auch **kein Beschwerderecht** gegen die Entscheidung des Betreuungsgerichts mehr hat (vgl. § 303 Abs. 2 FamFG).

3. Person des Betreuers

Wenn der Betroffene einen Verwandten zum Betreuer vorschlägt, hat das Gericht diese Person zu bestellen, wenn es dem Wohl des Betroffenen nicht zuwiderläuft (§ 1897 Abs. 4 Satz 1 BGB). Schlägt der Betroffene niemanden vor, ist bei der Auswahl des Betreuers auf die verwandtschaftlichen Bindungen des Betroffenen Rücksicht zu nehmen (§ 1897 Abs. 5 BGB). Das heißt aber lediglich, dass im Zweifel einem Verwandten der Vorzug vor einem gleich geeigneten Fremden zu geben ist; unter mehreren Verwandten kommt es darauf an, wer nach Auffassung des Gerichts am besten geeignet ist.

4. Verhältnis Betreuer/Angehörige

Der Betreuer steht zu den Angehörigen des Betreuten in keinem Rechtsverhältnis. Er ist ihnen nicht verantwortlich, sie können ihm keine Weisungen geben. Die Angehörigen können aber das Betreuungsgericht auf Pflichtwidrigkeiten des Betreuers hinweisen und so erreichen, dass ihn das Gericht durch geeignete Gebote und Verbote zur ordnungsgemäßen Führung der Betreuung zwingt (§§ 1908i, 1837 Abs. 2 BGB) und gegebenenfalls entlässt. Wenn die Verwandten des Betreuten ihn davon überzeugen können, dass er von besser von ihnen betreut wird, können sie ihn veranlassen, dem Gericht einen Verwandten als neuen Betreuer vorzuschlagen (§ 1908b Abs. 3 BGB).

Ist der Betreute verstorben, gehen eventuelle Regressansprüche des Betreuten gegen den Betreuer (S. 73 ff.) auf die Erben über (§§ 1922 ff. BGB).

Der Betreuer kann natürlich kein Testament in Vertretung des Betreuten errichten; der Betreute kann aber den Betreuer in einem Testament als Erben oder Vermächtnisnehmer einsetzen. Das ist wirksam, wenn der Betreute noch testierfähig war (§ 2229 Abs. 4

BGB); sittenwidrig ist es nur in extremen Ausnahmefällen (vgl. Zimmermann, Betreuung und Erbrecht, 2012).

5. Akteneinsicht

Die Einsicht der Gerichtsakten kann jedem **Beteiligten** gestattet werden, soweit nicht schwer wiegende Interessen anderer Personen entgegenstehen (§ 13 Abs. 1 FamFG). Einem **Nichtbeteiligten** kann die Einsicht nur gestattet werden, als er ein berechtigtes Interesse glaubhaft macht und schutzwürdige Interessen anderer Personen nicht entgegenstehen (§ 13 Abs. 2 FamFG); hier sind die Anforderungen also höher. Für die Beschwerdeberechtigten (unten unter 6.) wird man das insoweit bejahen müssen, als es zur Vorbereitung der Beschwerde erforderlich ist. Die Anhörungen der Beteiligten und die Unterlagen über die Eignung des Betreuers können sie beispielsweise einsehen, nicht dagegen die Vermögensaufstellungen und jährlichen Rechenschaftsberichte über die finanziellen Verhältnisse.

6. Rechtsmittel

Der Betroffene (Betreute) ist immer beschwerdeberechtigt gegen Entscheidungen, die ihn betreffen; wenn er einen Angehörigen bevollmächtigt, kann dieser die Beschwerderechte des Betroffenen ausüben. Den **Angehörigen** gibt § 59 Abs. 1 FamFG ein eigenes Beschwerderecht nur dann, wenn sie in „eigenen" Rechten beeinträchtigt sind; solche Fälle sind aber kaum denkbar (allenfalls bei Ehegatten wegen Art. 6 GG), weil niemand ein eigenes Recht darauf hat, dass ein Angehöriger unter Betreuung oder nicht unter Betreuung gestellt wird. Deshalb kommt es auf § 303 Abs. 2 FamFG an, der den Angehörigen eine Beschwerdeberechtigung unabhängig von der Betroffenheit in eigenen Rechten gibt, allerdings stark eingeschränkt.

(1) Als **privilegierte Angehörige** gelten nur der (nicht dauernd getrennt lebende) Ehegatte oder der (gleichgeschlechtliche registrierte) Lebenspartner, sowie dessen Eltern, Pflegeeltern, Großeltern, Abkömmlinge (also auch Enkel, Urenkel), Geschwister und eine vom Betroffenen benannte Person seines Vertrauens.

Schwiegersohn und Schwiegertochter, Schwägerin, Lebensgefährten (OLG Schleswig FamRZ 2002, 987) zählen nicht dazu, könnten aber als Vertrauensperson benannt werden.

(2) Die beschwerdefähigen **Verfahrensgegenstände** sind begrenzt § 274 Abs. 4 und Abs. 3 FamFG auf Umfang, Inhalt oder Bestand der Bestellung eines Betreuers oder der Anordnung eines Einwilligungsvorbehaltes; dazu gehören die Aufhebung der Betreuung, die Einschränkung des Aufgabenkreises, die Aufhebung oder Änderung eines Einwilligungsvorbehaltes, die Bestellung eines neuen Betreuers nach § 1908b BGB, die Entlassung des Betreuers im Sinne des § 1908b BGB, die Verlängerung der Betreuung. Keine Beschwerdemöglichkeit gibt es daher zB hinsichtlich der Vergütung des Betreuers, auch wenn sie aus dem Vermögen des Betreuten zu zahlen ist und also den Nachlass mindert. Wenn das Betreuungsgericht den Verkauf eines Grundstücks des Betreuten durch den Betreuer genehmigt, hat der Sohn des Betreuten dagegen kein Beschwerderecht (BayObLG FamRZ 1995, 302).

(3) Nur **von Amts wegen** ergangene Entscheidungen unterliegen dem Beschwerderecht der privilegierten Angehörigen: Eine **Betreuung auf Antrag** (oder mit Einwilligung) des Betroffenen (§ 1896 Abs. 1 BGB) ist nicht von Amts wegen ergangen und unterliegt deshalb keiner Beschwerde der Angehörigen. Sie müssten hier den Betreuten verlassen, ihnen Vollmacht zu erteilen, und dann als Vertreter des Betreuten Beschwerde einlegen.

(4) Die Beschwerde muss „**im Interesse des Betroffenen**“ eingelegt sein; das kann vom Beschwerdegericht leicht verneint werden.

(5) **Beteiligung bereits in erster Instanz.** Eine Beteiligung der Angehörigen in erster Instanz ist nur im Interesse des Betroffenen möglich (§ 274 Abs. 4 Nr. 1 FamFG). Nur wer in erster Instanz vom Betreuungsgericht beteiligt wurde, kann gegen die Entscheidung Beschwerde einlegen. Der Sohn des Betroffenen muss deshalb zB bereits gegenüber dem Betreuungsgericht den Antrag stellen, beteiligt zu werden. Wird das abgelehnt, muss er gegen den Beschluss binnen zwei Wochen Beschwerde einlegen (§ 7

Abs. 3 Satz 3 FamFG). Versäumt er die Beschwerde, hat er keine Beschwerdeberechtigung gegen die Endentscheidung des Betreuungsgerichts.

BEISPIELE:

- Das Altenheim regt eine Betreuung über den 80-jährigen B an; B erklärt sich bei der Anhörung durch den Richter damit einverstanden; das geschieht, weil ihm der Richter sagt, das zahle die Staatskasse; tatsächlich stimmt das nicht, weil B ca. 20.000 EUR auf dem Sparkonto hat. – Der Sohn des B kann keine Beschwerde gegen die Abordnung der Betreuung einlegen, weil die Betreuung nicht von Amts wegen, sondern „auf Antrag des B" angeordnet wurde. Wenn aber der Vater dem Sohn eine Vollmacht unterschreibt, kann der Sohn namens des Vaters Beschwerde einlegen.
- Die Tochter besucht ihre 90-jährige alleinstehende Mutter einmal im Monat. Ohne dass sie etwas davon erfährt wird für die (nicht mehr orientierte) Mutter Betreuung angeordnet und der X zum Betreuer bestellt. Das Gericht teilt der Tochter auf Anfrage mit, man habe ihre Adresse nicht gekannt, sie daher nicht beteiligen könnte. – Nach § 7 Abs. 4 Satz 1 FamFG sind die Angehörigen von der Einleitung des Verfahrens zu benachrichtigen, *soweit sie dem Gericht bekannt sind.* Eine Ermittlungspflicht besteht also nicht. Nach § 303 FamFG hat die Tochter daher anscheinend kein Beschwerderecht; da das umstritten ist, sollte sie dem Betreuungsgericht ihre Adresse mitteilen, ihre Beteiligung förmlich beantragen und gleichzeitig Beschwerde einlegen.

VII. Änderungen des Aufgabenkreises

1. Erweiterung des Aufgabenkreises

Stellt sich nach Anordnung der Betreuung heraus, dass der Aufgabenkreis unzureichend ist, muss der Aufgabenkreis erweitert werden. Der Verdienst des Berufsbetreuers erhöht sich dadurch nicht mehr, weil er nicht nach seinem tatsächlichen Zeitaufwand abrechnen darf.

a) Antrag

Die Erweiterung des Aufgabenkreises setzt keinen Antrag einer antragsberechtigten Person voraus. Das Betreuungsgericht muss tätig werden, wenn entweder der Betroffene selbst einen Antrag auf Erweiterung gestellt hat (§ 1896 Abs. 1 Satz 1 BGB) oder irgendjemand (zB der Betreuer, die Betreuungsbehörde, das Sozialamt, ein Krankenhaus) eine entsprechende Anregung an das Betreuungsgericht gerichtet hat. Für den Betreuer ergibt sich eine entsprechende Mitteilungspflicht aus § 1901 Abs. 5 Satz 2 BGB.

b) Voraussetzungen der Erweiterung

Die Erweiterung kann nur erfolgen, wenn die Betreuung auch im neuen Aufgabenkreis erforderlich ist (§§ 1896 Abs. 2; 1908d Abs. 3 BGB).

BEISPIEL: Der Betreuer wurde mit dem Aufgabenkreis „Vermögensangelegenheiten" bestellt. Bei einem Besuch erkennt er, dass der Betroffene ärztlicher Behandlung bedarf, aber nicht mehr in der Lage ist, das selbst in die Wege zu leiten. Diesen Umstand hat der Betreuer dem Betreuungsgericht mitzuteilen (§ 1901 Abs. 5 Satz 2 BGB).

c) Mehrere Betreuer

Das Gericht kann mit dem neuen Aufgabenkreis den bisherigen Betreuer zusätzlich betrauen. Es kann auch für den neuen Aufgabenkreis einen anderen Betreuer bestellen; dies ist zweckmäßig, wenn die Angelegenheiten des Betroffenen hierdurch besser besorgt werden können (§ 1899 Abs. 1 Satz 1 mit Einschränkung in Satz 3 BGB). Die Bestellung eines weiteren Betreuers wird verfahrensrechtlich wie die erstmalige Bestellung eines Betreuers behandelt, wenn damit eine wesentliche Erweiterung des Aufgabenkreises verbunden ist (§ 293 Abs. 1 und Abs. 3 FamFG).

BEISPIEL: Ursprünglich war dem Betroffenen für den Aufgabenkreis „Aufenthaltsbestimmung, Heilbehandlung" ein Verwandter als Betreuer bestellt. Nun soll eine Rentennachzahlung beantragt und notfalls vor dem Sozialgericht eingeklagt werden. Für diesen Aufgabenkreis ist die Bestellung eines Rechtsanwalts als Betreuer zweckmäßig; die Erweiterung wird man als „wesentlich" ansehen müssen. Der Betroffene hat dann zwei Betreuer mit verschiedenen Aufgabenkreisen.

d) Verfahren bei der Erweiterung des Aufgabenkreises

Hier ist wie folgt zu unterscheiden:

(aa) Wesentliche Erweiterung des Aufgabenkreises: Dann ist das Verfahren dasselbe wie bei der erstmaligen Betreuung (§ 293 Abs. 1 FamFG); der Betroffene muss also nochmals vom Richter angehört werden, unter Umständen muss wieder ein Verfahrenspfleger bestellt werden, ein neues Sachverständigengutachten ist erforderlich, den Angehörigen und der Betreuungsbehörde ist wieder Gelegenheit zur Stellungnahme zu geben. Liegen die früheren Verfahrenshandlungen (**persönliche** Anhörung, Gutachten) nicht länger als sechs Monate zurück, ist ihre Wiederholung entbehrlich; es genügt dann zB **schriftliche** Anhörung des Betreuten. Regelbeispiele für wesentliche Erweiterungen ergeben sich aus § 293 Abs. 2 Satz 2 FamFG:

- erstmalige ganze oder teilweise Einbeziehung der Personensorge. Dass dann, wenn bereits eine Personensorge- Betreuung besteht, jetzt aber eine Erweiterung auf das Vermögen erfolgen soll, dies nicht zwingend „wesentlich" ist, ist bei einem großen Vermögen bedenklich.
- Erweiterung des Aufgabenkreises auf die Kontrolle von Post und Telefon (§ 1896 Abs. 4 BGB);
- Erweiterung auf Einwilligung in ärztliche Eingriffe (§ 1904 BGB);
- in Sterilisation (§ 1905 BGB);
- in freiheitsentziehende Unterbringung (§ 1906 BGB).

Im Übrigen ist die Grenze zwischen „wesentlicher" und „unwesentlicher" Erweiterung schwer zu ziehen. Im Zweifelsfall wird man eine wesentliche Erweiterung annehmen müssen. Hält das Gericht die Erweiterung irrig für unwesentlich und vereinfacht es daher sein

Verfahren, ist die Entscheidung trotzdem wirksam; auf Rechtsmittel wird sie aber unter Umständen aufgehoben.

(bb) Unwesentliche Erweiterung des Aufgabenkreises: Dann ist das Verfahren zwar grundsätzlich ebenfalls dasselbe wie bei der wesentlichen Erweiterung; das Gericht kann aber sein Verfahren in zwei Teilabschnitten vereinfachen (§ 293 Abs. 2 Satz 1 Nr. 2 FamFG):

- Es kann von der persönlichen Anhörung des Betroffenen absehen (§ 278 FamFG); nicht entbehrlich ist dagegen, dass der Betreuungsbehörde und den Angehörigen Gelegenheit zur Stellungnahme gegeben wird (§ 279 FamFG).
- Das neue Sachverständigengutachten muss nicht eingeholt werden, wenn es nicht erforderlich ist (§§ 280, 281 FamFG).

Vereinfacht das Gericht sein Verfahren in diesem Sinne, muss es aber unbedingt den Betroffenen zwecks Gewährung des rechtlichen Gehörs anhören, allerdings nicht mehr persönlich; schriftliche Anhörung genügt, falls der Betroffene sie verstehen kann oder einen Verfahrenspfleger hat; auch reicht die Anhörung durch einen beauftragten Richter aus.

Unwesentliche Erweiterungen liegen zB vor, wenn innerhalb des bestehenden Aufgabenkreises neue Komplexe hinzukommen; oder wenn der Aufgabenkreis früher missverständlich zu eng formuliert war: zB alter Aufgabenkreis „Vermögensverwaltung“; nun hält das Finanzamt dies für ungenügend und begehrt Bestellung eines Betreuers mit dem Aufgabenkreis „Abgabe der Steuererklärungen“; oder: alter Aufgabenkreis „Zuführung zur ärztlichen Behandlung“; nun wird fraglich, ob damit auch der Abschluss des Behandlungsvertrages erfasst ist, der Aufgabenkreis wird vorsichtshalber insoweit erweitert.

(cc) Eilfälle: In Eilfällen sind einstweilige Anordnungen möglich; §§ 300, 301 FamFG.

(dd) Anfechtung: Anfechtbar ist die Erweiterung des Aufgabenkreises ebenso wie die Bestellung eines Betreuers; §§ 58 ff. FamFG.

2. Einschränkung des Aufgabenkreises

a) Antrag

Die Einschränkung erfolgt auf Antrag des Betroffenen oder von Amts wegen auf Anregung beliebiger Personen. Der Betreuer muss das Betreuungsgericht verständigen, wenn ihm Umstände bekannt werden, die eine Einschränkung des Aufgabenkreises ermöglichen (§ 1901 Abs. 5 Satz 2 BGB).

b) Voraussetzungen

Die Einschränkung hat zu erfolgen, wenn die Betreuung im bisherigen Umfang nicht mehr erforderlich ist (§§ 1896 Abs. 2; 1908d Abs. 1 Satz 2 BGB), zB weil bestimmte Aufgaben weggefallen sind oder weil der Betroffene inzwischen diese Aufgabe selbst erfüllen kann oder andere Hilfen bestehen.

c) Mehrere Betreuer

Waren dem Betroffenen mehrere Betreuer für verschiedene Aufgabenkreise bestellt (zB Betreuer A für persönliche Angelegenheiten, Betreuer B für Vermögensverwaltung) und ist die Betreuung für einen Aufgabenkreis nicht mehr nötig, ist der betreffende Betreuer zu entlassen.

d) Verfahren bei der Einschränkung des Aufgabenkreises

Für die Einschränkung gelten nach § 294 Abs. 1 FamFG eine Reihe von Bestimmungen. Aufgelöst ergibt diese Verweisung folgendes:

- eine erneute persönliche Anhörung des Betroffenen durch den Richter ist entbehrlich (denn auf § 278 FamFG ist nicht verwiesen worden); der Betroffene ist zumindest schriftlich zu hören (Art. 103 GG, Grundsatz des rechtlichen Gehörs);
- ein Verfahrenspfleger ist nicht erforderlich (auf § 276 FamFG ist nicht verwiesen);
- ein neues Sachverständigengutachten ist nicht notwendig (denn auf § 280 FamFG ist nicht verwiesen), auch kein ärztliches Attest;

- vor Einschränkung ist aber dem Betreuer, der Betreuungsbehörde, dem Ehegatten, den in § 274 Abs. 4 Nr. 1 FamFG genannten Angehörigen und einer Vertrauensperson des Betroffenen Gelegenheit zur Äußerung zu geben (Verweisung auf § 279 FamFG);
- die einschränkende Entscheidung erfolgt durch Beschluss des Betreuungsgerichts: „In der Betreuungssache X wird der Aufgabenkreis des Betreuers Y auf die Vermögensverwaltung beschränkt; im Übrigen bleibt es beim Beschluss vom …“. Diese Entscheidung ist dem Betroffenen und allen Personen mitzuteilen, denen die ursprüngliche Entscheidung mitgeteilt wurde, insbesondere auch der Betreuungsbehörde (Verweisung auf § 288 Abs. 2 Satz 1 FamFG).

Gegen die Einschränkung des Aufgabenkreises können die in § 303 FamFG genannten Personen, der Betreute und der Betreuer **Beschwerde** einlegen (§§ 58 ff., 303 FamFG), andere Personen nur, wenn sie in ihren Rechten verletzt sind (§ 59 FamFG).

VIII. Verlängerung und Ende der Betreuung

1. Verlängerung der Betreuung

a) Wann wird darüber entschieden?

Nach §§ 294 Abs. 3, 295 Abs. 2 FamFG muss das Gericht spätestens **sieben Jahre** nach dem Erlass der erstmaligen Anordnung über die Verlängerung entscheiden (bis 30.6.2005 galt eine Frist von fünf Jahren). Auch wenn das Gericht diesen Zeitpunkt im Erstbeschluss auf sieben Jahre festgelegt hat, kann das Gericht schon vorher auf Antrag des Betroffenen oder Anregung sonstiger Personen ein Überprüfungsverfahren einleiten; denn nach § 1908d Abs. 1 BGB ist die Betreuung aufzuheben, wenn ihre Voraussetzungen wegfallen. Die Bestellung eines Betreuers erwächst zwar seit 1.9.2009 in Rechtskraft; trotzdem ist sie **jederzeit überprüfbar**, wenn sich die zugrundeliegende Sach- oder Rechtslage geändert hat (§ 48 Abs. 1 FamFG), was § 1908d Abs. 1 BGB klarstellt.

b) Verlängerungsverfahren

Für die Verlängerung der Bestellung eines Betreuers gelten die Vorschriften über die erstmalige Bestellung entsprechend (§ 295 FamFG). Es sind also folgende Verfahrensabschnitte im Regelfall zu wiederholen:

- persönliche Anhörung des Betroffenen (§ 278 FamFG);
- Bestellung eines Verfahrenspflegers (§ 276 FamFG);
- Anhörung der Betreuungsbehörde und gegebenenfalls (§ 274 Abs. 4 FamFG) der Angehörigen, § 279 FamFG;
- Sachverständigengutachten (§ 280 FamFG).

Von diesem erneuten Gutachten kann abgesehen werden, wenn sich aus einem ärztlichen Zeugnis, das vom Gericht erholt wird, ergibt, dass sich der Umfang der Betreuungsbedürftigkeit offensichtlich nicht verringert hat und der Richter bei der persönlichen Anhörung zum selben Ergebnis kommt (§ 295 Abs. 1 Satz 2 FamFG).

2. Ende der Betreuung

a) Tod des Betreuers

Stirbt der Betreuer, ist vom Betreuungsgericht ein neuer Betreuer zu bestellen (§ 1908c BGB); zuständig ist der Richter, im Falle des § 1896 Abs. 3 BGB (Betreuung zur Überwachung eines Bevollmächtigten) der Rechtspfleger. Da die Suche nach einem neuen Betreuer und das Bestellungsverfahren ein langwieriger Vorgang ist, besteht während einiger Wochen oder Monate zwar die Betreuung, es ist aber kein Betreuer bestellt. Folge ist, dass während dieser Zeit der Betroffene im betreffenden Aufgabenkreis ohne gesetzlichen Vertreter (§ 1902 BGB) ist. Ist der Betroffene geschäftsfähig, kann er ohnehin (trotz der Betreuung) selbstständig handeln; ist er nicht geschäftsfähig, muss in Eilfällen durch einstweilige Anordnung ein vorläufiger Betreuer bestellt werden oder das Gericht muss Maßnahmen nach § 1846 BGB treffen.

BEISPIEL: Der Betreuer hatte den Aufgabenkreis „Renten- und Vermögensverwaltung"; er hatte monatlich die Miete für den geschäftsunfähigen Betroffenen an den Vermieter überwiesen. Der Betreuer stirbt am 20.5. Da die Mietzahlung nicht monatelang unterbleiben kann, kann der Vermieter die Bestellung eines vorläufigen Betreuers mit diesem Aufgabenkreis anregen.

b) Tod des Betreuten

Damit erlischt die Betreuung; ein Aufhebungsbeschluss des Gerichts ist überflüssig. Zu den Abschlusstätigkeiten des Betreuers vgl. S. 271 ff. Der Vergütungsanspruch des Berufsbetreuers erlischt 15 Monate nach der jeweiligen Entstehung (§ 2 VBVG).

c) Wegfall der Voraussetzungen

Die Betreuung ist aufzuheben, wenn ihre Voraussetzungen wegfallen (§ 1908d Abs. 1 Satz 1 BGB). Das ist der Fall, wenn

- der Betroffene seine Angelegenheiten wieder selbst besorgen kann, weil seine Krankheit oder Behinderung weggefallen ist oder
- wenn die Betreuung nicht mehr erforderlich ist, weil die Angelegenheiten des Betroffenen durch einen Bevollmächtigten oder durch andere Hilfen besorgt werden können (§ 1896 Abs. 2 BGB) oder
- wenn die Betreuung nicht mehr erforderlich ist, weil sie nur für eine einzelne Angelegenheit angeordnet war und diese erledigt ist.

Die Betreuung fällt aber nicht schon damit weg, dass diese Voraussetzungen eingetreten sind, sondern erst mit dem Wirksamwerden des gerichtlichen Beschlusses, der die Betreuung aufhebt.

Verfahren: Für die Aufhebung der Betreuung verweist § 294 FamFG auf andere Vorschriften des FamFG. Die Verweisungen besagen:

- Jeder kann die Aufhebung einer Betreuung beim Betreuungsgericht anregen.
- Zuständig für die Aufhebung ist das Betreuungsgericht; örtlich ist das Gericht zuständig, bei dem die Betreuung anhängig ist (§ 272 Abs. 1 Nr. 1 FamFG).

- Der Betroffene muss vor der Aufhebung nicht vom Richter persönlich angehört werden (denn auf § 278 FamFG wird nicht Bezug genommen; § 278 FamFG selbst schreibt die Anhörung nur vor der „Bestellung“ vor, nicht vor der Aufhebung). Ob der Richter den Betroffenen mündlich anhört, hängt deshalb davon ab, ob dies zur Sachaufklärung notwendig erscheint (§ 26 FamFG). Zumindest schriftlich aber muss der Betroffene vor der Entscheidung gehört werden (Grundsatz des rechtlichen Gehörs, Art. 103 GG).
- Der Betreuungsbehörde und den Angehörigen ist vor der Entscheidung unter Umständen Gelegenheit zur Äußerung zu geben (§ 279 FamFG).
- Ein Sachverständigengutachten muss vor der Aufhebung nicht eingeholt werden (§ 280 FamFG schreibt dies nur vor der Bestellung eines Betreuers vor).
- Die Aufhebungsentscheidung ist dem Betroffenen, seinem Betreuer, seinem Verfahrensbevollmächtigten und der Betreuungsbehörde (§ 288 Abs. 2 Satz 1 FamFG) mitzuteilen.
- Statthaft ist die befristete Beschwerde (§§ 58 ff., 303 FamFG).
- Die Beschwerde gegen die Aufhebung der Betreuung steht dem Betroffenen zu, ferner allen in ihren Rechten verletzten Personen (§ 59 FamFG), weiter dem Ehegatten und bestimmten Verwandten, soweit sie unter § 274 Abs. 4 Nr. 1 FamFG fallen *und* in erster Instanz beteiligt worden sind (§ 303 Abs. 2 FamFG).

Die Betreuungsbehörde ist immer beschwerdeberechtigt (§ 303 Abs. 1 FamFG).

d) Auf Antrag des Betreuten

Wurde die Betreuung von Amts wegen angeordnet, kann der Betreute – wie jeder andere auch – die Aufhebung anregen.

Wurde die Betreuung dagegen seinerzeit auf Antrag des Betreuten angeordnet (§ 1896 Abs. 1 Satz 1, 2 BGB), führt die Rücknahme des Antrags nicht automatisch dazu, dass die Betreuung aufzuheben wäre; vielmehr ist jetzt zu prüfen, ob eine Betreuung von Amts wegen erforderlich ist (§ 1908d Abs. 2 BGB).

BEISPIEL: Auf Antrag des Betroffenen hatte ihm das Gericht vor einigen Jahren einen Betreuer bestellt, weil dies erforderlich war. Nun schreibt der Betroffene an das Gericht und bittet um Aufhebung der Betreuung. Wenn die persönliche Anhörung, die Einholung des Sachverständigengutachtens und die weiteren Ermittlungen ergeben, dass der Betroffene immer noch betreuungsbedürftig ist, wird trotz seines Antrags die Betreuung nicht aufgehoben.

e) Auf Antrag anderer Personen oder Stellen

Niemand hat das Recht, allein durch seinen Antrag die Aufhebung der Betreuung erreichen zu können, auch nicht die Betreuungsbehörde, das Sozialamt, Gesundheitsamt, Amt für öffentliche Ordnung usw. Aber jeder kann eine Aufhebung anregen. Folge ist, dass das Gericht ein Verfahren einleiten muss, in dem zu prüfen ist, ob die Voraussetzungen der Betreuung noch vorliegen.

f) Ablauf der Überprüfungsfrist

Hat das Gericht die im Anordnungsbeschluss bestimmte Überprüfungsfrist (§ 294 Abs. 3 FamFG) übersehen, fällt die Betreuung nicht von selbst weg. Diese Wirkung tritt erst mit dem Aufhebungsbeschluss ein. Anders wäre es, wenn das Gericht von vornherein nur eine befristete Betreuung angeordnet hätte („Dem Betroffenen X wird bis 31.12.2013 Herr Y als Betreuer bestellt.“). Fälle, in denen ein solcher Beschluss sinnvoll ist, sind selten.

IX. Verfahren des Gerichts

1. Zuständiges Gericht

Nur ein zuständiges Gericht darf Betreuungsentscheidungen treffen. Das Gericht muss international, örtlich und sachlich zuständig sein.

a) Internationale Zuständigkeit

Hierbei geht es im Wesentlichen um die Frage, ob die deutschen (oder ausländische) Gerichte tätig werden müssen, wenn es sich beim Betroffenen um einen Ausländer handelt. Die deutschen Gerichte halten sich für zuständig, wenn der Betroffene Deutscher ist oder als Ausländer „seinen gewöhnlichen Aufenthalt" im Inland hat (§ 104 Abs. 1 FamFG).

Der „schlichte Aufenthalt" liegt dort, wo jemand rein tatsächlich eine gewisse Dauer verweilt. Der „gewöhnliche Aufenthalt" wird durch ein noch längeres Verweilen begründet; er liegt dort, wo der tatsächliche Mittelpunkt der Lebensführung ist. Die Begründung eines Aufenthaltsorts setzt kein rechtsgeschäftliches Handeln voraus, auch keine Geschäftsfähigkeit des Betroffenen, die Wohnsitzbegründung dagegen schon. Eine Anmeldung beim Einwohnermeldeamt setzt weder der Aufenthalt noch der Wohnsitz voraus; darauf kommt es nicht an.

BEISPIEL: Ein Italiener betreibt im Sommer in München eine Eisdiele, die restlichen acht Monate des Jahres wohnt er in Mailand. Ist im August eine Betreuungsmaßnahme veranlasst, ist das deutsche Gericht zuständig, weil im Sommer der gewöhnliche Aufenthalt des Betroffenen in Deutschland ist, im Übrigen deshalb, weil ein akutes Fürsorgebedürfnis besteht (§ 104 Abs. 1 Satz 2 FamFG).

Im Verhältnis zu Frankreich, Schottland und der Schweiz ist das Haager Erwachsenenschutzübereinkommen v. 13.1.2000 vorrangig.

b) Örtliche Zuständigkeit

(aa) Bei Personen mit einem ständigen Aufenthalt: Örtlich zuständig ist das Betreuungsgericht, in dessen Bezirk der Betroffene zu der Zeit, zu der das Gericht mit der Angelegenheit befasst wird, seinen gewöhnlichen Aufenthalt hat (§ 272 Abs. 1 Nr. 2 FamFG). Das ist der Lebensmittelpunkt. Auf den Wohnsitz im Rechtssinne oder auf die behördliche Meldung kommt es also nicht an. Wer sich für einige Monate in eine Klinik begibt, ändert dadurch seinen Aufenthaltsort nicht (OLG Karlsruhe FamRZ 1996, 498).

(bb) Bei Personen ohne ständigen Aufenthalt: Hat der Betroffene (Deutscher oder Ausländer) in der Bundesrepublik Deutschland keinen gewöhnlichen Aufenthalt oder ist ein solcher nicht feststellbar, ist das Betreuungsgericht zuständig, in dessen Bezirk das Bedürfnis der Fürsorge hervortritt (§ 272 Abs. 1 Nr. 3 FamFG).

BEISPIEL: Eine hilfsbedürftige alte Frau wird abwechselnd von ihren fünf erwachsenen Kindern gepflegt, die an verschiedenen Orten wohnen; sie wird im Abstand von wenigen Wochen von ihren Kindern „herumgereicht". Hier hat die Frau zwar dauernd wechselnde Aufenthaltsorte, aber keiner ist ein ständiger über eine längere Zeit anhaltender Aufenthalt. Wird hier eine Maßnahme des Betreuungsgerichts erforderlich, ist das Gericht zuständig, in dessen Bezirk sich die Frau gerade aufhält.

(cc) Bei Auslandsdeutschen: Ist der Betroffene Deutscher und in der Bundesrepublik ohne Wohnsitz oder gewöhnlichen Aufenthalt (zB ein in den USA wohnender Deutscher ist auf der Durchreise), ist das AG Schöneberg in Berlin-Schöneberg örtlich zuständig (§ 272 Abs. 1 Nr. 4 FamFG). Dies ist zB der Fall, wenn ein Fürsorgebedürfnis für ein Vermögen besteht. Bei Eilfällen vgl. unten (ee).

(dd) Wenn schon ein Betreuer bestellt ist: In diesen Fällen ist das Gericht, bei dem die Betreuung anhängig ist, auch für weitere die Betreuung betreffende Verrichtungen zuständig (§ 272 Abs. 1 Nr. 1 FamFG).

(ee) Für Eilmaßnahmen: Dafür ist neben den oben (aa)–(dd) angegebenen Gerichten auch das Gericht zuständig, in dessen Bezirk das Bedürfnis der Fürsorge bekannt wird (§ 272 Abs. 2 FamFG).

BEISPIEL: Ein Österreicher mit Wohnsitz in Wien und ständigem Aufenthalt in München wird auf der Durchreise in Frankfurt bei einem Verkehrsunfall schwer verletzt, ist bewusstlos. Ärztliche Maßnahmen sind erforderlich, in die der Betroffene aber nicht einwilligen kann *und* man kann aus besonderen Gründen keine mutmaßliche Einwilligung unterstellen. Durch einstweilige Anordnung muss daher ein vorläufiger Betreuer bestellt werden. Zuständig dafür ist das AG Frankfurt, weil hier das Fürsorgebedürfnis hervorgetreten ist. Im Regelfall aber kann man von einer mutmaßlichen Einwilligung ausgehen, dann braucht man keinen Betreuer.

c) Abgabe des Verfahrens

Das Betreuungsgericht kann das Verfahren an ein anderes Betreuungsgericht abgeben (§§ 4, 273 FamFG), wenn

- ein wichtiger Grund vorliegt und
- das andere Betreuungsgericht sich zur Übernahme bereit erklärt, § 4 Satz 1 FamFG (es muss also **vor** Abgabe gehört werden, OLG Karlsruhe FamRZ 1996, 498) und
- die Zustimmung des Betroffenen, des Betreuers und sonstiger Beteiligter ist nicht erforderlich.

Ein wichtiger Grund liegt zB vor, wenn sich der gewöhnliche Aufenthalt des Betroffenen geändert hat (gleich steht ein tatsächlicher Aufenthalt von mehr als einem Jahr an einem anderen Ort, zB in einer Klinik, § 273 Satz 2 FamFG) und die Aufgaben des Betroffenen im Wesentlichen am neuen Aufenthaltsort des Betroffenen zu erfüllen sind. In erster Linie kommt es auf die Interessen des Betroffenen an; die Betreuung soll möglichst einfach und kostensparend geführt werden können, der persönliche Kontakt zwischen Betreuer, Betroffenem und Gericht soll leicht möglich sein.

BEISPIEL: Eine Frau wohnt seit Jahrzehnten in Köln. Sie ist verwirrt, pflegebedürftig, geschäftsunfähig. Von ihrer Tochter, die 2010 vom AG Köln zur Betreuerin mit dem Aufgabenkreis „Aufenthaltsbestimmung" bestellt wurde, wird sie gegen ihren Willen im Jahr 2013 in ein Altenheim nach Nürnberg gebracht. Hier ist nach § 272 Abs. 1 Nr. 1 FamFG das AG Köln weiter zuständig, aber eine Abgabe an das AG Nürnberg ist zweckmäßig.

Das andere Gericht ist zur Übernahme verpflichtet, wenn auch nach seiner Meinung ein wichtiger Grund vorliegt. Einigen sich die Gerichte nicht, entscheidet das gemeinsame Obergericht (§ 5 Abs. 1 Nr. 5 FamFG).

Die Beteiligten „sollen“ vor Abgabe (schriftlich oder mündlich) angehört werden; hat der Betroffene einen Verfahrenspfleger, soll dieser angehört werden.

Ob ein Verfahren abgegeben werden darf, obwohl ein Antrag auf Aufhebung der Betreuung noch unerledigt ist, ist umstritten (keine Abgabe: BayObLG FamRZ 1996, 511; aA OLG Karlsruhe FamRZ 1996, 498). Wenn aber seit Jahren die Rechnungslegung des Betreuers fehlt, darf erst abgegeben werden, wenn dies erledigt ist (BayObLG FamRZ 1994, 1189).

d) Sachliche Zuständigkeit

In erster Instanz ist für Betreuungssachen immer das Amtsgericht zuständig (§ 23 Abs. 1 Nr. 2, Abs. 2 Nr. 1 GVG), in Baden-Württemberg zT der Bezirksnotar. Das Amtsgericht hat verschiedene Abteilungen (Zivilabteilung, Familiengericht, Strafabteilung, Grundbuchamt usw.); für die Betreuungssachen ist die Abteilung „Betreuungsgericht“ zuständig (§ 1896 BGB; § 23c Abs. 1 GVG). Bis 31.8.2009 war das „Vormundschaftsgericht“ zuständig; es wurde abgeschafft, weil der Name unpassend erschien. Bei den kleineren Amtsgerichten bearbeitet wegen des geringen Anfalls von Verfahren meist der Richter, der für die Familiensachen zuständig ist, auch die Betreuungssachen; bei den größeren Amtsgerichten gibt es Richter, die nur Betreuungssachen bearbeiten. In § 23c Abs. 2 Satz 1 GVG ist von „Betreuungsrichtern“ die Rede; es handelt sich weder um Richter mit Zusatzqualifikation noch um eine höhere Besoldungsstufe.

e) Richter oder Rechtspfleger?

Wenn das Gesetz sagt „das Betreuungsgericht“, ist damit noch nicht geklärt, ob dort der Richter oder der Rechtspfleger zuständig ist. Die Stellung des Richters ergibt sich aus dem Grundgesetz, dem Gerichtsverfassungsgesetz, dem Deutschen Richtergesetz und den Richtergesetzen der Bundesländer. Die Stellung des Rechtspflegers dagegen ist im Rechtspflegergesetz geregelt. Mit den Aufgaben eines Rechtspflegers kann ein Beamter des Justizdienstes (zB ein Justizinspektor, -oberinspektor, -amtmann) betraut werden, der ein Studium an einer Fachhochschule und berufspraktische Studienzeiten erfolgreich abgeleistet hat.

Die Aufgabenverteilung zwischen Richter und Rechtspfleger ergibt sich in Betreuungssachen aus §§ 3 Nr. 2c und 15 RPflG:

(aa) Der Rechtspfleger ist zuständig:

- für die Kontrollbetreuung nach § 1896 Abs. 3 BGB (dh für Betreuungen, bei denen der Betreuer nur einen Bevollmächtigten des Betroffenen kontrollieren soll);
- Festsetzung von **Vergütung,** Aufwendungsersatz;
- Überprüfung der **jährlichen Rechnungslegung;**
- **Vermögensrechtliche Genehmigungen** (zB Sparkontoauflösung);
- Genehmigung der Kündigung der vom Betroffenen gemieteten Wohnung, § 1907 Abs. 1 BGB; Bearbeitung von Mietverhältnismitteilungen nach § 1907 Abs. 2 BGB;
- Genehmigung von Miet- und Pachtverträgen, bei denen der Betroffene Vermieter ist, § 1907 Abs. 3 BGB;
- Bestellung eines Verfahrenspflegers (§ 276 FamFG), wenn für das Grundverfahren der Rechtspfleger zuständig ist;
- Betreuerentlassung, wenn der Betreute einen Ersatzmann vorschlägt (§ 1908b Abs. 3 BGB); Bestellung des neuen Betreuers;
- Entlassung des Vereins-/Behördenbetreuers auf Antrag des Vereins bzw. der Behörde (§ 1908b Abs. 4 BGB); Bestellung des neuen Betreuers; Entscheidung, dass der Vereins-/Behördenbetreuer die Betreuung künftig als Privatperson weiterführt (§ 1908b Abs. 3 Satz 2 BGB);
- Mündliche Verpflichtung und Unterrichtung des Betreuers, § 289 Abs. 1 FamFG;
- Einführungsgespräch, § 289 Abs. 2 FamFG;
- Beratung und Aufsicht über den Betreuer, §§ 1908i Abs. 11, 1837 BGB;
- Genehmigung des Versprechens einer Ausstattung (zB eines Hochzeitsgeschenks für die Tochter des Betreuten), § 1908 BGB.

Landesvorbehalte vgl. unten (dd).

(bb) Dem Richter sind vorbehalten:

- **Bestellung eines Betreuers** und Bestimmung des Aufgabenkreises (also Anordnung der Betreuung und Auswahl einer bestimmten Person zum Betreuer, sog. Einheitsentscheidung) einschließlich späterer Erweiterungen und Beschränkungen des Aufgabenkreises (§§ 1896, 1897 BGB; Ausnahme § 1896 Abs. 3 BGB); Bestellung mehrerer Betreuer (§ 1899 BGB);
- Betreuerbestellung und Einwilligungsvorbehalt für Siebzehnjährige (§§ 1896, 1903, 1908a BGB);
- Entlassung des Betreuers, wenn ein wichtiger Grund vorliegt (§ 1908b Abs. 1 BGB); Bestellung eines neuen Betreuers; Entlassung des Betreuers, wenn ihm die Betreuung nicht mehr zugemutet werden kann (§ 1908b Abs. 2 BGB); Bestellung des neuen Betreuers;
- Entlassung des Vereins bzw. der Behörde als Betreuer (§ 1908b Abs. 5 BGB); Bestellung einer Einzelperson als Betreuer;
- Bestellung eines neuen Betreuers bei Tod des alten Betreuers (§ 1908c BGB);
- Aufhebung der Betreuung (§ 1908d Abs. 1 BGB);
- Bestellung eines Verfahrenspflegers, § 276 FamFG, wenn für das Grundverfahren der Richter zuständig ist;
- Einholung des Sachverständigengutachtens und sonstige Verfahrenshandlungen in den Richter-Sachen (§§ 280, 281, 282 FamFG);
- Erlass von einstweiligen Anordnungen nach §§ 300, 301 FamFG; Maßnahmen nach § 1846 BGB;
- bei Bestellung eines Vereins/einer Behörde zum Betreuer die routinemäßige Überprüfung, ob statt dessen eine natürliche Person zum Betreuer bestellt werden kann; gerichtliche Entscheidung, wenn der Betroffene mit der vom Verein/Behörde zum Betreuer ausgewählten Person nicht einverstanden ist; entsprechende Weisungen an den Verein/die Behörde (§ 291 FamFG).

- Anordnung des **Einwilligungsvorbehaltes** (§ 1903 BGB), dessen Aufhebung, Einschränkung, Erweiterung;
- Genehmigung der Einwilligung in bestimmte Heilbehandlungen, § 1904 BGB;
- Genehmigung der Einwilligung in eine Sterilisation, § 1905 BGB;
- Genehmigung der freiheitsentziehenden Unterbringung, § 1906 BGB;
- Genehmigung ärztlicher Zwangsmaßnahmen (Zwangsbehandlung), § 1906 Abs. 3a BGB;
- Betreuung und Pflegschaft über Ausländer, auch vorläufige Maßregeln, Art. 24 EGBGB;
- Anordnung einer Betreuung aufgrund dienstrechtlicher Vorschriften;
- Abgabe des Verfahrens (BayObLG FamRZ 1993, 222; KG FGPrax 1996, 98).

(cc) Baden-Württemberg: Dort ist zum Teil der Notar im Landesdienst, zum Teil das Amtsgericht zuständig (zB § 37 Abs. 1 Nr. 19 ff. Ba-Wü FGG).

(dd) Landesvorbehalt: Nach § 19 RPflG kann jedes der 16 Bundesländer durch Rechtsverordnung einen Teil der Zuständigkeiten vom Richter auf den Rechtspfleger übertragen (damit sollen Haushaltsmittel eingespart werden, weil der Richter mehr verdient); insbesondere könnte die Auswahl des Betreuers, die Entlassung (§ 1908b BGB), Neubestellung im Falle des § 1908c BGB, dem Rechtspfleger übertragen werden; er und nicht der Richter könnte dann entscheiden, wer das Honorar verdienen darf.

Welche Rechtsfolgen hat es, **wenn anstelle des Rechtspflegers der Richter entscheidet?** Die Entscheidung ist gleichwohl gültig, § 8 Abs. 1 RPflG. Im umgekehrten Fall (der Rechtspfleger entscheidet eine ihm nicht übertragbare Sache) ist die Entscheidung unwirksam, § 8 Abs. 4 RPflG.

Ein soeben eingestellter Richter (**Richter auf Probe**) darf im ersten Jahr keine Betreuungssachen bearbeiten (§ 23c Abs. 2 Satz 2 GVG).

2. Antrag

Das Verfahren kann auf zwei verschiedene Weisen beginnen:

- Es kann durch einen **Antrag** des Betroffenen eingeleitet werden; der Betroffene kann den Antrag auch stellen, wenn er geschäftsunfähig ist (§ 1896 Abs. 1 BGB). Andere Personen sind nicht antragsberechtigt, auch nicht Verwandte, Sozialämter, Gesundheitsämter, Altenheime, soziale Dienste; sie können aber Anregungen machen. Ein Informationsrecht von Gerichten und Behörden an das Betreuungsgericht gibt § 22a FamFG.
- **Von Amts wegen.** Wenn dem Betreuungsgericht ein Sachverhalt bekannt wird, wonach jemand möglicherweise einen Betreuer braucht, muss es ein Verfahren einleiten und dies überprüfen. Jedermann kann beim Betreuungsgericht die Einleitung eines solchen Verfahrens anregen.

3. Verfahrensgrundsatz

Für das Verfahren des Betreuungsgerichts gilt der Grundsatz der Amtsermittlung (§ 26 FamFG), das heißt: Das Gericht ermittelt von sich aus den Sachverhalt, die Beteiligten müssen keine Beweisanträge stellen. Werden Anträge gestellt, sind sie als Anregungen an das Gericht zu bewerten. Ob der Betroffene eine Vorsorgevollmacht erteilt hat kann teilweise schon vorher durch eine Anfrage beim **Zentralen Vorsorgeregister** in Berlin geklärt werden (dort sind aber nicht alle Vollmachten registriert).

Bei der Sachverhaltensermittlung ist das Gericht nicht an ein förmliches Verfahren gebunden oder auf bestimmte Beweismittel angewiesen; es kann vielmehr sein Verfahren nach eigenem Ermessen gestalten (**Freibeweis**).

Von diesen allgemeinen Grundsätzen gibt es aber in Betreuungssachen wichtige Ausnahmen: hier sind bestimmte Ermittlungen zwingend vorgeschrieben, auch wenn sie überflüssig sind (vgl. nachfolgend unter 4 bis 8).

Die Beteiligten können das Verfahren nur beschränkt beeinflussen. Antragsrücknahme, Geständnis, Verzicht, Vergleich haben keine unmittelbaren Auswirkungen auf das Verfahren.

BEISPIELE:

- Die Tochter beantragt, ihrem alten Vater einen Betreuer zu bestellen. Nach einiger Zeit nimmt sie den Antrag zurück. Die Tochter hatte kein gesetzlich vorgesehenes Antragsrecht, ihr Antrag ist eine Anregung an das Betreuungsgericht, von Amts wegen tätig zu werden. Dieses von Amts wegen ablaufende Verfahren kann die Tochter nicht mehr aufhalten. Liegen die Voraussetzungen des § 1896 BGB vor, wird dem Vater ein Betreuer bestellt werden.
- Ein geistig Behinderter beantragt selbst, ihm einen Betreuer zu bestellen. Auf Zureden seiner Verwandten nimmt er den Antrag wieder zurück. Das Verfahren läuft trotzdem weiter.

4. Anhörung des Betroffenen

Ist ein Verfahren eingeleitet worden, muss das Gericht zunächst die Tatsachen ermitteln, um später entscheiden zu können, ob die Voraussetzungen der Bestellung eines Betreuers vorliegen. Der erste Schritt wird meist die Anhörung des Betroffenen sein.

§ 278 FamFG schreibt vor, dass das Gericht den Betroffenen persönlich anhören muss. Diese Anhörung bezweckt zweierlei:

- erstens die Aufklärung des Sachverhalts;
- zweitens die Gewährung des im Grundgesetz (Art. 103 GG) garantierten Rechts auf rechtliches Gehör in einer besonders intensiven Form, nämlich mündlich (und nicht etwa nur schriftlich).

a) Wer muss die Anhörung durchführen?

Die Anhörung muss grundsätzlich durch den Richter erfolgen, der die Sache entscheidet. Ändert sich die Geschäftsverteilung beim Amtsgericht, so dass nach der Anhörung ein anderer Richter die Betreuungssachen bearbeitet, muss die Anhörung nicht wiederholt werden, wenn das Protokoll über die frühere Anhörung aussagekräftig genug ist.

Der Richter kann die Anhörung im Gerichtsgebäude durchführen; dann ist es Sache des Betroffenen, wie er dort hin kommt; notfalls muss er Verwandte oder soziale Dienste um den Transport bitten. In vielen Fällen sucht der Richter den Betroffenen, wenn er bettlägerig, kränklich oder gebrechlich ist, aus Zweckmäßigkeit selbst in der Wohnung, der Klinik, dem Altenheim auf.

Hält sich der Betroffene weit entfernt vom Gerichtsort auf, stellt sich die Frage, ob der Richter die weite Anreise durchführen muss oder die Akten an ein nahegelegenes Amtsgericht senden darf, mit der Bitte an den dort zuständigen Richter (sog. ersuchten Richter), den Betroffenen anzuhören (Rechtshilfe).

BEISPIEL: Das Betreuungsverfahren wird beim Amtsgericht Köln geführt. Der Betroffene hält sich im Bezirkskrankenhaus Mainkofen (in Niederbayern) auf. Muss der Amtsrichter von Köln nach Mainkofen reisen (Anreisezeit ca. fünf Stunden) oder kann er die Akten an das Amtsgericht Deggendorf (zuständig für Mainkofen) senden mit der Bitte um Anhörung des Betroffenen?

Diese in der Praxis sehr wichtige Frage ist in § 278 Abs. 3 FamFG beantwortet: Die Anhörung darf nur dann im Wege der Rechtshilfe erfolgen, „wenn anzunehmen ist, dass das entscheidende Gericht das Ergebnis der Ermittlungen auch ohne eigenen Eindruck von dem Betroffenen zu würdigen vermag." Dieser verklausulierte Satz besagt: Wenn sich aus ärztlichen Zeugnissen und/oder aus Ermittlungen der Betreuungsbehörde oder sonstigen Ermittlungen ergibt, dass der Betroffene zweifelsfrei betreuungsbedürftig ist (zB weil er nur noch unverständliche Laute hervorbringt, Namen und Identität vergessen hat), ist ein persönlicher Eindruck des entscheidenden Richters nicht erforderlich (OLG Schleswig FamRZ 1995, 1596); hier können die Akten an das Rechtshilfegericht versandt werden, der ersuchte Richter führt die Anhörung durch, fertigt ein Protokoll darüber, die Akten mit dem Protokoll werden dem zuständigen Gericht wieder übersandt. Zweckmäßig ist in solchen Fällen, dass das Protokoll das Gespräch zwischen dem Richter und dem Betroffenen wörtlich wiedergibt (sog. Wortprotokoll) und auch den Eindruck vom Betroffenen festhält.

Hält der zuständige Richter aufgrund des Protokolls des Rechtshilfegerichts die Sache für zweifelhaft, muss er zum Betroffenen reisen und die Anhörung wiederholen.

Der ersuchte Richter darf die Akten nicht unerledigt mit dem Bemerken zurücksenden, seines Erachtens sei der eigene Eindruck des zuständigen Richter erforderlich (§ 158 GVG); anders ist es, wenn die Voraussetzungen einer Rechtshilfe eindeutig nicht vorliegen (OLG Schleswig FamRZ 1995, 1596).

Ist der **Betroffene im Ausland,** wird (falls die deutschen Gerichte überhaupt zuständig sind) mit der Anhörung gewartet, bis der Betroffene wieder im Inland ist. Andernfalls muss das ausländische Gericht im Wege der internationalen Rechtshilfe eingeschaltet werden, eine Dienstreise des deutschen Richters ins Ausland zur Anhörung des Betroffenen scheidet aus.

b) Wo muss die Anhörung durchgeführt werden?

Gerichtliche Handlungen erfolgen grundsätzlich im Gerichtsgebäude. In zwei Fällen ist die Anhörung in der Umgebung des Betroffenen (also in der Wohnung, im Altenheim) vorgeschrieben (§ 278 Abs. 1 Satz 3 FamFG):

Wenn es der Betroffene verlangt, soll die **Anhörung in der Wohnung** (Umgebung) des Betroffenen durchgeführt werden. Weshalb der Betroffene dies verlangt, spielt nach dem Wortlaut des Gesetzes keine Rolle; auch bloße Bequemlichkeit genügt. Um Missbrauch vorzubeugen, erklärt das Gesetz das Verlangen des Betroffenen nicht für bindend (es heißt „soll" in § 278 FamFG); hinzukommen muss also, dass dem Gericht die Anhörung in der Wohnung zweckmäßig erscheint. Der Richter wird bei einem solchen Verlangen den Betroffenen fragen, weshalb er in die Wohnung kommen soll und bei der Entscheidung neben der Erleichterung der Sachaufklärung auch die Reisekosten (die der Betroffene oder die Staatskasse tragen müssen) und seinen Zeitaufwand in die Überlegungen einbeziehen.

Über das Recht, die Anhörung in der Wohnung verlangen zu können, muss der Betroffene nicht belehrt werden.

Es kann in Zweifelsfällen erforderlich sein, das soziale Umfeld und die Lebensverhältnisse in Augenschein zu nehmen, um feststellen zu können, ob und in welchen Bereichen der Betroffene betreuungsbedürftig ist. Hier kann es darauf ankommen, ob der Betroffene die Wohnung schon herunterkommen hat lassen, wie gepflegt Kleidung, Küche, WC sind, welche Kontakte der Betroffene noch mit Verwandten und Nachbarn hat, welche Hilfen bestehen. In solchen Fällen ist die Anhörung in der Wohnung erforderlich. Allerdings ist hierbei zu bedenken, dass es für den Betroffenen meist nicht angenehm ist, wenn das Gericht in großer Besetzung" auftaucht (Richter, Protokollführer, Rechtsanwalt, Sachverständiger usw.); die Wohnung muss zuerst aufgeräumt werden; die Nachbarn erhalten unerwünscht Kenntnis von Vorgängen, die das Gesetz als streng vertraulich betrachtet.

Deshalb sieht das Gesetz in § 278 Abs. 1 Satz 3 FamFG auch vor, dass der Betroffene der Anhörung in seiner Umgebung widersprechen kann. Der Betroffene erhält eine gerichtliche Ladung, in der Tag, Uhrzeit und Ort der Anhörung angegeben sind; er kann dann beim Gericht anrufen und mitteilen, dass er nicht in seiner Wohnung aufgesucht werden will, sondern lieber ins Gericht kommt. Der Widerspruch ist zeitlich nicht befristet; er kann noch erklärt werden, wenn der Richter schon vor der Türe steht. Der Widerspruch muss vom Betroffenen nicht begründet werden, er braucht auch keine vernünftigen Gründe haben; er ist auch bei Geschäftsunfähigkeit des Betroffenen beachtlich. Der Widerspruch kann vom Betroffenen zurückgenommen werden. Über das Widerspruchsrecht muss der Betroffene bei der Ladung nicht belehrt werden.

c) Wer darf bei der Anhörung anwesend sein?

Die Anhörung erfolgt in nichtöffentlicher Sitzung (§ 170 GVG). Anwesend dürfen also sein: der Richter, der Betroffene, der Protokollführer, der Rechtsanwalt des Betroffenen, der Verfahrenspfleger, ein oder mehrere Sachverständige (wegen § 280 FamFG). Auf Verlangen des Betroffenen muss das Gericht einer oder mehreren Vertrauenspersonen des Betroffenen (zB Verwandte, Freunde, Bekannte, Politiker) die Anwesenheit gestatten (§ 170 Abs. 1 Satz 3 GVG); darüber muss der Betroffene bei der Ladung nicht belehrt werden. Sonstigen Personen kann der Richter die Anwesenheit gestatten, aber nicht, wenn der Betroffene die Anwesenheit nicht wünscht (§ 170 Abs. 1 Satz 2 GVG); in Betracht kommen Verwandte, sonstige Angehörige, Pflegepersonal, Rechtsreferendare, Rechtspfleger- und Justizassistentenanwärter.

d) Was geschieht, wenn der Betroffene nicht freiwillig erscheint?

Ist der Betroffene bei der Anhörung in seiner Wohnung nicht anwesend oder kommt er nicht ins Gerichtsgebäude, wird nochmals ein Anhörungstermin angesetzt und der Betroffene nochmals vorgeladen. Erscheint er wieder nicht, wird vom Gericht die Vorführung angeordnet (§ 278 Abs. 5 FamFG). Ausgeführt wird die Vorführung durch Mitarbeiter der Betreuungsbehörde; das ist in jedem Bundesland eine andere Behörde. Gewalt darf die Behörde nur anwenden, wenn das Gericht dies ausdrücklich angeordnet hat (§ 278 Abs. 6 FamFG). Letztlich kann die Behörde die Polizei um Hilfe ersuchen, der Betroffene kann also zwangsweise zum Gericht gebracht werden. Öffnet der Betroffene die **Wohnungstüre** nicht freiwillig, darf sie gewaltsam geöffnet und die Wohnung nach dem Betroffenen durchsucht werden, wenn das Gericht (notfalls die Behörde) dies ausdrücklich angeordnet hat (§ 278 Abs. 7 FamFG).

e) Was wird bei der Anhörung geklärt?

- Zunächst soll der Richter vom Betroffenen einen Eindruck gewinnen.
- Ist **Betreuung erforderlich**? Welche **Angelegenheiten** hat der Betroffene, welche kann er nicht mehr besorgen? Hat er Hilfe von Verwandten, Nachbarn, Bekannten, sozialen Diensten?
- Hat er Vollmachten erteilt? Dies kann teilweise schon vorher durch eine Anfrage beim Zentralen Vorsorgeregister in Berlin geklärt werden. Ist er noch geschäftsfähig und will er eine Vorsorgevollmacht erteilen, um die Betreuung zu vermeiden (§ 278 Abs. 2 Satz 2 FamFG)?

- Macht der Betroffene Vorschläge zur Person des Betreuers? Wer kommt sonst als Betreuer in Betracht, wer scheidet aus?
- Wer soll auf Wunsch des Betroffenen am Verfahren „beteiligt" werden? Vgl. § 274 Abs. 4 FamFG. Adressen der Angehörigen? Benennt der Betroffene eine Vertrauensperson (§ 274 Abs. 4 Nr. 1 FamFG)?
- Ist die Bestellung eines Verfahrenspflegers erforderlich? Vgl. § 276 FamFG. Oder will sich der Betroffene von einem Rechtsanwalt vertreten lassen? Kann er den Anwalt selbst bezahlen oder kommt die Beiordnung eines Rechtsanwalts in Verfahrenskostenhilfe in Betracht?
- Der Betroffene ist über den möglichen Verlauf des Verfahrens zu unterrichten (§ 278 Abs. 2 Satz 1 FamFG), also darüber, dass noch ein Gutachten eingeholt wird, dass weitere Personen angehört werden, welche gerichtlichen Entscheidungen in Betracht kommen und welche Auswirkungen sie auf den Betroffenen haben.
- Ferner ist festzustellen, ob der Betroffene künftige Mitteilungen über das Verfahren verstehen kann, weil sie andernfalls unter Umständen entfallen können.

f) Wann ist eine Anhörung entbehrlich?

Die persönliche Anhörung des Betroffenen durch den Richter kann in einigen Fällen unterbleiben (§ 34 Abs. 2 FamFG). Unterbleibt die Anhörung, muss dem Betroffenen in der Regel ein Verfahrenspfleger bestellt werden, § 276 Abs. 1 Satz 2 Nr. 1 FamFG.

(**aa**) Wenn die Anhörung zu erheblichen **gesundheitlichen Nachteilen** für den Betroffenen führen würde, zB weil bei Erörterung der Krankheit schwere psychische Erregungen, ein Schlaganfall, ein Herzinfarkt zu befürchten sind. Vorübergehende Beeinträchtigungen genügen nicht; wenn die Nachteile durch Medikamente oder Zuziehung von Ärzten gemindert werden können, kann die Anhörung ebenfalls nicht unterbleiben. Der medizinische Befund, also die Gefahr der erheblichen Gesundheitsschädigung, müssen durch ein ärztliches Gutachten nachgewiesen sein (§ 278 Abs. 4 FamFG).

Allerdings darf auch in diesen Fällen das Gericht nicht unterlassen, sich einen persönlichen Eindruck vom Betroffenen zu verschaffen, muss ihn also zumindest in Augenschein nehmen.

(bb) Wenn der Betroffene nicht in der Lage ist, seinen **Willen kundzutun**, unterbleibt ebenfalls die Anhörung. Damit sind die Fälle gemeint, in denen der Betroffene nur noch unverständliche Laute hervorbringt, Fragen nicht mehr verstehen kann, nicht mehr begreift, worum es geht. Das Gericht darf diese Erkenntnisse aber nicht aus ärztlichen Stellungnahmen oder behördlichen Berichten schöpfen, es muss selbst versuchen, mit dem Betroffenen ins Gespräch zu kommen. Insofern besagt die Vorschrift etwas Selbstverständliches: denn wer nichts mehr sagen kann, kann natürlich auch nicht angehört werden.

(cc) Wenn das Gericht bereits durch andere Ermittlungen zum Ergebnis gekommen ist, dass **kein Betreuer** zu bestellen ist, ist eine Anhörung des Betroffenen nicht mehr erforderlich.

5. Bestellung und Aufgaben des Verfahrenspflegers

a) Aufgaben des Verfahrenspflegers

Sie sind gesetzlich nicht genau geregelt. Sinn der Regelung ist zum einen, dass in den Fällen der Verständigungsunfähigkeit des Betroffenen die Gewährung des rechtlichen Gehörs durch eine dritte Person (den Pfleger) garantiert ist, zum anderen allgemein, dass vor schwerwiegenden Eingriffen der Betroffene einen Beistand von dritter Seite erhält. Man kann dies etwa mit der Bestellung eines Pflichtverteidigers in gewichtigeren Strafverfahren vergleichen. Um diesen Zielen entsprechen zu können, hat der Verfahrenspfleger im Verfahren die Stellung eines „**Beteiligten**" (§ 274 Abs. 2 FamFG). Er ist zu den Terminen zu laden, kann Anregungen geben und Anträge stellen, die Akten einsehen, erhält Abschriften des Sachverständigengutachtens (LG München I BtPrax 1995, 110), kann gegen die gerichtliche Entscheidung **Beschwerde** einlegen (§ 303 Abs. 3 FamFG), weitgehender als die Angehörigen und die Betreuungsbehörde. Legt er erfolglos Beschwerde ein, dürfen ihm persönlich keine Kosten auferlegt werden (§ 276 Abs. 7 FamFG). Er unterliegt nicht der Aufsicht des Betreuungsgerichts. Am klarsten wird die Stellung des Verfahrenspflegers, wenn man beachtet, dass er entbehrlich ist, wenn der Betroffene einen Rechtsanwalt beauftragt hat (§ 276 Abs. 4 FamFG): Daraus folgt, dass der Verfahrenspfleger dieselbe verfahrensrechtliche Stellung wie ein vom Betroffenen beauftragter Anwalt hat. Während aber der Anwalt von den Weisungen des Betroffenen abhängig ist, der Betroffene dem Anwalt auch jederzeit das Mandat entziehen kann, beruht die Stellung des Pflegers nicht auf einem Vertragsverhältnis zwischen ihm und dem Pfleger, sondern auf der gerichtlichen Anordnung. Deshalb kann der Betroffene dem Pfleger nicht „kündigen", er kann ihn nicht entlassen. Wenn er ihm misstraut, kann er beim Gericht die Aufhebung der Bestellung beantragen (§ 276 Abs. 2 Satz 1 FamFG: kein Interesse des Betroffenen), oder die Bestellung eines anderen Verfahrenspflegers erbitten oder einen Anwalt beauftragen.

Anfechtung: Der vermögende Betreute muss seinen Verfahrenspfleger letztlich selbst bezahlen. Deshalb kommt es vor, dass ein Betreuter gegen die Bestellung eines Verfahrenspflegers Beschwerde einlegt. Eine solche Beschwerde ist unzulässig (§ 276 Abs. 6 FamFG).

b) Wann muss ein Verfahrenspfleger bestellt werden?

Nach § 276 FamFG soll bzw. muss der Richter in einem Betreuungsverfahren dem Betroffenen in einigen Fällen einen Verfahrenspfleger bestellen:

(aa) Wenn von der persönlichen Anhörung des Betroffenen abgesehen werden soll, weil sonst der Betroffene gesundheitlich gefährdet würde oder weil der Betroffene verständigungsunfähig ist (§ 276 Abs. 1 Satz 2 Nr. 1 FamFG).

(bb) Wenn Gegenstand des Verfahrens die Bestellung eines Betreuers zur Besorgung *aller* Angelegenheiten des Betroffenen ist (§ 276 Abs. 1 Satz 2 Nr. 2 FamFG). „Alle" Angelegenheiten hat das Verfahren auch dann zum Gegenstand, wenn zwar nach dem Wortlaut der Entscheidung der Betreuer nicht für alle Angelegenheiten bestellt wird, der Betroffene aber sonst keine wesentlichen Angelegenheiten mehr hat (vgl. BGH NJW-RR 2011, 65). Insbesondere spielt es keine Rolle, wenn die Postkontrolle (§ 1896 Abs. 4 BGB) und die Einwilligung in einer Sterilisation (§ 1905 BGB) ausgeklammert werden.

BEISPIEL: Einer vermögenslosen Rentnerin soll beim Beantragen einer Rentenerhöhung geholfen werden. Hier ist ein Verfahrenspfleger nicht erforderlich. Soll dagegen der Betreuer auch das Recht der Aufenthaltsbestimmung und der Sorge um die ärztliche Behandlung haben, sind wesentliche Angelegenheiten, die dem Betroffenen noch selbst verbleiben, nicht ersichtlich; ein Pfleger muss in der Regel bestellt werden.

(cc) Wenn das Verfahren die Genehmigung der „Sterbehilfe" (§ 1904 Abs. 2 BGB) betrifft, § 298 Abs. 3 FamFG (zwingend).

(dd) Wenn es um die Einwilligung des Betreuers in eine Sterilisation des Betroffenen geht (§ 297 Abs. 5 FamFG); auch hier ist die Bestellung zwingend.

(ee) Wenn eine ärztliche Zwangsmaßnahme (Zwangsbehandlung) genehmigt werden soll (§ 312 Satz 3 FamFG); zwingend.

(ff) Wenn es sonst zur Wahrnehmung der Interessen des Betroffenen erforderlich ist (§ 276 Abs. 1 Satz 1 FamFG); hier kommt es auf die Bedeutung des jeweiligen Verfahrensgegenstandes an und auf den Grad der Behinderung des Betroffenen. Soll zB nur ein Betreuer bestellt werden, der einen Bevollmächtigten kontrolliert (§ 1896 Abs. 3 BGB), ist ein Verfahrenspfleger überflüssig.

Manche Gerichte (zB OLG Karlsruhe Rpfleger 1996, 27) bestellen einen Verfahrenspfleger, wenn der Betreute vermögend ist, so dass die Betreuervergütung vom Betreuten selbst (und nicht aus der Staatskasse) zu zahlen ist; das ist meist wenig sinnvoll, weil der Betreute dann zusätzlich den Verfahrenspfleger zu zahlen hat.

c) Wann ist ein Verfahrenspfleger entbehrlich?

Ein Verfahrenspfleger ist entbehrlich, wenn der Betroffene von einem Rechtsanwalt oder von einer anderen geeigneten Person (zB einem sachkundigen Verwandten) im Verfahren vertreten wird

(§ 276 Abs. 3 FamFG). Ist schon ein Verfahrenspfleger bestellt, kann der Betroffene einen Rechtsanwalt oder eine andere sachkundige Person beauftragen; dann muss im Regelfall die Bestellung des Verfahrenspflegers aufgehoben werden. In den obigen Fällen (aa) und (bb) kann ferner die Bestellung unterbleiben, wenn der Betroffene keinen Wert auf einen Verfahrenspfleger legt (§ 276 Abs. 2 Satz 1 FamFG).

d) Wer wird zum Verfahrenspfleger bestellt?

Die Auswahl steht im Ermessen des Gerichts. Bestellt werden kann jede geeignete Person, zB ein Sozialarbeiter, pensionierter Rechtspfleger oder Justizbeamter, ein Rechtsanwalt. Vor der Bestellung ist sein Einverständnis zu erholen. Bei Personen, die nicht Rechtsanwälte sind, ist vom Gericht vorher die Eignung zu überprüfen. Wer später eventuell Betreuer werden wird, sollte vorher nicht zum Verfahrenspfleger bestellt werden, weil sonst die Gefahr von Interessenkollisionen besteht.

BEISPIEL: Eine reiche Unternehmerswitwe benötigt möglicherweise einen Betreuer in Vermögensangelegenheiten. Wenn der Verfahrenspfleger weiß, dass er später Betreuer wird und dafür jährlich ein erhebliches Honorar kassieren kann, könnte er daran interessiert sein, dass Betreuung angeordnet wird.

Wird ein Rechtsanwalt deshalb zum Verfahrenspfleger bestellt, weil die Sachkunde eines Anwalts im konkreten Fall erforderlich ist, kann schon bei Bestellung vom Betreuungsgericht festgestellt werden, dass rechtsanwaltsspezifische Tätigkeiten anfallen werden (BVerfG NJWE-FER 2000, 282/3), damit der Anwalt diese Tätigkeiten dann gemäß Anwaltsgebührenrecht (RVG) nach § 1835 Abs. 3 BGB abrechnen kann.

e) Bezahlung des Verfahrenspflegers

Vergütung und Aufwendungsersatz sind in § 277 FamFG geregelt, für Verfahrenspfleger in Unterbringungssachen ebenfalls (durch Verweisung in § 318 FamFG). Zahlungspflichtig ist zunächst (unten dd) stets die Staatskasse, auch bei „vermögenden" Betreuten, sowohl für Vergütung wie für Auslagenersatz (§ 277 Abs. 5 Satz 1 FamFG).

Ehrenamtliche Verfahrenspfleger werden nach § 1836 Abs. 1 und 3 BGB vergütet (§ 277 Abs. 2 Satz 1 FamFG). Nach § 1836 Abs. 1 S. 1 BGB erhalten sie also grundsätzlich keine Vergütung, wohl aber Ersatz ihrer Auslagen.

Berufsmäßige Verfahrenspfleger (die Berufsmäßigkeit muss vom Betreuungsgericht festgestellt worden sein) erhalten:

(aa) Vergütung: Es ist zu differenzieren:

(1) Der Pfleger erhält eine Vergütung nach §§ 1 bis 3 Abs. 1, Abs. 2 VBVG (§ 277 Abs. 2 Satz 2 FamFG), also Zahlung nach Stundenlohn, aber nicht nach den Betreuerstundensätzen (27 bis 44 EUR je Stunde), sondern nach den niedrigeren **Vormünder-Stundensätzen.** Bezahlt wird somit die erforderliche, tatsächlich aufgewandte Zeit des Pflegers; er erhält je nach seiner Ausbildung (vgl. S. 55 ff.) pro Stunde 19,50 EUR, 25 EUR oder 33,50 EUR *zuzüglich* Umsatzsteuer und Aufwendungsersatz. Da auf § 3 Abs. 3 VBVG nicht verwiesen wurde, kann auch bei besonderer Schwierigkeit der Sache und bei Vermögen des Betroffenen kein höherer Stundensatz bewilligt werden, weil immer die Staatskasse zahlungspflichtig ist. Ein **Rechtsanwalt,** der zum Verfahrenspfleger bestellt ist, kann im Einzelfall nach dem Anwaltsvergütungsrecht (RVG) abrechnen, soweit er im Rahmen seiner Bestellung solche Tätigkeiten zu erbringen hat, für die ein Laie in gleicher Lage vernünftigerweise einen Rechtsanwalt zuziehen würde, § 1835 Abs. 3 BGB (BGH NJW 2012, 3307); der Anspruch erlischt, wenn er nicht binnen 15 Monaten nach seiner Entstehung beim Gericht geltend gemacht wurde (BGH aaO).

(2) Das Betreuungsgericht kann anstatt der Stundenabrechnung dem Verfahrenspfleger einen festen Geldbetrag (**„Individualpauschale"**) zubilligen (§ 277 Abs. 3 Satz 1 FamFG). Dabei wird die voraussichtlich erforderliche Zeit mit dem Stundensatz multipliziert; der Stundensatz wird aber um 3 EUR erhöht (Pauschale für die Auslagen wie Fahrtkosten; dafür entfällt die Einzelabrech-

nung der Aufwendungen); dazu kommt die Umsatzsteuer. Schätzt beispielsweise das Betreuungsgericht den Zeitaufwand des Verfahrenspflegers auf drei Stunden, kann eine Pauschale (beim Höchstsatz von 33,50 EUR) von etwa 130 bis 150 EUR bewilligt werden (33,50 + 3,00 für die Auslagen = 36,50; mal 3 Stunden = 109,50 + 19 % Umsatzsteuer = 130,31 EUR). Das wird auch dann bezahlt, wenn der Verfahrenspfleger in Wirklichkeit nur eine halbe Stunde brauchte und keinen Cent Aufwendungen hatte (§ 277 Abs. 3 Satz 3 FamFG); mittelbar kann er so zu einem hohen Stundenlohn kommen. Dieses Vergütungsmodell ist nicht empfehlenswert.

(bb) Aufwendungsersatz: Die konkreten Aufwendungen (Fahrtkosten etc.) sind dem ehrenamtlichen oder berufsmäßigen Verfahrenspfleger nach § 1835 Abs. 1, Abs. 2 BGB zu ersetzen. Nur bei Pauschalvergütung (oben (2)) werden auch die Aufwendungen pauschaliert. Eine Behörde und ein Betreuungsverein als Pfleger erhalten keinen Aufwendungsersatz (§ 277 Abs. 1 Satz 3 FamFG).

BEISPIEL: Der Verfahrenspfleger (mit höchster Qualifikationsstufe) rechnet 4 Stunden ab und 10 EUR Aufwendungen. Ihm werden auf Antrag bezahlt: 4 mal 33,50 EUR + 10 EUR Auslagen + 19 % Umsatzsteuer, somit 171,36 EUR.

(cc) Betreuungsverein: Sind Mitarbeiter eines **Vereins** zu Verfahrenspflegern bestellt, rechnet der Verein ab (§ 277 Abs. 4 Satz 1 FamFG). Hier konnten früher allenfalls 7 % Umsatzsteuer verlangt werden; seit 1.7.2013 fällt keine Umsatzsteuer mehr an. Sind **Behördenbedienstete** bestellt, erhält die Behörde keine Vergütung und keinen Aufwendungsersatz (§ 277 Abs. 4 Satz 3 FamFG).

(dd) Regress: Die Staatskasse verlangt die Beträge (Aufwendungen und Vergütung), die sie an den Verfahrenspfleger bezahlt hat, vom Betroffenen zurück, falls dieser nicht mittellos ist (§ 93a Abs. 1, 2, § 137 Nr. 16 KostO bzw. KV 31105 GNotKG; § 1836c BGB). Letztlich zahlt also der vermögende Betreute seinen Verfahrenspfleger selbst; beim mittellosen Betreuten zahlt die Staatskasse.

Vergütung des Verfahrenspflegers		
	zahlungspflichtig ist	Höhe der Vergütung
vermögender oder mittelloser Betreuter; Betreuungs- oder Unterbringungssache; Verfahrenspfleger handelt berufsmäßig	immer die Staatskasse, die vom vermögenden Betreuten die Vergütung zurückverlangt, vom mittellosen Betreuten nicht	Stundenlohn je Stunde 19,50 bis 33,50 EUR + MwSt; § 277 FamFG

f) Ende der Verfahrenspflegschaft

Die Verfahrenspflegschaft endet mit Rechtskraft der Entscheidung, die die Instanz abschließt. Der Pfleger kann also noch Beschwerde gegen die Entscheidung einlegen; er ist noch Beteiligter des Beschwerdeverfahrens. Die Bestellung endet ferner mit (vorheriger) Aufhebung der Bestellung oder dem sonstigen Abschluss des Verfahrens (zB Tod des Betroffenen); § 276 Abs. 5 FamFG.

6. Sachverständigengutachten

Ein Betreuer darf vom Betreuungsgericht erst bestellt werden, nachdem ein Sachverständigengutachten eingeholt worden ist (§ 280 FamFG). Die Anordnung der medizinischen Untersuchung ist bei „objektiver Willkür" mit Beschwerde anfechtbar (BGH NJW 2007, 3575). Das Gutachten ist vom Gesetz auch dann vorgeschrieben, wenn für den Richter bei der Anhörung offenkundig ist, dass der Betroffene betreuungsbedürftig ist, zB wenn er nur noch unverständliche Laute hervorbringt und nichts mehr versteht.

a) Auswahl des Sachverständigen

Es steht im Ermessen des Richters, wer mit dem Gutachten beauftragt wird. Es kommt auf die Art der Behinderung an; wenn es sich um medizinische Gesichtspunkte handelt, werden Amtsärzte der Gesundheitsämter, Gerichtsärzte oder Fachärzte für Psychiatrie oder Neurologie beauftragt; in diesen Fällen muss der Sachverständige zumindest ein in der Psychiatrie erfahrener Arzt sein.

b) Gegenstand des Gutachtens

§ 280 FamFG bezeichnet als Thema des Gutachtens „die Notwendigkeit der Betreuung". Dies ist letztlich eine Rechtsfrage; das Gutachten bereitet die Entscheidung der Rechtsfrage lediglich vor. Deshalb sollte sich das Gutachten mit allen für die Entscheidung maßgeblichen medizinischen Aspekten befassen (§ 280 Abs. 3 FamFG), zB:

- Durchgeführte Untersuchungen und zugrunde gelegte Forschungserkenntnisse?
- Welche Krankheit oder Behinderung liegt beim Betroffenen vor? Krankheitsentwicklung?
- Wie ausgeprägt ist die Behinderung? Welche normalerweise vorhandenen Fähigkeiten sind beeinträchtigt oder schon ganz verlorengegangen? Körperlicher und psychiatrischer Zustand des Betroffenen?
- Welche funktionalen Einschränkungen bestehen (zB Störungen der Merkfähigkeit, der Gehfähigkeit, des Antriebs, der Einschränkungen des sozialen Kontakts und der Beziehungsfähigkeit)? Welche Einschränkungen bestehen im Wohnbereich, Arbeitsbereich, Freizeitbereich?
- Auswirkungen auf die Fähigkeiten des Betroffenen, seine Angelegenheiten zu besorgen?
- Mögliche Lösungen durch Einschalten von Verwandten, Pflegediensten, finanzielle Hilfen?
- Erforderlicher Umfang der Aufgabenkreise des Betreuers;
- Prognose über die weitere Entwicklung des Zustandes des Betroffenen; Pflegeplan; Rehabilitationsmöglichkeiten;
- Voraussichtliche Dauer der Betreuungsbedürftigkeit;
- Können die Entscheidungsgründe und die Information darüber, dass andere öffentliche Stellen von der Entscheidung unterrichtet wurden, dem Betroffenen ohne erhebliche Gesundheitsgefährdung mitgeteilt werden (§§ 288 Abs. 1, 308 Abs. 3 Nr. 2 FamFG)?

- Muss eine persönliche Anhörung des Betroffenen durch den Richter unterbleiben, weil dadurch erhebliche Nachteile (welche?) für die Gesundheit zu besorgen wären (§ 278 Abs. 4 FamFG) und aus welchen Tatsachen folgt das?

c) Verfahren des Sachverständigen

§§ 280 Abs. 1 Satz 1, 30 Abs. 2 FamFG schreiben hierfür eine „förmliche“ Beweisaufnahme, also Strengbeweis nach ZPO-Regeln, vor. Der Sachverständige muss den Betroffenen vor Erstattung des Gutachtens (je nach Krankheit bzw. Behinderung) persönlich untersuchen oder befragen (§ 280 Abs. 2 FamFG). Ein Gutachten nach Aktenlage, das sich nur auf die Auswertung der Stellungnahmen anderer stützt, ist unzulässig und ungenügend. Der zeitliche Abstand zwischen der Untersuchung und der Erstattung des Gutachtens darf nur gering sein (einige Wochen); denn andernfalls könnte sich der Zustand des Betroffenen inzwischen gebessert haben. Der Sachverständige muss grundsätzlich den Betroffenen selbst untersuchen; er darf den Auftrag nicht ohne Zustimmung des Gerichts auf einen anderen Sachverständigen übertragen (§ 30 Abs. 2 FamFG; § 407a Abs. 2 ZPO). Die Praxis mancher Gerichte, eine Klinik oder ein Institut mit dem Gutachten zu beauftragen und es dann der dortigen Gutachtensstelle zu überlassen, welcher Oberarzt das Gutachten erstattet, ist unzulässig (OLG Düsseldorf FamRZ 1989, 110). Manchmal muss sich der Gutachter der Hilfsdienste anderer Personen bedienen, zB der Psychiater eines Testpsychologen. Diese Mitarbeiter sind im Gutachten namhaft zu machen (§ 30 Abs. 2 FamFG; § 407 Abs. 2 Satz 2 ZPO). Mitarbeiter, die nur Hilfsdienste von untergeordneter Bedeutung erbracht haben (zB die Krankenschwester, die Blut abgenommen hat), müssen im Gutachten nicht namentlich genannt werden.

Der Richter kann zuerst ein schriftliches Gutachten einholen und dann den Betroffenen persönlich anhören; er kann auch umgekehrt verfahren. In einfacheren eindeutigen Fällen genügt es, wenn der Richter bei der Anhörung des Betroffenen einen Sachverständigen hinzuzieht und der Sachverständige anschließend sein Gutachten ins gerichtliche Protokoll diktiert.

d) Inhalt des Gutachtens

Ein Gutachten ist mehr als ein ärztliches Zeugnis oder Attest; der Unterschied besteht nur im Umfang, nicht im Inhalt. Es muss darlegen, aufgrund welcher Tatsachen, Äußerungen oder Verhaltensweisen des Betroffenen (der sog. Anknüpfungstatsachen) der Sachverständige zu seinem Ergebnis kommt. Die Art der Krankheit, deren Ausprägungsgrad sowie die Auswirkungen auf die Fähigkeiten des Betroffenen sind darzulegen; es muss so gefasst sein, dass das Gericht es auf seine wissenschaftliche Begründung, seine innere Logik und seine Schlüssigkeit hin überprüfen kann (BGH NJW 2012, 317). Es sollte auch Angaben zur Biographie, zur sozialen Situation des Betroffenen, zu Möglichkeiten und Grenzen der Lebensbewältigung, zu psychologischen Aspekten, zur Selbst- und Fremdeinschätzung, die Benennung möglicher Hilfen und eine Prognose enthalten (vgl. v. Eicken FamRZ 1991, 785). Die Schlussfolgerungen müssen nachvollziehbar sein (OLG Zweibrücken FamRZ 2005, 1196).

BEISPIEL: Ungenügend ist zB folgendes Gutachten (Fall des OLG Zweibrücken FamRZ 1990, 545): „Der Proband war zu allen Qualitäten allseits orientiert, logorrhoisch, ideenflüchtig, psychomotorisch beschleunigt, im formalen Gedankengang teilweise pseudoinkohärent und inadäquat, im inhaltlichen Denken eindeutige megalomanische Wahnideen, und es bestand keine Möglichkeit, dies von Seiten des Untersuchers verbal zu korrigieren. Im Affekt war er maniform-dysphorisch, darüber hinaus aber auch teilweise parathym und inadäquat. In der Wahrnehmung keine eruierbaren Störungen. Intelligenz intakt, Persönlichkeit aber mit leichten defektuösen Zügen." Hier ist nichts nachvollziehbar. „Der Betroffene hält sich für Napoleon und will Russland angreifen" wäre verständlich gewesen.

e) Unterbringung des Betroffenen zur Beobachtung

In manchen Fällen kann der Sachverständige sein Gutachten aufgrund der Untersuchung, die einschließlich der Tests allenfalls einige Stunden dauert, nicht erstatten; er muss den Betroffenen längere Zeit beobachten können. Hier muss zunächst der Sachverständige dem Gericht mitteilen, weshalb und wie lange eine Unterbringung erforderlich ist (§ 284 Abs. 1 Satz 1 FamFG). Im Gesetz ist zwar nicht vorgeschrieben, dass der Sachverständige vor dieser Stellungnahme den Betroffenen persönlich untersuchen muss, aber ohne eine solche Untersuchung wird er kaum eine überzeugende Äußerung abgeben können. Sodann ist der Betroffene vom Richter persönlich zur Frage der befristeten Unterbringung anzuhören (§ 284 Abs. 1 Satz 2 FamFG). Wenn der Richter den Eindruck gewinnt, dass eine solche Untersuchung erforderlich ist (vgl. BayObLG FGPrax 2004, 250), erlässt er einen entsprechenden Beschluss: „Die Unterbringung des Betroffenen Hans Maier, geb. 1.1.1930, im Bezirkskrankenhaus N zur Beobachtung auf die Dauer von längstens sechs Wochen wird angeordnet.“ Diese Unterbringung darf die Dauer von sechs Wochen nicht überschreiten (§ 284 Abs. 2 Satz 1 FamFG). Wenn der Beobachtungszweck erreicht ist, kann der Betroffene von der Anstalt schon vor Ablauf der Höchstfrist entlassen werden.

Reicht dagegen der Zeitraum von sechs Wochen nicht aus, um die erforderlichen Erkenntnisse für das Gutachten zu erlangen, kann die Unterbringung durch einen weiteren Beschluss des Gerichts um weitere rund sechs Wochen bis zur Gesamtdauer von drei Monaten verlängert werden (§ 284 Abs. 2 Satz 2 FamFG). Notwendig ist eine Stellungnahme des Sachverständigen, aus der sich ergibt, warum die verstrichenen sechs Wochen nicht ausreichten und weshalb noch welche Zeitspanne erforderlich ist. Dem Betroffenen (und seinem Verfahrenspfleger) ist Gelegenheit zur Stellungnahme zu geben; eine nochmalige persönliche Anhörung des Betroffenen vor Verlängerung ist nicht vorgeschrieben.

Der Gerichtsbeschluss ist überflüssig, wenn sich der Betroffene bei der Anhörung bereit erklärt, sich freiwillig bis zu sechs Wochen zwecks Beobachtung in der ausgewählten Anstalt aufhalten zu wollen.

Gegen die Anordnung der Unterbringung zwecks Beobachtung kann der Betroffene (oder der Verfahrenspfleger) sofortige Beschwerde zum Landgericht einlegen (§§ 284 Abs. 3 Satz 2 FamFG, 567 bis 572 ZPO). Die Beschwerde hat aufschiebende Wirkung, § 570 Abs. 1 ZPO (Haußleiter/Heidebach § 284 Rz. 9).

f) Nichterscheinen zur Untersuchung

Wenn der Sachverständige den Betroffenen zur Untersuchung vorlädt und der Betroffene nicht erscheint, wird er einen neuen Untersuchungstermin erhalten. Erscheint er ohne ausreichende Entschuldigung wieder nicht, kann der Sachverständige das Gericht bitten, den Betroffenen vorführen zu lassen. Das Gericht erlässt dann einen entsprechenden Beschluss; die zwangsweise Vorführung erfolgt hierauf durch Mitarbeiter der Betreuungsbehörde, die die Polizei um Vollzugshilfe bitten können. Diese Vorführungsanordnung ist nicht anfechtbar (Umkehrschluss aus § 284 Abs. 3 Satz 2 FamFG), auch dann nicht, wenn in der Anordnung des Gerichts das zwangsweise Betreten der Wohnung gestattet wurde (BayObLG FamRZ 1994, 1190). Wenn dann die Behördenmitarbeiter und die Polizei an der Wohnungstüre klingeln, der Betroffene aber nicht öffnet, kann die Behörde *bei Gefahr in Verzug* anordnen, dass die Wohnung gewaltsam geöffnet und nach dem Betroffenen durchsucht werden kann. Fehlt eine solche *Gefahr in Verzug*, dann ist ein richterlicher Beschluss notwendig, der erst nach *persönlicher* Anhörung des Betroffenen ergehen kann (§ 283 Abs. 3 FamFG). Dazu muss der Betroffene notfalls ebenfalls vorgeführt werden (§ 278 Abs. 7 FamFG). Bei der anschließenden Untersuchung sind körperliche Eingriffe gegen den Willen des Betroffenen nicht zulässig. Auch seine Mitwirkung (zB durch Beantwortung von Fragen, Teilnahme an Tests) ist nicht erzwingbar. Es bleibt dann letztlich nur die Unterbringung zur Beobachtung (oben e).

g) Rechtliches Gehör zum Gutachten

Wenn das Gutachten in Anwesenheit des Betroffenen erstattet wurde, kann es ohne Weiteres verwertet werden. Ist das Gutachten schriftlich erstattet, muss das Gutachten dem Betroffenen (oder seinem Anwalt) vor der Entscheidung zugänglich gemacht werden (zB muss ihm eine vollständige Abschrift übersandt werden) und es muss ihm Gelegenheit gegeben werden, hierzu binnen angemessener Frist Stellung zu nehmen (BGH NJW-RR 2011, 1505; OLG München FamRZ 2006, 440); denn nur dann ist der Grundsatz des rechtlichen Gehörs gewahrt. Diese Bekanntgabe ist nicht etwa deshalb entbehrlich, weil der Betroffene nach Meinung des Gerichts oder des Sachverständigen geschäftsunfähig oder geisteskrank ist.

h) Einsichtsrecht der Angehörigen?

Das Gutachten ist vom Gericht dem Betroffenen, seinem Anwalt und seinem Verfahrenspfleger zuzuleiten. Den Angehörigen des Betroffenen muss es mitgeteilt werden, wenn sie vom Gericht förmlich „beteiligt" worden sind (§ 274 Abs. 4 Nr. 1 FamFG), andernfalls nicht. Eine Beteiligung konnte nur „im Interesse des Betroffenen" erfolgen. Der Sachverständige darf das Gutachten den Angehörigen oder sonstigen Personen von sich aus nicht mitteilen. „Nichtbeteiligte" können das Gutachten uU über Akteneinsicht einsehen (§ 13 Abs. 2 FamFG).

i) Honorierung des Sachverständigen

Der Sachverständige wird vom Gericht nach dem Justizvergütungs- und -entschädigungsgesetz (JVEG) bezahlt. Nach § 8 JVEG fällt das Gutachten zur Anordnung der Betreuung unter die Honorargruppe M 2 (seit 1.8.2013: 75 EUR je Stunde), zur Verlängerung der Betreuung unter M 1 (65 EUR je Stunde), zur Unterbringung und Geschäftsfähigkeit unter M 3 (100 EUR je Stunde). Dazu kommen Schreibauslagen, Fahrtkosten, sonstige Auslagen, Umsatzsteuer. Wird die Betreuung angeordnet, hat der Betroffene der Staatskasse diese Kosten zu erstatten (§ 137 Abs. 1 Nr. 5 KostO bzw. KV 31005 GNotKG), soweit er nicht mittellos ist.

j) Ablehnung des Sachverständigen, neue Gutachten

Was kann der Betroffene oder sein Verfahrenspfleger tun, wenn das Gutachten ungünstig ausfällt?

Die Anordnung der Begutachtung ist eine unanfechtbare Zwischenentscheidung, ausgenommen bei „objektiver Willkür" der Anordnung (BGH NJW 2007, 3575); das Gutachten selbst ist kein gerichtlicher Beschluss und daher unanfechtbar.

Der Sachverständige kann **abgelehnt** werden, wenn die Besorgnis der Befangenheit bei ihm besteht (§ 30 Abs. 2 FamFG; §§ 406, 42

ZPO). Dazu genügen Tatsachen, die ein auch nur subjektives Misstrauen des Betroffenen an der Unparteilichkeit des Sachverständigen rechtfertigen können; in Frage kommen zB Äußerungen des Sachverständigen, die den Verdacht der Voreingenommenheit erwecken könnten. Ungenügend ist jedenfalls die mangelnde Sachkunde des Sachverständigen oder der Umstand, dass der Sachverständige schon früher nachteilige Gutachten über den Betroffenen erstattet hat.

Eine **neue Begutachtung** kann beim Gericht angeregt werden. Das Gericht kann die Begutachtung durch einen anderen Gutachter anordnen, wenn es das Gutachten für ungenügend erachtet (§§ 30 Abs. 2 FamFG, 412 Abs. 1 ZPO). Folgende Fallgruppen kommen in Betracht:

- Das erste Gutachten ist unvollständig, nicht nachvollziehbar, widersprüchlich.
- Das erste Gutachten geht von falschen Tatsachen aus (zB ungenügend ermitteltem Ablauf früherer Erkrankungen und Anstaltsunterbringungen); BayObLG BtPrax 1994, 29;
- Die Anknüpfungstatsachen haben sich inzwischen geändert.
- Fehlende Sachkunde des ersten Gutachters. Die spezielle Sachkunde auf psychiatrischem Gebiet fehlt zB, wenn beim Gutachter weder eine entsprechende Spezialausbildung vorhanden ist noch eine Gutachtenstätigkeit in größerem Umfang ausgeübt wird. Die entsprechenden Fragen können dem Sachverständigen über das Gericht vorgelegt werden; denn der Beteiligte muss nachprüfen können, ob der Gutachter tatsächlich sachkundig ist. Bestehen Bedenken gegen die spezielle Sachkunde des Gutachters und werden diese Bedenken dem Gericht substantiiert vorgetragen, wird das Gericht ein neues Gutachten durch einen anderen Sachverständigen einholen müssen. Um einen ausreichenden Vortrag machen zu können, ist aber meist nötig, dass der Betroffene bzw. sein Verfahrenspfleger einen privaten Sachverständigen beauftragt, der den Betroffenen untersucht, das Gutachten kritisch würdigt und versucht, fachliche Fehler des Gutachters aufzuzeigen (zB Unterlassen anerkannter Tests und Untersuchungsmethoden).

- Überlegene Forschungsmittel oder Erfahrung des neuen Gutachters.

k) Verwertung des Gutachtens durch das Gericht

Das Gericht ist an das Gutachten nicht gebunden. Es muss prüfen, ob der Gutachter vom richtigen Sachverhalt ausgegangen ist und diesen vollständig und nachvollziehbar bewertet hat (BGH NJW 2012, 317; BayObLG FamRZ 1994, 1059). In der Regel schließt sich das Gericht dem Sachverständigen an.

l) Entbehrlichkeit des Gutachtens

Das Sachverständigengutachten ist nur in wenigen Fällen entbehrlich:

- wenn die Betreuung abgelehnt oder eingeschränkt oder aufgehoben werden soll;
- wenn der Betroffene selbst die Bestellung eines Betreuers beantragt hat, auf die Begutachtung dabei verzichtet hat und die Gutachteneinholung unverhältnismäßig wäre, weil der Aufgabenkreis zu gering ist (§ 281 Abs. 1 Nr. 1 FamFG); in diesem Fall genügt ein ärztliches Zeugnis über die Erforderlichkeit der Betreuung.
- Wenn nur eine Betreuung zur Überwachung eines Bevollmächtigten des Betroffenen nach § 1896 Abs. 3 BGB angeordnet werden soll, genügt ebenfalls ein ärztliches Zeugnis (§ 281 Abs. 1 Nr. 2 FamFG).
- Wenn schon ein **Gutachten des medizinischen Dienstes der Krankenversicherung** (§ 18 SGB XI) bei der Pflegekasse vorliegt (§ 282 FamFG § 94 Abs. 2 SGB XI), kann dieses Gutachten genügen, falls es ausreichende Angaben über die Betreuungsbedürftigkeit etc. enthält und der Betroffene bzw. sein Verfahrenspfleger mit der Verwertung des Gutachtens einverstanden sind (§ 282 Abs. 3 Satz 1 FamFG). Wird diese Einwilligung nicht erteilt, ist ein Gutachten nach § 280 FamFG nicht entbehrlich.

m) Haftung des Sachverständigen

Erstattet der vom Gericht ernannte Sachverständige vorsätzlich oder **grob fährlässig** ein unrichtiges Gutachten, ist er zum Ersatz des Schadens verpflichtet, der dem Betroffenen durch die Entscheidung entsteht, die auf diesem Gutachten beruht (§ 839a BGB). Keine Haftung besteht, wenn der Betroffene es unterlassen hat, den Schaden durch ein Rechtsmittel abzuwenden.

7. Beteiligung weiterer Personen und Stellen

a) Wem ist Gelegenheit zur Stellungnahme zu geben?

(aa) Anhörung der Betreuungsbehörde: Das Gericht muss unter Umständen der Betreuungsbehörde vor der Entscheidung Gelegenheit zur Stellungnahme geben (§ 274 Abs. 3 FamFG):

- vor Bestellung eines Betreuers, (§ 274 Abs. 3 FamFG), eines neuen Betreuers, eines weiteren Betreuers; Anordnung eine Einwilligungsvorbehalts;
- vor Erweiterung des Aufgabenkreises des Betreuers, § 293 Abs. 1 FamFG;
- vor Entscheidung über Umfang, Inhalt oder Bestand der vorgenannten Entscheidungen, also zB die Aufhebung der Betreuung (§ 274 Abs. 3 Nr. 2 FamFG).

Die Behörde muss angehört werden, wenn es vom Betroffenen verlangt wird (§ 279 Abs. 2 FamFG). Dieser Wunsch kann zeitlich unbefristet vorgebracht werden. Der Betroffene muss darüber nicht belehrt werden.

Verlangt der Betroffene die Einschaltung der Behörde nicht, muss das Betreuungsgericht die Betreuungsbehörde nur beteiligen, wenn die Behörde es verlangt (§ 274 Abs. 3 FamFG: Antrag) oder wenn es der Sachaufklärung dient (§ 26 FamFG; § 8 BtBG) Das wird jedenfalls bei der erstmaligen Bestellung eines Betreuers häufig der Fall sein, weil die Behörde zB einen Betreuer vorschlagen kann oder sich zur Eignung von in Frage kommenden Personen äußern kann.

Die Stellungnahme der Betreuungsbehörde wird sich in den medizinisch eindeutigen Fällen darauf beschränken müssen, zur Person des Betreuers eine Äußerung abzugeben.

(bb) Anhörung Angehöriger: Das Gericht „kann" (Ermessen) vor den oben unter (aa) genannten Entscheidungen auch bestimmten näheren Angehörigen Gelegenheit zur Äußerung geben, zB dazu, wer als Betreuer bestellt werden soll (KG BtPrax 1995, 106), namentlich:

- dem Ehegatten; das entfällt, wenn die Eheleute dauernd getrennt leben; der gleichgeschlechtliche registrierte Lebenspartner;
- den Eltern, Pflegeeltern, Großeltern; Geschwistern; Enkeln; Urenkeln; auch dem nichtehelichen Vater. Darauf, ob diese Personen mit dem Betroffenen in häuslicher Gemeinschaft leben, kommt es nicht an;
- den ehelichen und den nichtehelichen Kindern; nicht aber den Pflegekindern, den Neffen und Nichten. Auch hier ist unwesentlich, ob die Kinder mit dem Betroffenen in häuslicher Gemeinschaft leben. Entsprechend § 9 FamFG kommt nur eine Anhörung von Kindern ab dem 14. Lebensjahr in Betracht.

Nach § 274 Abs. 3 FamFG kann die Beteiligung der Angehörigen nur „im Interesse" des Betroffenen erfolgen; das ist eine Wertungsfrage. Die **Anhörung ist** beispielsweise in folgenden Fällen **entbehrlich:**

- wenn der Betroffene ausdrücklich widerspricht, zB weil er seine Situation vertraulich behandelt wissen will (vgl. § 7 Abs. 4 FamFG);
- wenn von der Anhörung kein weiterer Beitrag zur Sache zu erwarten ist, zB weil die Anzuhörenden seit Jahren weit entfernt vom Betroffenen und ohne Kontakt zu ihm leben;
- wenn die Anhörung das Verfahren erheblich verzögern würde, weil zuerst die Namen und Anschriften der Angehörigen ermittelt werden müssen (§§ 7 Abs. 4, 279 Abs. 3 FamFG);
- bei sonstiger Unerreichbarkeit, zB Auslandsaufenthalt;

- wenn eine Verständigung mit dem Anzuhörenden nicht möglich ist. Soll für die 90-jährige Frau Betreuung angeordnet werden und ist der 92-jährige Ehemann selbst desorientiert, entfällt natürlich seine Anhörung. Die Bestellung eines Pflegers zwecks Anhörung entfällt, weil der Pfleger das Wissen des Anzuhörenden nicht mitteilen könnte;
- wenn die Anhörung die Gesundheit des Anzuhörenden schwer beeinträchtigen würde.

Die Anhörung einer „nahestehenden Person“ (sie kann, muss aber nicht zur Familie gehören) ist aber zwingend, wenn der Betroffene sie verlangt (§ 279 Abs. 3 FamFG); unten (cc). Das Verlangen ist nicht befristet; belehrt werden muss der Betroffene darüber nicht. Um Missbräuchen vorzubeugen, schränkt das Gesetz jedoch ein: auf das Verlangen des Betroffenen ist der nahestehenden Person nur dann Gelegenheit zur Stellungnahme zu geben, „wenn dies ohne erhebliche Verzögerung möglich ist“.

BEISPIELE:

- Einer in München lebenden 80-jährigen Frau soll ein Pfleger bestellt werden. Sie möchte, dass ihr in Hamburg wohnender Sohn (Adresse unbekannt) angeschrieben wird. Hier kann die Adresse ohne weiteres über Standesamt, Einwohneramt, Betreuungsbehörde festgestellt werden; die (schriftliche) Anhörung des Sohnes ist erforderlich.
- Der Betroffene erklärt, er habe 1960 bei Pflegeeltern gewohnt; Kontakt besteht damit nicht mehr. Er verlangt Anhörung. Da die Ermittlung der Pflegeeltern vermutlich Monate dauern würde, wegen des fehlenden Kontakts (und weil sie entweder verstorben sind oder schon 80 bis 90 Jahre sind) auch nichts zur Sachaufklärung zu erwarten ist, unterbleibt eine Anhörung der Pflegeeltern.

Namen und Anschriften der Angehörigen erfährt das Betreuungsgericht vom Betroffenen bei der Anhörung; notfalls kann die Betreuungsbehörde um Ermittlung ersucht werden.

Die Angehörigen werden – wie unten ausgeführt – schriftlich angehört. Sie müssen sich nicht äußern. Sie brauchen auch nicht darauf hingewiesen werden, dass sie Angaben verweigern können, weil sie keine Zeugen sind. Die Angehörigen können sich vor allem zur Frage der Erforderlichkeit der Betreuung äußern. Unter Umständen können sie selbst Hilfe leisten, so dass sich ein Tätigwerden des Betreuungsgerichts erübrigt.

Hört das Gericht diese Angehörigen nicht an, ist die Betreuung trotzdem wirksam angeordnet; wird gegen die Anordnung allerdings Beschwerde eingelegt, kann die unterbliebene Anhörung zur Aufhebung der Entscheidung durch die höhere Instanz führen, wenn zugleich ein Verstoß gegen Art. 103 GG (Grundsatz des rechtlichen Gehörs) oder gegen § 26 FamFG (ungenügende Sachaufklärung) vorliegt.

(cc) Anhörung einer Vertrauensperson: Nach § 279 Abs. 3 FamFG ist auf Verlangen des Betroffenen ferner einer ihm nahe stehenden Person Gelegenheit zur Äußerung zu geben, wenn dies ohne erhebliche Verzögerung möglich ist.

(dd) Anhörung des Vorsorgebevollmächtigten: Besteht eine solche Vollmacht und ist der Umfang der Vollmacht betroffen, ist der Bevollmächtigte anzuhören und auch sonst zu beteiligen (§ 274 Abs. 1 Nr. 3 FamFG).

(ee) Anhörung der Eltern: Wenn für einen siebzehnjährigen Jugendlichen vorsorglich ein Betreuer bestellt werden soll, sind die Eltern anzuhören, § 279 Abs. 4 FamFG, § 1908a BGB.

(ff) Anhörung der Staatskasse: Können ihre Interessen betroffen sein (etwa, weil sie die Vergütung des Betreuers bezahlen muss, da der Betroffene mittellos ist), „kann" sie vom Betreuungsgericht beteiligt werden.

(gg) Beteiligung des Betreuers: Wenn sein Aufgabenkreis betroffen ist (zB Einschränkung), muss er beteiligt werden (§ 274 Abs. 1 Nr. 2 FamFG), desgleichen wenn seine finanziellen Interessen betroffen sind (zB bei Festsetzung der Vergütung, § 59 Abs. 1 FamFG).

b) Wie werden diese Personen angehört?

Zweck der Beteiligung ist, alle relevanten Gesichtspunkte zugunsten des Betroffenen zu ermitteln. Angehört wird im Regelfall schriftlich:

dem Anzuhörenden wird der Sachverhalt kurzgefasst mitgeteilt (zB dass der Frau Maria Maier auf Antrag ihrer Nichte ein Betreuer für alle Angelegenheiten bestellt werden soll); ihm wird eine Frist von etwa zwei bis drei Wochen gesetzt, binnen deren er sich äußern kann. Die Nichteinhaltung der Frist ist ohne wesentliche Bedeutung; denn das Vorbringen muss auch dann berücksichtigt werden, wenn es erst nach Fristablauf eingeht, falls es jedenfalls vor der Entscheidung in den Gerichtseinlauf kommt.

c) Verwertung der Stellungnahmen

Die Anhörungen sind Auskunftsmittel, keine Beweisaufnahmen; die Angehörten sind Auskunftspersonen, keine Zeugen. Was diese Personen schreiben, kann für das Gericht Anlass zu weiteren Ermittlungen sein. Es kann auch zur Überzeugungsbildung im Wege des Freibeweises beitragen. Allerdings muss es in diesem Fall, also wenn es als Beweis verwertet wird, dem Betroffenen und den weiteren Beteiligten in Kopie zugeleitet werden, damit er dazu Stellung nehmen kann (Wahrung des rechtlichen Gehörs).

Wenn es sich um wesentliche bestrittene Tatsachen handelt, wird das Gericht die Auskunftsperson als Zeugen vorladen müssen und ein förmliches Beweisverfahren durchführen müssen (Strengbeweis).

BEISPIELE:

- Einer 85-jährigen Frau, die im Altenheim lebt, soll ein Betreuer bestellt werden. Der Sachverständige stellt fest: Cerebralsklerose. Der Richter erkennt bei der Anhörung, dass die Frau verwirrt ist. Die Tochter schreibt in ihrer Stellungnahme, die Mutter sei schon seit Jahren vergesslich gewesen. Die Anhörung muss der Betroffenen nicht zugeleitet werden; sie wird auch nicht als Beweis verwertet, weil sie nur das Beweisergebnis bestätigt.
- Einer 70-jährigen Frau soll auf Anregung des Sozialamts ein Betreuer bestellt werden. Die Tochter wendet sich dagegen und erklärt sich in einer ausführlichen Stellungnahme bereit, die Mutter bei sich aufzunehmen. Der Sohn ist für die Betreuerbestellung, schlägt sich selbst als Betreuer vor und hält seine Schwester (mit näherer Begründung) für ungeeignet zur Pflege. Hier kommt es offensichtlich darauf an,

ob eine Betreuung erforderlich ist und wer als Betreuer geeignet ist. Erforderlich ist eine Vernehmung von Sohn und Tochter als Zeugen (Strengbeweisverfahren); vom Termin ist die betroffene Mutter (und der eventuell bestellte Verfahrenspfleger) in Kenntnis zu setzen.

8. Sonstige Beweiserhebungen

Die Sachverhaltsaufklärung wird im Regelfall durch die Anhörung des Betroffenen und die Erholung des Sachverständigengutachtens abgeschlossen sein. Wenn noch keine Klarheit darüber besteht, ob die Voraussetzungen der Anordnung einer Betreuung vorliegen oder nicht (§ 1896 BGB), sind weitere Beweiserhebungen, zB die Vernehmung weiterer Zeugen, erforderlich. Diese Beweisaufnahmen erfolgen, ohne dass ein Beteiligter einen Antrag stellt (§ 26 FamFG); andererseits kann jedermann dem Betreuungsgericht solche Beweisanregungen geben.

9. Entscheidung des Gerichts

a) Ablehnung der Betreuung

Liegen die Voraussetzungen für die Bestellung eines Betreuers nicht vor, erlässt der Richter einen Beschluss, wonach der Antrag auf Bestellung eines Betreuers zurückgewiesen wird; hat das Gericht das Verfahren von Amts wegen eingeleitet, genügt ein Aktenvermerk. Eine Begründung ist erforderlich (§ 38 FamFG).

b) Anordnung der Betreuung

Liegen die Voraussetzungen des § 1896 BGB vor, bestellt der Richter durch Beschluss einen Betreuer. Der **Inhalt des Beschlusses** ist in §§ 38, 39, 286 FamFG geregelt:

- Personalien des Betroffenen;
- Bezeichnung der weiteren Beteiligten, ggf. ihrer Bevollmächtigten;
- Bestellung und Bezeichnung des Betreuers. Es werden nicht in zwei getrennten Beschlüssen einesteils die Betreuung angeordnet

und andererseits eine bestimmte Person zum Betreuer bestellt; auch ist nicht für die eine Entscheidung der Richter, für die zweite der Rechtspfleger zuständig; sondern beides wird gleichzeitig vom Richter entschieden (Prinzip der Einheitsentscheidung); anders in den Bundesländern, in denen nach § 19 RPflG die Zuständigkeit zwischen Richter und Rechtspfleger aufgeteilt ist.

- Ggf. Feststellung, dass der Betreuer die Betreuung berufsmäßig führt (§ 1836 Abs. 1 Satz 2 BGB);
- Bezeichnung des Aufgabenkreises;
- Überprüfungszeitpunkt (spätestens sieben Jahre nach Erlass der Entscheidung; wird dieser Zeitpunkt übersehen, erlischt die Bestellung des Betreuers aber nicht automatisch); bei schubförmig verlaufenden Erkrankungen ist eine kürzere Frist zu bestimmen (BayObLG FamRZ 1995, 510);
- Begründung (§ 38 Abs. 3 Satz 1, Abs. 5 Nr. 3 FamFG);
- Rechtsmittelbelehrung, § 39 FamFG.

Musterbeschluss

Das Amtsgericht Nürnberg, Betreuungsgericht, erlässt am 10.2.2013 in der Betreuungssache Egon Maier, geb. 1.1.1930 in München, wohnhaft Nürnberg, Sterntorstraße 6,
folgenden Beschluss:
(1) Für den Betroffenen Egon Maier wird für die Einwilligung in die ärztliche Behandlung, die Aufenthaltsbestimmung und die Vermögenssorge XY, geb. . . . wohnhaft . . . zum Betreuer bestellt.
(2) XY führt die Betreuung berufsmäßig.
(3) Spätestens am 10.2.2020 wird über die Aufhebung oder Verlängerung der Maßnahme neu entschieden.
Gründe: . . .
Rechtsmittelbelehrung: Gegen diesen Beschluss kann der Betroffene Beschwerde zum Landgericht Nürnberg einlegen . . . (Einzelheiten).
gez. Jung, RiAG.

c) Sonstige Entscheidungen

Hier kommen in Frage Genehmigungen des Betreuungsgerichts, Festsetzung der Vergütung für Betreuer und Verfahrenspfleger usw.

10. Wer trägt die Kosten?

Es sind verschiedene Kosten und verschiedene Zahlungsverpflichtungen zu unterscheiden:

a) Anwaltskosten

Beauftragt der Betroffene einen Rechtsanwalt, dann schließt er mit ihm einen Geschäftsbesorgungsvertrag (§ 675 BGB), ist ihm daher zur Zahlung des Honorars verpflichtet. Für die Vertretung des Betroffenen im Betreuungsverfahren kann der Anwalt berechnen:

- Für die außergerichtliche Tätigkeit, zB wenn nur Beratung und Schriftsätze anfallen: 1,3 Gebühr, mindestens 0,5, in schwierigen Fällen bis 2,5; sog. Geschäftsgebühr (RVG VV Nr. 2300), zu berechnen aus dem jeweiligen Gegenstandswert.
- Für die Vertretung im Verfahren vor dem Betreuungsgericht: 1,3 Gebühr, sog. Verfahrensgebühr (RVG VV Nr. 3100), aus dem jeweiligen Gegenstandswert; wenn es zum Termin kommt (zB Anhörung des Betroffenen durch den Betreuungsrichter) fällt einen weitere Gebühr von 1,2 an, sog. Terminsgebühr (RVG VV Nr. 3104), zusammen also 2,5 Gebühren für die erste Instanz.

Die Gebühr richtet sich dabei nach der Bedeutung der Angelegenheit. Man wird etwa 10 % des Vermögens als Gegenstandswert ansetzen können, wenn es um eine Vermögensbetreuung geht (LG Freiburg FamRZ 2004, 45: 10 %; LG Mainz BtPrax 1998, 36: 15 %); andere Auffassungen wollen in der Regel von einem Gegenstandswert von 4000 EUR ausgehen, § 23 Abs. 3 RVG, § 23 Abs. 3 Satz 2 KostO (BayObLG FamRZ 2001, 1246) bzw. seit 1.8.2013: 5000 EUR (§ 36 III GNotKG).

Bei einem Gegenstandswert von 5000 EUR betragen 1,3 Gebühren (einschl. Auslagenpauschale und Umsatzsteuer) ca. 500 EUR; 2,5 Gebühren betragen rund 925 EUR; bei einer Vermögensbetreuung und einem Vermögen von 500.000 EUR betragen die Anwalts-Gebühren bei einem unterstellten Gegenstandswert von 50.000 EUR bei 2,5 Gebühren dann rund 3500 EUR.

b) Gerichtskosten

(aa) Bei Anordnung der Betreuung: Das Gericht stellt dem Betroffenen Gebühren und Auslagen in Rechnung.

(1) **Gebühren:** Bei Betreuungen wird seit 1.8.2013 für jedes angefangene Kalenderjahr vom Betroffenen eine Gebühr in Höhe von 10 EUR für jede angefangenen 5000 EUR Vermögen erhoben, KV 11101 GNotKG (früher: 5 EUR je 5000 EUR Vermögen, § 92 Abs. 1 KostO), mindestens jährlich 200 EUR. Die Höhe des Einkommens spielt keine Rolle. Wesentlich ist das Nettovermögen; von den Aktiva sind somit die Passiva abzuziehen. Bei Grundstücken ist dabei der Verkehrswert anzusetzen (§ 19 KostO bzw. § 46 I GNotKG). Bei nicht vermögensbezogener Betreuung (zB *nur* Gesundheitsbetreuung): einmalig maximal 200 EUR; § 92 Abs. 1 Satz 4 KostO; ab 1.8.2013: 300 EUR, höchstens eine Jahresgebühr, GNotKG KV 11102).

(2) **Freibetrag:** Kosten (also Gebühren und gerichtliche Auslagen) werden nur erhoben, wenn das Vermögen des Betroffenen nach Abzug der Verbindlichkeiten mehr als 25.000 EUR beträgt; der in § 90 Abs. 2 Nr. 8 SGB XII genannte Vermögenswert wird nicht mitgerechnet (§ 92 Abs. 1 Satz 1 KostO bzw. Vorbemerkung 1.1 vor KV 11199 GNotKG); dabei handelt es sich um ein „angemessenes Hausgrundstück", das vom Betroffenen und/oder bestimmten Angehörigen bewohnt wird.

BEISPIEL: Der verheiratete Betroffene ist Rentner; er bewohnt ein ihm gehörendes Einfamilienhaus mit 140 qm Wohnfläche, hat eine Rente von 600 EUR monatlich und ein Sparguthaben von 24.000 EUR. Die Ehefrau hat ebenfalls ein Haus und eine Monatsrente von 500 EUR. Das Haus des Betroffenen fällt unter § 90 Abs. 2 Nr. 8 SGB XII und wird beim Vermögen nicht angerechnet, die Rente spielt ebenfalls keine Rolle, ebenso wenig Einkommen und Vermögen der Ehefrau. Gerichtliche Kosten werden daher nicht erhoben. Seinen Anwalt muss der Betroffene natürlich bezahlen, falls er einen beauftragte. Würde das Sparguthaben 26.000 EUR betragen, bestünde keine Kostenfreiheit. Es sind aber dann nicht Kosten aus 26.000 EUR, sondern nur aus 1000 EUR (also 10 EUR) zu entrichten, mindestens aber 200 EUR im Jahr.

(3) Bruchteile eines Jahres: Für das Jahr bei Einleitung der Maßnahme und das folgende Kalenderjahr wird nur *eine* Jahresgebühr erhoben (§ 92 Abs. 1 Satz 5 KostO bzw. KV 11101 Anm. 2 GNotKG). Wird die Betreuung zB durch Beschluss vom 1.10.2012 angeordnet, wird also für die Zeit vom 1.10.2012 bis 31.12.2013 nur *eine* Jahresgebühr gerechnet (nicht 1,25 oder 2 Jahresgebühren also). Stirbt der Betroffene am 1.2.2013, wird das Jahr 2013 voll gerechnet.

(4) Fälligkeit: Die Gebühr wird erstmals bei Anordnung der Betreuung (also mit dem Erlass des Beschlusses) und später jeweils zu Beginn des Kalenderjahres fällig.

(5) Vorläufige Betreuung: Geht eine vorläufige Betreuung in eine endgültige über oder wird eine Betreuung von einem anderen Gericht übernommen, bildet das Verfahren eine Einheit (§ 92 Abs. 4 KostO bzw. § 5 GNotKG; Vorbemerkung 1.1. KV GNotKG). Wird zB am 1.10. ein vorläufiger Betreuer bestellt, am 1.12. ein endgültiger Betreuer, liegen gebührenrechtlich nicht zwei Verfahren vor, die Jahresgebühr fällt nur einmal an.

(6) Auslagen: Auslagen des Gerichts sind insbesondere das Honorar des Sachverständigen und die Reisekosten des Richters anlässlich der persönlichen Anhörung des Betroffenen. Sie werden bei Anordnung der Betreuung dem Betroffenen in Rechnung gestellt, soweit er „vermögend" ist (§ 92 Abs. 1 KostO bzw. KV 31005, 31006 GNotKG). Ferner gehören die von der Staatskasse an den Verfahrenspfleger gezahlten Beträge dazu (§§ 93a Abs. 2, 137 Nr. 16 KostO bzw. KV 31015 GNotKG), welche aber vom mittellosen Betreuten nicht zurückgefordert werden (§ 1836c BGB).

(bb) Bei Ablehnung der Betreuung: Wird keine Betreuung angeordnet, fallen keine gerichtlichen Gebühren an. Die Auslagen des Gerichts für das Sachverständigenhonorar, die Schreibauslagen, die Reisekosten der Richter usw. werden in diesem Fall vom Betroffenen nicht erhoben, § 96 KostO; im GNotKG fehlt eine Vorschrift. Von einem am Verfahren nicht beteiligten Dritten, der die Einleitung des Verfahrens grob schuldhaft verursacht hat, können diese Auslagen erhoben werden (§§ 81 Abs. 2 Nr. 1, 307 FamFG); das folgt daraus, dass § 96 KostO lediglich sagt, dass diese Auslagen „vom Betroffenen" in keinem Fall erhoben werden.

BEISPIEL: Jemand beantragt beim Betreuungsgericht die Bestellung eines Betreuers für seinen Nachbarn, um diesen zu ärgern. Das Gericht erholt ein Gutachten (Kosten: 500 EUR) und lehnt dann die Betreuung ab. Die Auslagen des Gerichts für den Sachverständigen können dem Antragsteller auferlegt werden (§ 81 Abs. 2 Nr. 1 FamFG).

c) Ersatz der Zahlungen, welche die Staatskasse an den Betreuer leistete

(aa) Regress: Es gibt Fälle, in denen die Staatskasse das Honorar an den Betreuer vorleistet und sich dann das ausgelegte Geld nach Möglichkeit vom Betreuten zurückholt (§ 1836e BGB). Der Anspruch des Betreuers gegen den Betreuten geht in einem solchen Fall auf die Staatskasse über. **Der Rückgriff ist aber nur im Rahmen der durch § 1836 c BGB bestimmten Leistungspflicht zulässig** (wer zB nur 800 EUR Rente hat und 300 EUR Miete zahlen muss, wird als mittellos behandelt; ein Rückgriff ist unzulässig; vgl. S. 63).

(bb) Zweck: Sinn hat die Regelung zB in folgenden Fällen:

- einem Vermögenden wird ein Verfahrenspfleger bestellt. Die Staatskasse zahlt zunächst der Verfahrenspfleger, bei Vermögen nimmt sie den Betreuten in Regress;
- für einen Mittellosen wird die Betreuervergütung aus der Staatskasse bezahlt; dann erwirbt er Vermögen (zB durch Erbschaft) oder es stellt sich heraus, dass er zu Unrecht für mittellos gehalten wurde (zB verschwiegenes Sparbuch; Vermögensaufstellung des Betreuers);
- der Betreute kann die Vergütung aus seinem Einkommen ganz oder teilweise bezahlen, aber nur in Raten (§ 1836d Nr. 1 BGB). Beispiel: Jahresvergütung 2000 EUR; der Betreute kann hiervon 1800 EUR in zwölf Raten zu 150 EUR abstottern;
- der Betreute kann einen Teil der Vergütung aus seinem Vermögen bezahlen (zB Vermögen 4600 EUR; Vergütung 3000 EUR; Schonvermögen 2600 EUR; 2000 EUR sind aus dem Vermögen zu zahlen);

- der Betreute hat Unterhaltsansprüche, welche nicht freiwillig erfüllt werden, gegen vermögende Verwandte, Ehepartner (§ 1836d Nr. 2 BGB). Vgl. unten d.

(cc) Verjährung: Der Ersatzanspruch gegen den Betreuten verjährt in drei Jahren (§ 195 BGB; seit 1.1.2010), früher „erlosch“ er in 10 Jahren (§ 1836e Abs. 1 Satz 2 BGB aF). Die Verjährungsfrist beginnt mit dem Schluss des Jahres, in dem der Anspruch entstand und die Staatskasse Kenntnis von den Rückforderungsgründen erlangte oder erlangen musste (§ 199 BGB). Sie beginnt mit Vollstreckungshandlungen neu (§ 212 BGB).

(dd) Verfahren beim Rückgriff: Das Betreuungsgericht ermittelt die wirtschaftlichen Verhältnisse des Betreuten von Amts wegen. Wenn der zeitliche und kostenmäßige Aufwand hierfür in keinem vernünftigen Verhältnis zum wirtschaftlichen Ertrag für die Staatskasse steht, kann das Gericht die weiteren Ermittlungen abbrechen und von einer Festsetzung der vom Betreuten an die Staatskasse zu leistenden (Rück-)Zahlungen absehen (§ 168 Abs. 2 Satz 3 FamFG). Beispiel: Es müsste noch auf umständliche Weise die Miete ermittelt werden; dann könnte sich eine Rückzahlung um 10 EUR ergeben. Ergibt sich eine Teilleistungsfähigkeit des Betreuten, wird der aus dem Vermögen oder aus dem laufenden Einkommen zu erstattende Betrag durch Beschluss des Betreuungsgerichts (Rechtspfleger) festgesetzt (zB „ . . . monatlich 100 EUR jeweils am 10. des Monats, erstmals am 10.12.2013“); ein Endzeitpunkt ist im Beschluss nicht anzugeben; er wird von der Justizkasse errechnet. Der Betreute hat seine (Rück-)Zahlungen an die Landeskasse zu leisten (§ 168 Abs. 2 Satz 2 FamFG iVm § 120 Abs. 2 ZPO). Gegen den Beschluss ist die befristete Erinnerung bzw. die befristete **Beschwerde** möglich (§§ 58 ff. FamFG); Frist: 1 Monat. Das Betreuungsgericht bestimmt die vorläufige Einstellung der (Rück-)Zahlungen, wenn der Betreute bereits alles zurückbezahlt hat (§ 168 Abs. 2 Satz 2 FamFG iVm § 120 Abs. 3 Nr. 1 ZPO).

Das Betreuungsgericht kann seinen Beschluss (zB die Ratenhöhe) jederzeit ändern, wenn sich die maßgeblichen persönlichen und wirtschaftlichen **Verhältnisse wesentlich verändert** haben (§ 168 Abs. 2 Satz 2 FamFG iVm § 120 Abs. 4 S. 1 Halbs. 1 ZPO).

BEISPIEL: Verdient der Betreute monatlich 100 EUR mehr, dann werden höhere monatliche Rückzahlungen festgesetzt.

Die jährliche geringfügige Änderung der Sozialhilfesätze und Renten *allein* gilt nicht als wesentliche Änderung (§ 168 Abs. 2 Satz 2 FamFG iVm § 120 Abs. 4 S. 1 Halbs. 2 ZPO). Damit Änderungen möglich sind, muss das Betreuungsgericht die Rückzahler laufend im Auge behalten und kann in angemessenen Zeitabständen von ihnen (bzw. ihren Vermögensbetreuern) verlangen, dass sie sich dazu äußern, ob eine Änderung der Verhältnisse eingetreten ist (§ 168 Abs. 2 Satz 2 FamFG iVm § 120 Abs. 4 Satz 2 ZPO). Der Änderungsbeschluss unterliegt der befristeten Erinnerung bzw. befristeten Beschwerde. Der Beschluss wird nach der JustizbeitreibungsO (§ 1 Abs. 1 Nr. 4b) gegen den Betreuten vollstreckt.

d) Ersatz der Zahlungen durch Unterhaltspflichtige

Rückgriff gegen Unterhaltspflichtige: Der arme Betreute hat uU Unterhaltsansprüche gegen wohlhabende Verwandte, zB: die Kleinrentnerin hat einen Sohn, welcher Bankdirektor ist, sich aber um seine Mutter nicht kümmert. Diese Unterhaltsansprüche gelten als Einkommen (§ 1836c Nr. 1 Satz 3 BGB) und machen den Betreuten uU „vermögend". Wenn sie nicht freiwillig erfüllt werden, tritt die Staatskasse in Vorlage (§ 1836d Nr. 2), zahlt also den Betreuer. Der Betreuer mit dem Aufgabenkreis **Vermögenssorge** wird dann (evtl. auf Weisung des Betreuungsgerichts; § 1837 BGB) diese Unterhaltsansprüche einklagen und den Ertrag ganz oder teilweise an die Staatskasse abführen müssen; oder die Staatskasse klagt. Diese Unterhaltsrenten sind pfändbar (§ 1836c Nr. 1 Satz 2 BGB iVm § 850b Abs. 1 Nr. 2 ZPO).

e) Kostenerstattung

- Wird die Betreuung angeordnet, muss der Betroffene seinen Rechtsanwalt selbst bezahlen, ferner die gerichtlichen Gebühren und Auslagen (soweit nicht die Freibetragsregelung eingreift).
- Wird die Betreuung abgelehnt, muss der Betroffene gleichwohl seinen Anwalt zunächst selbst bezahlen. Nach § 307 FamFG

kann aber das Gericht alle Auslagen des Betroffenen, die zur zweckentsprechenden Rechtsverfolgung notwendig waren, ganz oder teilweise der Staatskasse auferlegen. Solche Auslagen sind zB die Anwaltskosten des Betroffenen, seine Fahrtkosten zum Gutachter und zur richterlichen Anhörung, sein Verdienstausfall während dieser Zeit. Nicht notwendig sind zB die Kosten eines zweiten Rechtsanwalts.

f) Kostenbeschwerde

Gegen die richterliche Auslagenentscheidung nach § 307 FamFG kann der Betroffene, die Staatskasse oder der Dritte befristete Beschwerde einlegen, wenn der Beschwerdewert mehr als 600 EUR beträgt (§§ 58 ff., 61 Abs. 1 FamFG). Die Frist für die Einlegung der Beschwerde beträgt einen Monat ab Bekanntgabe des Beschlusses (§ 63 Abs. 3 FamFG). Einzulegen ist die Beschwerde beim Betreuungsgericht. Über die Beschwerde entscheidet eine Zivilkammer des übergeordneten Landgerichts (§§ 72, 119 GVG).

BEISPIEL: Das Betreuungsgericht lehnt die Bestellung eines Betreuers ab; zugleich lehnt es ab, die Auslagen des Betroffenen der Staatskasse aufzuerlegen. Die Auslagen bestanden aus 40 EUR Fahrtkosten und 500 EUR Anwaltskosten. Eine Beschwerde hiergegen ist nicht zulässig, weil der Beschwerdewert von 600,01 EUR nicht erreicht ist.

11. Bekanntgabe der Entscheidung

(a) Die Entscheidung des Gerichts ist folgenden Personen bekanntzugeben:

- dem Betroffenen selbst; der Tenor (Beschlusssatz, zB die Bestellung des Betreuers) muss ihm immer bekanntgemacht werden, die Gründe nicht, wenn (was kaum vorstellbar ist) dadurch seine Gesundheit gefährdet würde (§ 288 Abs. 1 FamFG);
- dem Anwalt des Betroffenen, wenn er einen Anwalt beauftragt hatte;
- dem Verfahrenspfleger;

- dem Betreuer;
- der Betreuungsbehörde (§ 288 Abs. 2 FamFG).
- den weiteren Beteiligten (§ 274 FamFG).

(**b**) Anderen Gerichten, Behörden und sonstigen öffentlichen Stellen (aber nicht: Privatpersonen) ist die Entscheidung unter Umständen nach § 308 Abs. 1 FamFG mitzuteilen, insbesondere (bei Betreuung für **alle Angelegenheiten**) dem Wahlamt (§ 309 FamFG), bei Betreuung bezüglich des Aufenthaltsbestimmungsrechts dem Leiter der Einrichtung (zB Altenheim), in der der untergebrachte Betroffene lebt (§ 310 FamFG). Wie der Empfänger mit den mitgeteilten Daten verfahren darf, regeln §§ 19 ff. EGGVG. In ein **Bundeszentralregister** wird die Betreuung nicht eingetragen.

(**c**) Den Personen, die vom Gericht nicht beteiligt wurden, zB Angehörige (§ 274 Abs. 4 FamFG), ist dagegen die Entscheidung nicht bekanntzumachen; diese Personen können sich beim Betroffenen nach der Entscheidung erkundigen, unter Umständen haben sie ein Recht auf Akteneinsicht (§ 13 Abs. 2 FamFG).

(**d**) Auch im Übrigen dürfen Daten aus der Betreuungsakte nur unter Berücksichtigung schutzwürdiger Belange des Betroffenen weitergegeben werden (vgl. § 311 FamFG). Wer eine Betreuung anregte, erhält vom Gericht allenfalls dann eine Antwort, wenn das Gericht der Anregung nicht folgte (§ 24 Abs. 2 FamFG).

12. Wirksamwerden der Entscheidung

Die Entscheidung wird (bei Anordnung der Betreuung) wirksam mit der Bekanntgabe an den Betreuer, § 287 FamFG. Auf die Bekanntmachung an den Betroffenen kommt es für das Wirksamwerden nicht an.

BEISPIEL: Die Anordnung der Betreuung (Aufgabenkreis: Vermögensangelegenheiten) wird dem Betreuer am 10.6, dem Betroffenen am 14.6. bekanntgemacht. Dann ist der Betreuer ab dem 10.6. verfügungsberechtigt über das Bankkonto des Betroffenen (§ 1902 BGB), obwohl der Betroffene von der Entscheidung noch nichts weiß.

13. Weiteres Verfahren

(**a**) Der Betreuer wird sodann vom Rechtspfleger (§§ 3 Nr. 2 b, 15 RPflG) **mündlich verpflichtet** und über seine Aufgaben **unterrichtet** (§ 289 Abs. 1 Satz 1 FamFG). Bei Berufsbetreuern entfällt die Verpflichtung und Unterrichtung (§ 289 Abs. 1 Satz 2 FamFG). Da die Betreuung schon mit der Bekanntmachung an den Betreuer wirksam wird, ist es denkbar, dass der Laien-Betreuer tätig wird, ohne ausreichend unterrichtet zu sein.

(**b**) Der Betreuer erhält eine **Urkunde,** also eine Art Ausweis, § 290 FamFG. Sie enthält den Namen des Betroffenen, den Namen des Betreuers und den Aufgabenkreis. Den Überprüfungszeitpunkt des § 295 Abs. 2 FamFG enthält die Urkunde dagegen nicht, ausgenommen bei einstweiligen Anordnung.

(**c**) Der Rechtspfleger (§§ 3 Nr. 2 b, 15 RPflG) soll nach § 289 Abs. 2 FamFG mit dem Betreuer und dem Betroffenen „in geeigneten Fällen“ ein **Einführungsgespräch** führen. Es soll die Basis für eine vertrauensvolle Zusammenarbeit herstellen.

(**d**) Das Gericht kann die Vorlage eines **Betreuungsplans** vom Berufsbetreuer verlangen, § 1901 Abs. 4 Satz 2 BGB. Das kommt kaum vor.

X. Eilfälle

Die Bestellung eines Betreuers dauert Monate. In den meisten Fällen kann nicht solange gewartet werden; eine Entscheidung ist binnen Tagen oder Wochen erforderlich. Dafür (und für die Erweiterung des Aufgabenkreises sowie die Entlassung des Betreuers) stellt das Gesetz drei Möglichkeiten zur Verfügung:

1. Gewöhnliche einstweilige Anordnungen

Das Gericht kann durch eine einstweilige Anordnung (dh durch einen Beschluss) einen vorläufigen Betreuer bestellen, der (im Rahmen seines Aufgabenkreises) dieselben Befugnisse wie ein endgültiger Betreuer hat. Die Bestellung ist zulässig, wenn folgende Voraussetzungen vorliegen (§ 300 Abs. 1 FamFG):

- Dringende Gründe für die Annahme, dass die Voraussetzungen für die Bestellung eines Betreuers gegeben sind (also die erhebliche Wahrscheinlichkeit, dass der Betroffene seine Angelegenheiten nicht mehr besorgen kann, dass die medizinischen Voraussetzungen vorliegen und die Betreuung erforderlich ist).
- Mit dem Aufschub der Entscheidung muss Gefahr verbunden sein; ein „dringendes“ Bedürfnis für ein sofortiges Tätigwerden muss also bestehen.
- Ein **ärztliches Zeugnis** über den Zustand des Betroffenen (sowie die Betreuungsbedürftigkeit und den medizinischen Befund) muss vom Antragsteller vorgelegt oder vom Gericht erholt werden.
- Ein Verfahrenspfleger muss bestellt werden, wenn auch vor der endgültigen Entscheidung ein Verfahrenspfleger bestellt hätte werden müssen (§ 276 FamFG).
- Der Betroffene muss durch den Richter persönlich angehört werden; dies kann allerdings durch einen beauftragten Richter erfolgen (§ 300 Abs. 1 Satz 2 FamFG).

Der vorläufige Betreuer kann auf eine Dauer von **bis zu sechs Monaten** bestellt werden; in dieser Zeit werden die weiteren Ermittlungen durchgeführt, so dass der vorläufige Betreuer von einem endgültigen abgelöst werden kann. Ist das Hauptverfahren noch nicht so weit gediehen, kann nach Anhörung eines Sachverständigen die vorläufige Betreuung durch eine weitere einstweilige Anordnung bis zu einer Gesamtdauer von einem Jahr verlängert werden (§ 302 FamFG).

Die einstweilige Anordnung bringt gegenüber dem normalen Verfahren nur wenig Beschleunigungen: anstelle des medizinischen Gutachtens genügt ein ärztliches Zeugnis; die Beteiligung der Betreuungsbehörde und der Angehörigen entfällt. Insbesondere ist bei der Person des Betreuers der Vorrang der Wünsche des Betroffenen und der Verwandten zu beachten (§ 1897 Abs. 4, Abs. 5 BGB).

2. Eilige einstweilige Anordnungen

Das Gericht kann in besonders eiligen Fällen die einstweilige Anordnung auch erlassen, ohne dass der Betroffene vorher **persönlich angehört** wird und ohne dass ein Verfahrenspfleger bestellt sowie angehört wird (diese Verfahrenshandlungen sind aber unverzüglich nachzuholen), § 301 FamFG; auch kann der Betreuer ohne Rücksicht auf verwandtschaftliche Beziehungen ausgewählt werden.

BEISPIEL: Eine 90-jährige verwirrte Frau wird unterkühlt im Garten aufgefunden; sie hat dort übernachtet, weil sie den Rückweg vergessen hatte. Die Polizei bringt die Frau ins Krankenhaus; die Verwaltung verständigt das Betreuungsgericht und legt ein Attest des Arztes bei. Hier kann sofort durch einstweilige Anordnung ein Rechtsanwalt (oder eine andere Person) zum vorläufigen Betreuer mit dem Aufgabenkreis „Aufenthaltsbestimmung" bestellt werden; der Anwalt kann dann die Frau in ein (offenes) Altenheim bringen.

Hinweis:

Für beide Formen der einstweiligen Anordnung (§§ 300, 301 FamFG) gelten hilfsweise die allgemeinen Regeln über einstweilige Anordnungen (§§ 49 bis 57 FamFG). Das Verfahren ist also selbstständig (§ 51 Abs. 3 Satz 1 FamFG). Jeder Beteiligte (§ 274 FamFG) kann durch einen Antrag die Einleitung des Hauptsacheverfahrens (mit Begutachtung!) erzwingen (§ 52 Abs. 1 Satz 1 FamFG). Die einstweilige Anordnung ist nach §§ 58 ff., 303 FamFG mit Beschwerde anfechtbar, wobei die Frist aber nur zwei Wochen beträgt (§ 63 Abs. 2 Nr. 1 FamFG).

3. Vorläufige Maßregeln

In manchen Fällen ist es wegen der besonderen Eilbedürftigkeit nicht einmal möglich, einen vorläufigen Betreuer zu bestellen oder der Betreuer ist nicht erreichbar. Dann kann der Betreuungsrichter selbst eine Eilmaßnahme treffen (§§ 1908i, 1846, 1906 Abs. 3 S. 2 BGB; § 334 FamFG), also nicht nur eine Vertretungsperson bestellen oder das Handeln eines anderen genehmigen, sondern selbst handeln.

XI. Rechtsmittel und Rechtsmittelverfahren

Entscheidungen in Betreuungssachen müssen eine Rechtsmittelbelehrung enthalten (§ 39 FamFG). Fehlt sie und wird deshalb eine Frist versäumt kommt (auf Antrag) Wiedereinsetzung in Frage (§ 17 Abs. 2 FamFG).

1. Befristete Erinnerung

Gegen die Entscheidungen des **Rechtspflegers** ist die **befristete Erinnerung** gegeben, wenn über Vergütung und Aufwendungsersatz entschieden wurde und die Beschwer bis 600,00 EUR beträgt (§§ 58 ff., 61, 63 FamFG; § 11 Abs. 2 RPflG). Die Frist ergibt sich aus der Rechtsbehelfsbelehrung. Der Rechtspfleger kann der Erinnerung abhelfen; hilft er nicht ab, legt er die Sache dem Betreuungsrichter vor; dieser trifft die Entscheidung endgültig oder lässt die Beschwerde zu.

2. Befristete Beschwerde

Gegen die Entscheidungen des **Betreuungsrichters,** zB gegen die Bestellung eines Betreuers oder die Ablehnung der Bestellung, gegen die **Auswahl** einer bestimmten Person (hM, BGH NJW 1996, 1825; OLG Karlsruhe FamRZ 1995, 431), ist die befristete Beschwerde gegeben (§§ 58 ff., 303 FamFG). Diese Beschwerde kann nur beim Amtsgericht eingelegt werden (§ 64 Abs. 1 FamFG), nicht beim Landgericht. Die Einlegung erfolgt durch einen Schriftsatz oder durch eine Erklärung zu Protokoll der Geschäftsstelle des Gerichts. Ein Rechtsanwalt muss nicht eingeschaltet werden (§ 10 Abs. 1 FamFG). Der Schriftsatz enthält den Absender, Aktenzeichen, Datum und Gegenstand der angefochtenen Entscheidung, das Wort „Beschwerde", eine Begründung und die Unterschrift des Beschwerdeführers.

Frist: ein Monat (§ 63 Abs. 1 FamFG); gegen eine einstweilige Anordnung und Beschlüsse betreffend die Genehmigung von Rechtsgeschäften beträgt die Frist nur zwei Wochen (§ 63 Abs. 2 FamFG), jeweils als Bekanntgabe des Beschlusses.

Zuständig zur Entscheidung über die Beschwerde ist eine Zivilkammer des dem Amtsgericht übergeordneten Landgerichts, eventuell ein Einzelrichter des Landgerichts (§§ 68 Abs. 4 FamFG, 562 ZPO).

Die Beschwerde ist nur zulässig, wenn ein Recht des Beschwerdeführers verletzt ist (§§ 58, 59 FamFG). Der Betroffene ist stets beschwerdeberechtigt, weil er durch die Betreuungsentscheidungen in seinen Freiheitsrechten beeinträchtigt ist. Bei anderen Personen mag dies zweifelhaft sein; so ist der Geschäftsgegner bei Versagung einer betreuungsgerichtlichen Genehmigung nicht in geschützten Rechten verletzt und daher nicht **beschwerdeberechtigt;** auch der Betreuer ist oft nicht in „seinen" Rechten verletzt, ebenso wenig entferntere Verwandte.

a) Der Betroffene

Wenn er durch einen Beschluss in seinen Rechten beeinträchtigt ist, ist er stets beschwerdeberechtigt (§ 59 Abs. 1 FamFG).

b) Betreuungsbehörde

Sie erlangt Kenntnis von bestimmten Entscheidungen durch Mitteilungen des Gerichts (§ 288 Abs. 2 FamFG). Die Behörde hat eine Beschwerdeberechtigung gegen Entscheidungen über die Bestellung eines Betreuers oder die Anordnung eines Einwilligungsvorbehalts, Umfang, Inhalt oder Bestand einer in Nr. 1 genannten Maßnahme (§ 303 Abs. 1 FamFG). Dieses Beschwerderecht hat sie auch dann, wenn sie sich im Verfahren erster Instanz nicht beteiligte. Kein Beschwerderecht hat sie zB, wenn es um Betreuervergütung oder Genehmigungen geht.

c) Angehörige

Den Angehörigen (nämlich Ehegatten oder gleichgeschlechtlicher registrierter Lebenspartner, Eltern, Großeltern, Pflegeeltern, Abkömmlinge und Geschwistern des Betroffenen) haben eine Beschwerdeberechtigung, selbst wenn sie nicht in eigenen Rechten betroffen sind, aber nur sehr beschränkt, § 303 Abs. 2 FamFG:

- nur gegen bestimmte Entscheidungen (Umfang, Inhalt oder Bestand der Bestellung eines Betreuers oder der Anordnung eines Einwilligungsvorbehaltes);
- nur gegen eine von Amts wegen ergangene Entscheidung, also nicht gegen eine vom Betroffenen beantragte Betreuungsanordnung;
- nur, wenn die Beschwerde *im Interesse des Betroffenen* eingelegt wird;
- nur, wenn der Beschwerdeführer vom Gericht *bereits in erster Instanz „beteiligt"* wurde.

d) Vertrauensperson

Eine Vertrauensperson des Betroffenen hat dieselben Beschwerderechte wie der Betroffene (§ 303 Abs. 2 Nr. 2 FamFG).

BEISPIEL: Die Schwiegertochter will gegen die von Amts wegen erfolgte Anordnung der Betreuung Beschwerde einlegen. Sie gehört nicht zum privilegierten Familienkreis (§ 303 Abs. 2 Nr. 1 FamFG), könnte aber von ihrer Schwiegermutter zur Vertrauensperson bestellt werden, dann wäre sie beschwerdeberechtigt. Voraussetzung wäre aber, dass sie von der Schwiegermutter schon in erster Instanz zur Vertrauensperson berufen wurde und sie dann vom Gericht auch „beteiligt" wurde.

e) Verfahrenspfleger

Dem Verfahrenspfleger wird eine eigene Beschwerdeberechtigung eingeräumt (§ 303 Abs. 3 FamFG), ohne Einschränkungen, aber nur im Interesse des Betroffenen. Wird seine Beschwerde zurückgewiesen, dürfen ihm allerdings keine Kosten auferlegt werden (§ 276 Abs. 7 FamFG).

f) Betreuer

Der Betreuer kann gegen eine Entscheidung, die seinen Aufgabenkreis betrifft, solange die Betreuung besteht, auch im Namen des Betreuten Beschwerde einlegen (§ 303 Abs. 4 Satz 1 FamFG). Gegen einen die Betreuung aufhebenden Beschluss kann sich der Betreuer nicht beschweren, weil er kein *eigenes* Recht auf Fortbestand der Betreuung hat (BayObLG FamRZ 1994, 1189). Wird eine betreuungsgerichtliche Genehmigung versagt, ist zwar der Betreuer selbst wohl nicht beschwerdeberechtigt, aber der Betroffene ist es und damit auch der Betreuer im Namen des Betroffenen. Es genügt, dass der Betreuer erklärt, er lege die Beschwerde im Namen des Betroffenen (und nicht im eigenen Namen) ein.

g) Vorsorgebevollmächtigter

Der Vorsorgebevollmächtigte wird dem Betreuer bezüglich der Beschwerdeberechtigung gleichgestellt (§ 303 Abs. 4 FamFG); das ist neu. Wird ein Betreuer bestellt, obwohl der Betroffene eine Vorsorgevollmacht erteilt hatte, kann der Bevollmächtigte daher gegen die Bestellung im eigenen oder im Namen des Betroffenen sofortige Beschwerde einlegen.

h) Staatskasse

Sie ist beschwerdeberechtigt, soweit ihre Interessen durch den Beschluss betroffen sind (§ 304 Abs. 1 Satz 1 FamFG); das ist der Fall bei Vergütungs- und Auslagenentscheidungen, wenn die Staatskasse zu zahlen hat. Ausgeübt wird das Recht zB durch den Bezirksrevisor des Gerichts. Hat die Staatskasse geltend gemacht, der Betreuer habe eine Abrechnung falsch erteilt oder der Betreute könne anstatt durch einen Berufsbetreuer durch einen billigeren ehrenamtlichen Betreuer betreut werden, steht ihm gegen einen die Entlassung des Betreuers ablehnenden Beschluss die Beschwerde zu (§ 304 Abs. 1 Satz 2 FamFG).

3. Sofortige Beschwerde

In einigen Fällen, zB wenn die Zuziehung als Beteiligter durch Beschluss abgelehnt wird, schreibt das Gesetz, dass dagegen die *soforti-*

ge Beschwerde in entsprechender Anwendung der §§ 567 bis 572 ZPO statthaft sei (zB § 7 Abs. 5 Satz 2 FamFG). Das ändert nichts am Instanzenzug und bedeutet im Wesentlichen nur, dass die Beschwerdefrist lediglich zwei Wochen beträgt (§ 569 ZPO), statt einem Monat, und dass die Beschwerde beim Amtsgericht oder Landgericht eingelegt werden kann.

4. Verfahren des Beschwerdegerichts

Für das Beschwerdeverfahren gelten grundsätzlich die Vorschriften für das erstinstanzliche Verfahren (§ 68 Abs. 3 Satz 1 FamFG).

a) Nochmalige Anhörung des Betroffenen

Der Betroffene muss nicht immer nochmals angehört werden, zB nicht, wenn es in zweiter Instanz nur um Rechtsfragen geht; wenn die Beschwerde unzulässig ist; wenn die Beschwerde offensichtlich begründet ist (ohne dass es auf eine nochmalige Anhörung ankäme).

Dagegen ist die nochmalige Anhörung erforderlich, wenn das LG die Betreuung oder den Einwilligungsvorbehalt erstmals anordnen will; wenn die Entscheidung sonst zum Nachteil des Betroffenen geändert werden soll (zB Erweiterung des Aufgabenkreises); wenn neue Tatsachen vorgetragen sind (§ 65 Abs. 3 FamFG); wenn das Protokoll des AG den persönlichen Eindruck vom Betroffenen nicht ausreichend vermittelt, so dass das LG kein eigenes Bild gewinnen kann; wenn die Anhörung durch das AG schon längere Zeit zurückliegt. In diesen Fällen muss der Betroffene von allen drei Richtern der Beschwerdekammer des Landgerichts oder von einem Einzelrichter der Beschwerdekammer (§ 68 Abs. 4 FamFG) angehört werden.

b) Wiederholung der Begutachtung

Das LG kann sich auf das Gutachten stützen, das vom AG eingeholt wurde (§ 68 Abs. 3 Satz 2 FamFG). Eine neue Begutachtung (durch denselben oder einen anderen Sachverständigen) ist aber erforderlich, wenn seit der ersten Untersuchung längere Zeit verstrichen ist; wenn das Erstgutachten inhaltlich unzureichend ist; wenn mit der Beschwerde gegen das Gutachten substantiierte Bedenken vorgebracht werden.

c) Zeugen, Beteiligte

Zeugen, die vom AG vernommen wurden, müssen vom LG nicht nochmals vernommen werden, außer, die Aussage ist unzureichend protokolliert, es kommt auf den persönlichen Eindruck des Zeugen an, die Richtigkeit der Aussage ist zweifelhaft, neue Tatsachen sind aufzuklären.

Wer in erster Instanz beteiligt wurde ist auch am Beschwerdeverfahren zu beteiligen, zB Angehörige, Betreuungsbehörde.

d) Verfahrenspfleger

Die Aufgabe des Verfahrenspflegers endet nicht mit der Instanz (§ 276 Abs. 5 FamFG), er ist also am Beschwerdeverfahren zu beteiligen.

5. Rechtsbeschwerde zum BGH

Gegen den Beschwerdebeschluss des Landgerichts kann nicht mehr weitere Beschwerde zum Oberlandesgericht einzulegen werden. In Frage kommt eine Rechtsbeschwerde zum Bundesgerichtshof (§§ 70 ff. FamFG; § 133 GVG). Hierbei ist zu unterscheiden:

a) Zulassungsfreie Rechtsbeschwerde

In Betreuungssachen zur Bestellung eines Betreuers, zur Aufhebung einer Betreuung, zur Anordnung oder Aufhebung eines Einwilligungsvorbehaltes sowie in Unterbringungssachen (nur soweit die Maßnahme angeordnet bzw. genehmigt wird) ist die Rechtsbeschwerde auch ohne Zulassung durch das Landgericht statthaft (§ 70 Abs. 3 FamFG).

b) Zulassungspflichtige Rechtsbeschwerde

In den übrigen Fällen ist die Rechtsbeschwerde eines Beteiligten nur statthaft, wenn sie vom Landgericht im Beschluss **zugelassen** wurde

(§ 70 Abs. 1 FamFG), was nur zulässig ist, wenn die Rechtssache grundsätzliche Bedeutung hat oder die Fortbildung des Rechts oder die Sicherung einer einheitlichen Rechtsprechung eine Entscheidung des BGH erfordert. Erfolgt keine Zulassung oder wird die Zulassung abgelehnt gibt es dagegen kein Rechtsmittel (BGH BeckRS 2012, 23855).

c) Einstweilige Anordnungen

Gegen einstweilige Anordnungen ist eine Rechtsbeschwerde nicht statthaft (§ 70 Abs. 4 FamFG) und kann auch nicht zugelassen werden.

d) Frist und Form der Rechtsbeschwerde

Die Rechtsbeschwerde ist binnen einer Frist von einem Monat nach der schriftlichen Bekanntgabe des Beschlusses durch Einreichen einer Beschwerdeschrift beim BGH einzulegen (§ 71 Abs. 1 Satz 1 FamFG). Die Rechtsbeschwerde kann nur ein beim BGH zugelassener Anwalt einlegen und begründen (§ 10 Abs. 4 FamFG); der örtliche Anwalt kann also nichts machen. Beim BGH sind nur ca. 40 Rechtsanwälte zugelassen; ihre Namen findet man im Internet unter „Rechtsanwälte Bundesgerichtshof". **Gebühren:** Anwaltsgebühren vor dem BGH: RVG VV 3206, 3208 (2,3 Gebühren, bei einem Gegenstandswert von 5000 EUR somit ca. 850 EUR). Gerichtsgebühren: § 131 Abs. 2 und 3 KostO bzw. KV 11300 GNotKG.

Verfahrenskostenhilfe kann man beim BGH auch ohne Rechtsanwalt beantragen; das Formular über die wirtschaftlichen Verhältnisse muss beigefügt werden, die Monatsfrist muss eingehalten werden.

BEISPIELE:
- Dem B wurde ein Betreuer bestellt; seine Beschwerde dagegen war erfolglos. Gegen den Beschluss des Landgerichts kann er durch einen BGH-Anwalt Rechtsbeschwerde einlegen.
- Die Veräußerung des Grundstücks des Betreuten wurde vom Betreuungsgericht genehmigt; dagegen legt der Verfahrenspfleger erfolglos Beschwerde ein. Gegen den Beschluss des Landgerichts legt

er selbst Rechtsbeschwerde beim BGH ein. Unzulässig: denn die Rechtsbeschwerde wurde vom LG nicht zugelassen und (wenn sie zugelassen worden wäre) der Verfahrenspfleger hätte einen BGH-Anwalt einschalten müssen.

6. Kosten

a) Gerichtskosten

Die Beschwerde des Betreuten oder die von Dritten (zB dem Betreuer) in seinem Interesse eingelegte Beschwerde ist auch bei Erfolglosigkeit gebührenfrei, § 131 Abs. 5 KostO bzw. § 23 Nr. 1, § 8 GNotKG. Im Übrigen ist die erfolgreiche Beschwerde gebührenfrei, die erfolglose Beschwerde kostet eine 0,5 Gebühr nach der KostO bzw. eine 1,0 Gebühr nach GNotKG Tabelle A. Die Höhe der Gebühr richtet sich nach dem Geschäftswert (§ 30 KostO); in vielen Fällen wird als Geschäftswert 3000 EUR angenommen (§ 30 Abs. 2 KostO) bzw. seit 1.8.2013 von 5000 EUR (§ 36 Abs. 3 GNotKG). Die 1,0 Gebühr beträgt dann 146 EUR. Dazu können die Auslagen kommen.

b) Rechtsanwaltshonorar

Im Beschwerdeverfahren erhält der Anwalt seit 1.8.2013 je nach Ablauf des Verfahrens bis zu zwei Gebühren: 1,6 Gebühr „Verfahrensgebühr" (RVG VV Nr. 3200) sowie – falls eine mündliche Verhandlung vor dem Gericht durchgeführt wird – zusätzlich 1,2 Gebühr „Terminsgebühr" (RVG VV Nr. 3202). Bei einem Gegenstandswert von 5000 EUR betragen 1,6 Gebühren ca. 600 EUR.

2. Kapitel

Die einzelnen Aufgabenkreise des Betreuers

Die Rechte und Pflichten des Betreuers sind bei den einzelnen Aufgabenkreisen verschieden. Nachfolgend sollen wichtige Aufgabenkreise dargestellt werden.

Bei **allen** Aufgabenkreisen ist vom Betreuer folgendes zu veranlassen:

- Einsicht in die Gerichtsakte und Kopieren der wichtigen Aktenteile;
- Akten anlegen;
- Dokumentation aller Besuche beim Betreuten (Datum, Anlass, Fahrtkosten als Betriebsausgabe; Zeitaufwand, falls ausnahmsweise Stundenabrechnung zulässig);
- Buchhaltung: Kontoauszüge; Belege dazu; Zusammenstellung der Einnahmen und Ausgaben, der aufgewandten Stunden (falls ausnahmsweise Stundenabrechnung zulässig, wie für Sterilisations- oder Vertretungsbetreuer; vgl. S. 69);
- Sozialbericht erstellen, falls vom Gericht angefordert;
- Kontaktaufnahme mit Angehörigen, Altenheim;
- Dokumentation aller Telefonate (Datum, Teilnehmer, Gesprächsinhalt);
- Wiedervorlagefristen notieren (für Vergütung, Abrechnung, Bericht usw.).

Unter einem **Sozialbericht** versteht man eine geordnete Zusammenstellung der Lebensverhältnisse des Betreuten, also über:

Name, Geburtsdatum; Name und Anschrift von Ehegatten, Kindern; Vermieter, Miethöhe, Wohnverhältnisse; finanzielle Verhältnisse (monatliche Bezüge; Vermögen); Vorgeschichte und derzeitiger Gesundheitszustand, Name und Anschrift des behandelnden Arztes; Name und Anschrift des versorgenden Sozialdienstes; Heilbehandlungsbedürftigkeit; Übersicht über beantragte Sozialleistungen. Vgl. Storr BtPrax 1995, 24.

I. Vermögenssorge

Der Aufgabenkreis „Vermögenssorge" ist ein häufiger Aufgabenkreis. Die Arbeitsbelastung des Betreuers ist erheblich. Wenn der Aufgabenkreis „Prozessführung" oder „Rentenverwaltung, Rentenangelegenheiten" lautet oder sonstige Einschränkungen enthält, sind dem Betreuer nur Teilbereiche der Vermögenssorge übertragen.

1. Ermittlung des Vermögens

Der Betreuer mit dem Aufgabenkreis „Vermögenssorge" muss zu Beginn seiner Tätigkeit das Vermögen feststellen, das er verwalten soll. Soweit der Betreute verständigungsfähig ist, wird er von ihm die einzelnen Vermögenswerte erfahren. Im Übrigen können Steuererklärungen Aufschluss geben. Andernfalls hat der Betreuer das (eventuelle) Vermögen ausfindig zu machen. Beim Betroffenen aufgefundene Kontoauszüge, Sparbücher, Steuerunterlagen, Korrespondenzen geben erste Hinweise. Da fast jedes Vermögen irgendwelche Kosten auslöst, kann die Durchsicht der Kontoauszüge der letzten ein bis zwei Jahre bereits weitgehende Klarheit bringen. Die Einsicht in die Gerichtsakten und die Befragung von Verwandten kann weitere Anhaltspunkte bringen.

Ferner können folgende Anfragen durchgeführt werden:

- Bei den örtlichen Kreditinstituten nach Girokonten, Sparkonten, Festgeldkonten, Schließfächern des Betreuten; zu fragen ist ferner nach dem Kontostand am Stichtag, bestehenden Daueraufträgen und Kontovollmachten, nach Abhebung und Kontoauflösung kurz vor dem Stichtag; um Zusendung der künftigen Kontoauszüge ist zu ersuchen.

- Bei der nächstgelegenen Postbank nach einem Postgirokonto bzw. Postsparbuch des Betreuten.
- Bei der Rentenrechnungsstelle der Post (Postrentendienstzentrum Augsburg usw.) nach einem Rentenbezug (die Anfrage erfasst nicht Betriebsrenten und Pensionen).
- Beim zuständigen Sozialamt, ob Leistungen nach dem SGB XII gewährt werden.
- Beim Grundbuchamt, wenn mit Grundstücken, Eigentumswohnungen usw. zu rechnen ist.

Bei den Anfragen sind jeweils die Personalien des Betreuten genau anzugeben (Name, Vorname, Geburtsdatum, Wohnsitz); eine Kopie der Ernennungsurkunde ist beizufügen.

2. Sicherung des Vermögens

a) Kontovollmachten

Sind die Konten bekannt, ist den Kreditinstituten mitzuteilen, dass Kontovollmachten widerrufen werden; damit wird verhindert, dass Dritte weiterhin über das Konto verfügen. Die Widerruflichkeit ergibt sich aus §§ 167, 168 BGB. Der Widerruf kann durch einen bloß einseitigen Verzicht des Vollmachtgebers (dh des Betreuten) nicht ausgeschlossen werden (Palandt/Ellenberger § 168 Rz. 6).

b) Rückforderungsansprüche

Werden Kontoabhebungen oder sonstige Verfügungen Dritter kurz vor dem Stichtag mitgeteilt, ist nachzuforschen, weil möglicherweise Rückforderungsansprüche bestehen. Falls dies der Fall ist, sind diese Ansprüche in der späteren Vermögensaufstellung als „Forderungen" einzutragen. In Eilfällen kann zur Sicherung der Ansprüche ein dinglicher Arrest nach § 916 ZPO beim Prozessgericht beantragt werden.

BEISPIEL: Die Betreuung wurde mit Beschluss vom 1.10. angeordnet. Die Nachfrage ergibt, dass am 15.9. ein Verwandter mit Hilfe einer Kontovollmacht noch 5000 EUR vom Konto abgehoben hat. Es kann sein, dass die Vollmacht wegen Geschäftsunfähigkeit der Betreuten, der die Vollmacht erteilte, unwirksam ist; falls es sich um eine wirksame Vollmacht handelte, fragt sich, ob der Verwandte einen Anspruch gegen den Betreuten auf Zahlung von 5000 EUR hatte.

c) Freistellungsauftrag

Zinseinnahmen bis 801 EUR (2007) jährlich können ohne Abzug von Zinsabschlagssteuer (25 %) und Solidaritätszuschlag vom Betreuten vereinnahmt werden, wenn er bei seiner Bank einen sog. Freistellungsauftrag eingereicht hat (§§ 43–45d EStG). Ältere Leute haben dies manchmal vergessen. Der Betreuer muss deshalb sofort bei der Bank des Betreuten nachfragen, ob ein Freistellungsauftrag vorliegt und ihn gegebenenfalls einreichen. Wurden bereits Steuern einbehalten, muss der Betreuer sie mittels Einkommensteuererklärung zurückfordern. Der Freistellungsauftrag erübrigt sich, wenn eine **Nichtveranlagungsbescheinigung** des Finanzamts vorgelegt wird (§§ 44a Abs. 2, 44b Abs. 1 EStG).

d) Sperrvermerk

Weiterhin sind die Kreditinstitute zu ersuchen, die Konten und Depots mit dem Sperrvermerk nach §§ 1908i Abs. 1, 1809 BGB zu versehen und dies dem Betreuer zu bestätigen; für die Konten, deren Guthaben der Betreuer zur Bestreitung von Ausgaben bereit zu halten hat (§ 1806 BGB), ist der Antrag nicht zu stellen. Der Sperrvermerk besagt, dass zur Abhebung des Geldes durch den Betreuer die Genehmigung des Betreuungsgerichts oder des Gegenbetreuers erforderlich ist. Der Betreuer kann dann über das angelegte Geld nicht mehr frei verfügen. Der Vermerk beweist dem Gericht das Bestehen einer obligatorischen Abrede zwischen Betreuer und Kreditinstitut (Soergel/Damrau § 1809 Rz. 1). Der Betreute selbst könnte gesperrtes Geld abheben, außer er ist geschäftsunfähig oder es besteht insoweit ein Einwilligungsvorbehalt (Bobenhausen, BtPrax 1994, 159); freilich wird ihm die Bank in der Regel in Unkenntnis der Rechtslage nichts auszahlen. Bei Vermögen bis etwa 6000 EUR kann der Betreuer beim Betreuungsgericht die Befreiung von der Verpflichtung nach § 1806 BGB beantragen (§ 1817 BGB); vgl. S. 169. Über **Girokonten des Betreuten** kann der Betreuer seit 1.9.2009 ohne Genehmigung bzw. Entsperrung verfügen (§ 1813 Abs. 1 Nr. 3 BGB).

e) Verwaltungsunterlagen

Der Betreuer muss sich ferner die für die Führung der Betreuung erforderlichen Unterlagen (zumindest in Kopie) beschaffen. In Betracht kommen zB: Mietverträge, Sparbücher, Kontoauszüge, Depotauszüge, Rentenbescheide, Rentenanpassungsbescheide, Versicherungsscheine, Steuerbescheide. Wenn sie vom Betreuten nicht freiwillig herausgegeben werden, können meist Zweitschriften vom Vertragspartner etc. angefordert werden; § 810 BGB.

f) Einzahlung von Bargeld

Manchmal findet der Betreuer in der Wohnung des Betreuten größere Geldbeträge. Zahlt er sie bei der Bank auf das Konto des Betreuten ein, verlangt die Bank bei Beträgen ab 15.000 EUR den Ausweis des Betreuten (§ 3 GeldwäscheG 2008). Ist kein gültiger Ausweis mehr vorhanden, muss nicht unbedingt einer neu beschafft werden (Probleme beim Foto usw.). Es genügt, wenn der Betreuer erklärt, nicht für eigene Rechnung zu handeln, seinen Betreuerausweis und eine Meldebestätigung der Gemeinde über den Betreuten vorlegt und Angaben über die Identität des Betreuten (dh des Geldbesitzers) macht (Bienwald BtPrax 1995, 21).

g) Verfügungen des Betreuten

Der geschäftsfähige Betreute ist weiterhin verfügungsberechtigt; er kann also über seine Guthaben verfügen. Damit kann bei knappen finanziellen Verhältnissen die Vermögensverwaltung durch den Betreuer empfindlich gestört werden. In der Praxis pflegen allerdings die Banken an Betreute meist nicht auszuzahlen, weil sie sie (sobald ihnen die Betreuung bekannt ist) rechtsirrig als geschäftsunfähig erachten. Bei erheblicher Gefahr für das Vermögen des Betreuten kann der Betreuer beim Betreuungsgericht die Anordnung eines Einwilligungsvorbehalts anregen (§ 1903 BGB; vgl. S. 257).

Geschäftsunfähige Betreute können ohnehin selbst nicht wirksam verfügen (§ 104 BGB). Ausnahme: § 105a BGB (S. 33).

3. Einreichung des Vermögensverzeichnisses

Der Betreuer mit dem Aufgabenkreis „Vermögenssorge“ hat nach § 1908i Abs. 1 iVm § 1802 Abs. 1 Satz 1 BGB zu Beginn seiner Tätigkeit ein Vermögensverzeichnis zu erstellen. Er hat zu versichern, dass das Verzeichnis richtig und vollständig ist und es beim Betreuungsgericht einzureichen. Das sich ergebende Nettovermögen ist für das Gericht Ausgangsbasis für die Gerichtsgebührenberechnung und für die Bemessung der Vergütung des Betreuers nach § 1836 Abs. 1, 2 BGB; § 5 VBVG.

a) Inhalt des Verzeichnisses

Aufzuzeichnen ist das gesamte Vermögen des Betreuten, auch wenn es nicht vom Betreuer zu verwalten ist, wie zB Erbschaften, wenn sie der Verwaltung eines Testamentsvollstreckers unterliegen. Belege muss der Betreuer nicht vorlegen; nach §§ 1908i Abs. 1, 1837 Abs. 1 BGB kann aber das Betreuungsgericht vom Betreuer Unterlagen verlangen oder selbst beschaffen (zB vom Grundbuchamt, von Banken).

Das Verzeichnis ist in Aktiva und Passiva gegliedert; die Gerichte verwenden einen Vordruck hierfür. Die einzelnen Vermögensgegenstände sind vom Betreuer zu bewerten; maßgebend ist der Verkehrswert, das heißt der bei einer Veräußerung erzielbare Betrag.

(aa) Grundbesitz: Erforderlich sind die Angabe der Lage, Grundbuchbezeichnung (mit Grundbuchauszug), Grundstücksgröße, Einheitswert (mit Bescheid des Finanzamts); bei Gebäuden ferner: Baujahr und Brandversicherungswert (mit Brandversicherungsurkunde).

Bei Grundstücken kommt es auf den Verkehrswert an (nicht auf den steuerlichen Einheitswert); in der Praxis wird er oft nach der Formel: Brandversicherungswert × für das laufende Jahr geltendem Multiplikator + Bodenwert – Abschlag für Alter, Zustand ermittelt.

BEISPIEL: Haus mit Brandversicherungswert (1914) 41.280 EUR, 30 Jahre alt, mit 700 qm Grundstück, welches nach Mitteilung der Gemeinde 100 EUR je qm wert ist. 41.280 × 13,5 (derzeitiger Multiplikator; er steht auf der Beitragsrechnung) = 557.280, abzüglich 30 % Alterung = 390.096 EUR, zuzüglich Grundstück 77.000 EUR, ergibt einen grob geschätzten Verkehrswert von ca. 467.000 EUR.

(bb) Erwerbsgeschäfte: Anzugeben sind die Art des Geschäfts und die Handelsregisternummer. Die Bilanz ist vorzulegen. Für die Bewertung kommt es ua auf das Eigenkapital, die nachhaltige Ertragskraft, den Firmenwert und die Differenz zwischen dem Buchwert und dem Verkehrswert der Grundstücke an.

(cc) Bargeld, Guthaben bei Banken: Zweckmäßig ist hier die Vorlage einer Bestätigung der Bank über den Kontenstand am Stichtag, ferner über die Art des Kontos (Sparkonto, Girokonto, Festgeldkonto), die Verzinsung und die Kündigungsmöglichkeiten. Auch Bank-Sparbriefe gehören zu den Guthaben; die Sparbriefnummern sind anzugeben.

Verkehrswert ist der Stand des Guthabens. Der bis zum Stichtag aufgelaufene Zins (zB ist bei einem 4 %-igen Sparbrief über 10.000 EUR am 1.7. bereits ein Zinsanspruch von 200 EUR entstanden) wäre an sich als Forderung zu verbuchen; doch wird dies vernachlässigt, weil der volle Zins später sowieso als Einnahme auftaucht.

(dd) Wertpapiere: Die Vorlage eines Depotauszugs mit Wertberechnung zum Stichtag, der heute von jeder Bank computermäßig erstellt wird, genügt. Da Wertpapiere fast immer bei der Bank in Girosammelverwahrung verwahrt sind, stehen dem Kunden keine bestimmten Papiere zu, daher entfällt die Angabe von Wertpapiernummern (nicht zu verwechseln mit der Wertpapierkennnummer, die im Depotauszug ausgedruckt ist).

(ee) Forderungen: Hierzu gehören auch durch Grundschulden oder Hypotheken gesicherte Forderungen; für die Bewertung kommt es nicht auf den im Grundbuch eingetragenen gesicherten Betrag an, sondern auf den tatsächlichen Forderungsstand (sog. Valutierung).

Bei Darlehen ist der Darlehensvertrag vorzulegen. Bei Rechten auf wiederkehrende oder dauernde Nutzungen (zB Nießbrauchsrechte, Benutzungsrechte wie Wohnungsrechte, Leibgedingsrechte) kommt es für die Bewertung auf den durchschnittlichen Netto-Jahreswert an; dieser Wert beläuft sich zB bei einem Nießbrauchsrecht auf den Jahresnettoertrag, bei Wohnungsrechten auf den Mietwert bei vergleichbaren Wohnungen, bei Verpflegungsrechten auf den Mittelwert von Kosten, Sachbezügen, Diensten am Verbrauchsort. Dieser Jahreswert wird mit einer vom Lebensalter des Berechtigten, mit dessen Tod das Recht erlischt, abhängigen Zahl multipliziert (§ 24 KostO). Bei einem Lebensalter des Berechtigten von 65–75 Jahren beträgt der Multiplikator 7,5; bei 76–80 Jahren: 5; bei über 80 Jahren: 3. Seit 1.8.2013 gilt § 52 GNotKG.

(ff) Lebensversicherungen: Anzugeben ist die Versicherungssumme, Versicherungsgesellschaft und -nummer, versicherte Person, Fälligkeit; die Vorlage des Versicherungsvertrags genügt. Für die Bewertung kommt es nicht auf die Versicherungssumme an, sondern auf den Rückkaufwert; er wird von der Versicherungsgesellschaft auf Anfrage mitgeteilt.

(gg) Haushalts- und Einrichtungsgegenstände: Der Veräußerungswert ist meist gering. Deshalb ist im Regelfall eine detaillierte Aufzählung in Form eines Inventarverzeichnisses entbehrlich; es genügt die Angabe: „Diverse" und eine pauschale Bewertung des ganzen Bestandes mit zB 1000 EUR.

(hh) Antiquitäten, Kunstgegenstände, Sammlungen: Bei Briefmarken-, Münz- und ähnlichen Sammlungen sind inventarmäßige Erfassungen wegen der hohen Stückzahl nicht möglich. Deshalb wird auch hier meist eine pauschale Bezeichnung genügen. Bei der Bewertung ist zu beachten, dass der Veräußerungswert oft viel geringer als der Anschaffungswert ist und die Schätzung durch Sachverständige meist im Verhältnis zum Wert zu teuer ist. Die Bewertungen in den Sammler-Katalogen sind meist Phantasiezahlen. Die Anfrage bei einem Händler, wieviel er im Ankauf dafür zahlen würde, bringt einen realistischen Wert. Bei hochwertigen Gegenständen muss der Betreuer überlegen, ob eine Diebstahlsversicherung abgeschlossen werden soll oder eine Verwahrung in einem Banktresor ratsam ist.

Im Übrigen ist eine Bewertung von Sachwerten (Teppichen, Schmuck) allenfalls wegen der Gerichtsgebühren notwendig, im Allgemeinen nicht, wenn sie bei Beendigung der Betreuung noch vorhanden sind (OLG Düsseldorf FamRZ 1996, 374 (375)).

(ii) Beteiligungen an Erbengemeinschaften: Ist der Betreute bei Anordnung der Betreuung bereits Mitglied einer Erbengemeinschaft, ist der Wert seines Erbanteils nach obigen Grundsätzen zu ermitteln und in das Verzeichnis aufzunehmen. Wird der Betreute während der Betreuung Erbe, ist nach § 1802 Abs. 1 BGB ein Zwischenverzeichnis über den Wert des Anfalls am Todestag des Erblassers zu erstellen.

(jj) Beteiligung an BGB-Gesellschaften, Gemeinschaften, Handelsgesellschaften: In einfacheren Fällen, wenn zB der Betreute zusammen mit 2 Geschwistern Miteigentümer eines Hauses ist, genügt es, wenn beim Grundbesitz der $^{1}/^{3}$-Hausanteil und bei den Guthaben $^{1}/_{3}$ des Guthabens auf dem gemeinschaftlichen Hausverwaltungskonto aufgeführt werden.

(kk) Verbindlichkeiten: Dazu zählen Schulden bei Banken, Finanzämtern, Privatpersonen usw. Anzugeben sind der Gläubiger, der Schuldenstand am Stichtag, Zinssatz, Laufzeit, Fälligkeit, Zins- und Tilgungsraten. Zu den Schulden im weiteren Sinn gehören auch Haftungsverpflichtungen, Bürgschaften.

(ll) Einkommensverhältnisse: Sie gehören nicht zum Vermögensverzeichnis. Wegen § 1839 BGB kann aber das Betreuungsgericht einen Bericht über die Einkommenssituation (zB bezogene Renten, Sozialleistungen, Mieteinnahmen) verlangen; desgleichen, wenn ein Vergütungsantrag gestellt wird (§ 168 Abs. 2 FamFG).

b) Kosten

Die Aufnahme des Verzeichnisses erfolgt durch den Betreuer, der dafür nicht besonders honoriert wird; nach § 1802 Abs. 2 BGB kann er sich dabei der Hilfe Dritter bedienen. Auch die Bewertung erfolgt durch den Betreuer. In seltenen Zweifelsfällen kann er zur Schätzung einen Sachverständigen hinzuziehen; hier sollte aber (wegen der Kosten) vorerst das Betreuungsgericht um Rat gefragt werden.

Die Kosten der Erstellung des Verzeichnisses (zB durch Beiziehung eines Sachverständigen, § 1802 Abs. 2 BGB) hat der Betreute zu tragen (Soergel/Damrau § 1802 Rz. 5).

c) Stichtag

Stichtag für das Vermögensverzeichnis ist nach § 1802 BGB der Zeitpunkt der Anordnung der Betreuung. Da die Anordnung erst mit der Bekanntmachung an den Betreuer wirksam wird (§ 287 Abs. 1 FamFG), kommt es auf den Tag des Zugangs des Beschlusses beim Betreuer an. Nach anderen Auffassungen soll es auf das Datum des Gerichtsbeschlusses ankommen oder auf das Datum der Verpflichtung des Betreuers (§ 289 FamFG) oder der Aushändigung der Urkunde (vgl. Drews Rpfleger 1980, 178; Spanl Rpfleger 1990, 278); praktische Probleme ergeben sich in der Praxis nicht, weil das Gericht (jedenfalls auf Nachfrage) den für richtig erachteten Stichtag angibt.

d) Unterlassen der Vermögensaufzeichnung

Reicht der Betreuer binnen angemessener Frist kein Verzeichnis ein, wird ihm vom Gericht nochmals eine Frist gesetzt und ein Zwangsgeld angedroht (§§ 1908i Abs. 1, 1837 BGB; § 35 FamFG); kommt das Verzeichnis immer noch nicht, erfolgt die Festsetzung des Zwangsgeldes (zwischen 5 EUR und 25.000 EUR, Art. 6 EGStGB) und die Androhung der Entlassung; ferner kann das Gericht die Aufnahme des Verzeichnisses zB durch einen Notar anordnen (§ 1802 Abs. 3 BGB).

4. Verwaltung des Vermögens

Das Vermögen des Betreuten ist getrennt vom Vermögen des Betreuers zu halten. Die Konten, Wertpapierdepots und Schließfächer lauten deshalb weiterhin auf den Namen des Betreuten, der Betreuer ist lediglich verfügungsberechtigt. Es ist nicht zulässig, das Geld auf einem Konto zu halten, das auf den Namen des Betreuers lautet und bei dem die Bank das Treuhandverhältnis für den Betreuten lediglich auf der Kontokarte vermerkt, also einem sog. Anderkonto (KG NJW 1967, 88; streitig), weil für ein solches Konto kein Bedürfnis besteht und die Gefahr des Zugriffs von Betreuer-Gläubigern besteht.

a) Einrichtung eines Girokontos

Auf einem Girokonto darf Geld wegen der Unverzinslichkeit des Girokontos nur zur Bestreitung von Ausgaben bereitgehalten werden, § 1806 BGB; das trifft bei Beträgen zu, die etwa die Ausgaben für ein bis zwei Monate decken.

Ein bestehendes Girokonto wird vom Betreuer fortgeführt (eventuell als **Pfändungsschutzkonto**, § 850k ZPO 2010); es wird lediglich die Verfügungsbefugnis des Betreuers auf den Kontounterlagen der Bank vermerkt. Über das Guthaben kann der Betreuer nur mit Genehmigung des Betreuungsgerichts verfügen (§ 1812 Abs. 1 Satz 1, Abs. 3 BGB; Ausnahmen § 1813 BGB); der Betreuer kann beim Gericht beantragen, dass er allgemein zur Verfügung ermächtigt wird (§ 1817 BGB). Weist das Girokonto ein hohes Guthaben auf, wird der Betreuer beim Gericht die Genehmigung beantragen, dass ein bestimmter (hoher) Betrag auf ein mit Sperrvermerk versehenes Sparkonto usw. übertragen wird und er über den Rest frei verfügen kann.

Hatte der Betreute kein Konto, richtete der Betreuer ein Girokonto auf den Namen des Betreuten ein; darauf wird zB vorgefundenes Bargeld des Betreuten einbezahlt. Über ein **Kontokorrent- oder Girokonto** kann der Betreuer ohne Genehmigung des Betreuungsgerichts verfügen, § 1813 Abs. 1 Nr. 3 BGB.

b) Kontrolle der laufenden Einnahmen

Der Betreuer muss prüfen, ob der Betreute Ansprüche hat, die er bisher nicht geltend machte. Bezüglich der Rente kann zunächst bei der Bundesversicherungsanstalt für Angestellte in Berlin bzw. (bei Arbeitern) bei der jeweiligen Landesversicherungsanstalt eine Kontenklärung beantragt werden; es kann dann überprüft werden, ob

Zeiten der Ausbildung, Arbeitslosigkeit, Schwangerschaft, Kindererziehung usw. richtig berücksichtigt sind. Ferner ist zu überlegen, ob der Betreute unter Umständen Ansprüche auf Sozialhilfe, Wohngeld, Blindengeld, Berufs- oder Erwerbsunfähigkeitsrenten, Unfallrenten, Betriebsrenten, Pflegegeld, Beihilfe, Leistungen der Krankenkasse, Unterhalt hat. In allen Fällen sind die Ansprüche sofort geltend zu machen, da oft (zB bei Pflegegeldern) der Anspruch erst ab (formloser) Geltendmachung entsteht.

Die Geltendmachung von Unterhaltsansprüchen steht einem Betreuer mit dem Aufgabenkreis „Vermögenssorge" nicht zu (vgl. BGH NJW 1955, 217; aA KG NJW 1953, 318); der Betreuer muss daher beim Betreuungsgericht die Erweiterung des Aufgabenkreises zB auf „Geltendmachung von Unterhaltsansprüchen gegen den Sohn X" anregen (§ 1901 Abs. 4 Satz 2 BGB).

Zur Entgegennahme der Zahlungen und eventueller Nachzahlungen braucht der Betreuer die Genehmigung des Betreuungsgerichts, wenn es sich um mehr als 3000 EUR handelt (§§ 1908i Abs. 1, 1813 Abs. 1 Nr. 2, 1812 Abs. 2 BGB). Nach Meinung des Bundessozialgerichts (MDR 1982, 698) sind Renten wie Nutzungen nach § 1813 Abs. 1 Nr. 4 BGB anzusehen, weshalb die Entgegennahme keiner Genehmigung bedürfe.

c) Kontrolle der laufenden Ausgaben

Der Betreuer muss die Zahlung von Miete, Strom, Wasser, Telefon, Versicherungen, Steuern, Heim-, Pflege- und Verpflegungskosten veranlassen. Hält sich der Betreute noch im eigenen Haushalt auf, ist ihm das Wirtschaftsgeld zur Verfügung zu stellen, in anderen Fällen jedenfalls ein Taschengeld. Wenn sich die Betreuten das Geld nicht einteilen können, muss unter Umständen das Wirtschaftsgeld in kleinen Beträgen in Abständen weniger Tage oder an Dritte (zB an Pflegepersonen) gezahlt werden. Ausgaben können zB bei Schwerbehinderten verringert werden, weil diese uU Anspruch auf Ermäßigung der Kosten für das Telefon, auf Gebührenfreiheit für Radio/Fernsehen, auf kostenlose oder verbilligte Benutzung öffentlicher Verkehrsmittel haben.

Die Höhe des vom Betreuer aus dem Einkommen des Betreuten zu zahlenden Wirtschafts- oder Taschengeldes ist häufig zwischen Betreuer und Betreutem streitig. Hier wurde früher oft das Schwergewicht auf die Vermögensmehrung gelegt, was übrigens zur Folge hat, dass die Gebühren des Gerichts und die Vergütung des Betreuers mit dem Vermögen steigen.

BEISPIEL: Der Betreute, ein ehemaliger höherer Beamter, hat eine Monatspension von 3500 EUR. Er hat früher sein Einkommen vollständig verkonsumiert. Der Betreuer meint, es genüge, die Pflegekosten (monatlich 2000 EUR) und ein Taschengeld (monatlich 50 EUR) zu zahlen. Der Betreute verlangt mehr Taschengeld.

Nach § 1901 BGB hat der Betreuer die Angelegenheiten des Betreuten so zu besorgen, wie es dessen Wohl entspricht. Grundsätzlich ist der frühere Lebenszuschnitt aufrechtzuerhalten (BayObLG NJW 1991, 432).

d) Verzinsliche Anlage des Überschusses

Hier ist zwischen dem vorgefundenen und dem im Laufe der Betreuung hinzuerworbenen Vermögen zu unterscheiden.

Zurzeit der Anordnung der Betreuung bereits vorhandene Anlagen muss der Betreuer nicht notwendig in Anlagen nach § 1807 BGB umwandeln: der Betreuer muss aber prüfen, ob das Interesse des Betreuten eine Umschichtung erforderlich macht (Soergel/Damrau § 1807 Rz. 2).

BEISPIEL: Der in einem Altenheim wohnende Betreute hat in seinem Wertpapierdepot amerikanische Aktien; ferner besitzt er eine Eigentumswohnung und eine wertvolle Briefmarkensammlung. Der Betreuer müsste bezüglich der US-Papiere die Rendite, das Dollar-Kursrisiko, die Kurschancen prüfen. Da niemand die Zukunft voraussagen kann, ist jede Prognose unsicher; daher wird er im Regelfall die US-Anlage unangetastet lassen. Ebenso scheiden ein Verkauf der Sammlung und der Wohnung und die Anlage des Erlöses in Pfandbriefen aus.

Der Betreuer darf das bar vorhandene oder im Laufe der Zeit als Überschuss der Einnahmen über die Ausgaben sich ansammelndes

Geld des Betreuten nur gemäß §§ 1807 ff. BGB anlegen. Die dort aufgeführten Geldanlagemöglichkeiten sind teils nur noch von historischem Interesse; zB war es früher üblich, Geld privat zu verleihen und durch Hypotheken abzusichern; heute besteht ein solcher Markt nicht mehr. Schließlich lässt die gesetzliche Regelung das Inflationsrisiko außer Betracht.

Als **Geldanlagen** kommen gem. §§ 1807 ff. BGB insbesondere in Betracht:

- Anleihen des Bundes, der Länder;
- Bundesschatzbriefe, Bundesobligationen, Finanzierungsschätze, Bundesschatzanweisungen;
- Pfandbriefe und Kommunalobligationen;
- Bank- und Sparkassenbriefe; Bank- und Sparkassenobligationen und -Inhaberschuldverschreibungen;
- Festgeldkonten (dh Termingeldeinlagen).

Nach § 1807 Abs. 1 Nr. 5 BGB sind auch Anlagen bei anderen Kreditinstituten, die einer für die Anlage ausreichenden Sicherungseinrichtung (fehlt zB für Inhaberschuldverschreibungen) angehören, zulässig. Anlagen bei Sparkassen, Volksbanken und Raiffeisenbanken sowie bei den inländischen Großbanken (Deutsche Bank, Commerzbank, Hypo-Vereinsbank) und den Privatbanken, die dem Einlagensicherungsfonds angeschlossen sind, sind daher ohne Genehmigung zulässig. Vgl. Jünger FamRZ 1994, 147.

Anlagen auf Bank- und Sparkassen-Sparbüchern, Postsparbüchern wären ebenfalls zulässig, scheiden aber bei Beträgen ab etwa 3.000 EUR wegen der geringen Zinsen bei Anlage mit gesetzlicher Kündigungsfrist aus.

Weitere Anlagemöglichkeiten: Andere Anlagen als die in § 1807 BGB genannten sind nur zulässig, wenn sie das Betreuungsgericht gestattet (§§ 1811, 1817 BGB). Die Erlaubnis soll nur verweigert werden, wenn die beabsichtigte Art der Anlegung den Grundsätzen einer wirtschaftlichen Vermögensverwaltung zuwiderlaufen würde. Der Erhaltung des Vermögens ist dabei der Vorzug vor der Vermehrung zu geben (Soergel/Damrau § 1811 Rz. 1; sog. konservative Anlage).

Als solche Anlagen kommen in Betracht:

- Aktien; Geldmarktfonds;
- Investmentanteile (Aktien-, Renten-, Immobilienfonds);
- Bausparguthaben;
- Sachwerte wie Gold, Grundstücke, Kunstwerke (genehmigungspflichtig nach §§ 1812, 1821 ff. BGB).

Anlagen in inländischen Aktien und Aktien-Investmentfonds werden wegen der Gefahr von Kursschwankungen bei kleineren Vermögen selten genehmigungsfähig sein (LG Berlin JR 1961, 183 zu VW-Aktien). Der Verfall der deutschen Aktienkurse vom März 2000 (DAX ca. 8400) bis März 2003 (DAX ca. 2200) zeigt die Risiken. Erst recht nicht genehmigungsfähig sind ausländische Papiere, weil hier zum Kursrisiko das Währungsrisiko hinzukommt (aA LG Bielefeld NJW 1970, 203 für US-Investmentanteile). Ratschläge der Anlageberater der Banken nützen kaum, denn niemand kann die Zukunft vorhersagen; das Provisionsinteresse der Bank steht im Vordergrund. Bei den inländischen Renten-Investmentfonds verringern die Ausgabespesen von rund 3 % die Rendite bei einer kürzeren Anlage entscheidend. Bei den ausländischen Renten-Investmentfonds kumulieren sich Zins- und Währungsrisiko.

e) Betreuungsgerichtliche Genehmigungen

Für zahlreiche Rechtsgeschäfte im Rahmen der Vermögensverwaltung sind Genehmigungen des Betreuungsgerichts erforderlich. Werden sie nicht eingeholt, kann dies die fehlende Eignung des Betreuers (§ 1908b Abs. 1 BGB) zeigen und zu seiner Entlassung führen (BayObLG FamRZ 1994, 1282). Einzelheiten vgl. S. 33 ff.

5. Rechnungslegung

Der Betreuer hat dem Betreuungsgericht jederzeit über das Vermögen Auskunft zu erteilen (§§ 1908i, 1839 BGB). Ferner hat er jährlich Rechnung zu legen (§§ 1908i, 1840 BGB). Die Rechnungslegung umfasst die Vermögensaufstellung zu Beginn des Abrechnungszeitraums, die Aufstellung am Ende des Zeitraums und die geordnete

Zusammenstellung der Einnahmen und Ausgaben (mit Belegen). Die Gerichte verwenden hierfür Formulare. Die Rechnungsprüfung erfolgt durch den Rechtspfleger beim Betreuungsgericht (§§ 1908i, 1843 BGB). Bei Beendigung der Betreuung ist eine Schlussabrechnung erforderlich (§§ 1908i, 1890, 1892 BGB).

BEISPIEL: Abrechnung über die Verwaltung des Vermögens von Frau Emma Bauer für die Zeit vom 18.8.20... bis 26.6.20...

A. Vermögen zu Beginn des Abrechnungszeitraums	
(18.8.20. .)	EUR
Sparkasse München Konto Nr. 622 822 674:	6,04
Volksbank München Konto Nr. 123 456 6787:	770,11
Girokonto Sparkasse München Nr. 620 850 156:	52,65
Summe:	7.828,80
B. Summe der Einnahmen	6.100,00
C. Zwischensumme (A+B)	13.928,80
D. Summe der Ausgaben	2.410,44
E. Vermögen am Ende des Abrechnungszeitraums	
(26.6.20..)	11.518,36
F. Das Vermögen (E) setzt sich wie folgt zusammen:	
Sparkasse München Nr. 622 822:	6.746,23
Volksbank München Nr. 1234 456 67811:	450,66
Girobank Sparkasse München Nr. 620 850 156:	61,47
Summe	**11.518,36**

Erläuterungen zu B und D

Datum	Text	Beleg Nr.	Einnahmen	Ausgaben
1.9.	Rente	17	604,00	
10.9.	Möbelverkauf	18	1.240,00	
11.9.	Bankgebühren	18		30,00
15.9.	Bezirk Oberbayern	19		29,30
30.9.	Schuldzins	19		2,03
1.10.	Rente	19	604,00	
3.10.	VdK-Ortsverband	20		45,00
31.12.	Sparbuchzins usw.	44	0,19	
			6.100,00	2.410,44

Ist der Betreuer der Vater, die Mutter, der Ehegatte oder ein Abkömmling des Betreuten, ein Vereinsbetreuer, Behördenbetreuer, ein Verein oder die Behörde, besteht **Befreiung von der Rechnungslegungspflicht** (§§ 1908i Abs. 2 Satz 2, 1857a BGB). Nach Beendigung des Amtes hat allerdings auch der befreite Betreuer über die Verwaltung während der gesamten Amtszeit Rechnung zu legen (§§ 1908i, 1890 BGB), auch gegenüber dem Betreuten (OLG Düsseldorf FamRZ 1996, 374).

II. Personensorge, Aufenthaltsbestimmung

(**1**) Der Aufgabenkreis Personensorge umfasst die Vertretung in Bereichen, die nicht nur das Vermögen oder die Heilbehandlung betreffen, zB die Sorge für die Ernährung, Körperpflege, Gesundheitsfürsorge, Reinigung der Wohnung und der Kleidung, Kauf von Kleidung, Wahl des Aufenthaltsorts, Verwaltung der kleineren Geldangelegenheiten des Alltags. Die Grenzen dieses Aufgabenkreises sind im Einzelnen unklar. Der Betreuer muss die persönlichen Pflegeleistungen nicht selbst erbringen (S. 29).

BEISPIEL: Stellt zB der ambulante Dienst, der auf Wunsch der Verwandten die tägliche Grundpflege durchführt und das Essen auf Rädern bringt, fest, dass die Dienstleistung nicht bezahlt wird und der Betroffene die dringend notwendige Pflege von Körper, Kleidung und Wohnung verweigert, darf er nicht einfach mit Gewalt tätig werden. Die Bestellung eines Betreuers mit dem entsprechenden Aufgabenkreis ist anzuregen, der Betreuer kann dann einen (mündlichen) Pflegevertrag schließen, aufgrund dessen die Pflege zwangsweise durchgeführt werden kann.

Wenn der ambulante Dienst die Rente der versorgten Person verwalten will, also die eigenen Kosten entnehmen und die Einkäufe erledigen, dann genügt das Einverständnis der gepflegten Person, wenn sie geschäftsfähig ist. Andernfalls muss ein Betreuer bestellt werden.

(**2**) Die Aufenthaltsbestimmung ist ein Teil der Personensorge. Wird dem Betreuer der Aufgabenkreis „Aufenthaltsbestimmung“ übertragen, dann kann er jedenfalls bestimmen, dass sich zB der Betreute künftig rein tatsächlich im Altenheim anstatt in der Wohnung aufhalten soll. Im Übrigen ist zweifelhaft, ob die Vertretungsbefugnis des Betreuers auch folgendes umfasst:

- Kündigung des bisherigen Mietvertrags und Abschluss eines neuen Mietvertrags (jeweils unter Beachtung von § 1907 BGB); Auflösung der bisherigen Wohnung (zB durch Verkauf des Hausrats);
- Abschluss und Kündigung eines Vertrags mit dem Altenheim (Heimvertrag);
- Unterbringung des Betreuten zB in einer Heil- bzw. Pflegeanstalt (unter Beachtung von § 1906 BGB);
- Aufhebung oder Neubegründung eines Wohnsitzes im Rechtssinne, § 8 BGB (bejaht von BayObLG Rpfleger 1992, 435).

Nicht erfasst vom Aufenthaltsbestimmungsrecht sind:

- Verträge mit Ärzten, Pflegediensten;
- Einwilligung in Heilbehandlung.

Im Zweifelsfall wird der Betreuer eine klarstellende Entscheidung des Betreuungsgerichts oder eine Erweiterung seines Aufgabenkreises herbeiführen müssen, weil er sonst ohne Vertretungsmacht handelt.

Wird dem Betreuten gekündigt, hat der Betreuer dies unverzüglich dem Betreuungsgericht mitzuteilen (§ 1907 Abs. 2 Satz 1 BGB). Erstreckt sich ein Einwilligungsvorbehalt auf die Aufenthaltsbestimmung, hat das Betreuungsgericht dies der Meldebehörde mitzuteilen (§ 309 Abs. 2 FamFG).

III. Kündigung und Auflösung der Wohnung des Betreuten

Die Wohnung ist der räumliche Mittelpunkt der Lebensverhältnisse des Betreuten; sie stellt seine vertraute Umgebung dar. Verliert der Betreute seine Wohnung, verliert er einen Teil seines Bekanntenkreises, meist sein Mobiliar und die Möglichkeit, nach einer Unterbringung oder einem längeren Krankenhausaufenthalt wieder in seine frühere Umgebung zurückkehren zu können. Die Wohnung wird daher in § 1907 BGB besonders geschützt.

1. Wohnungsangelegenheiten

„Wohnungsangelegenheiten" sind ein Teil der Vermögenssorge. Wegen der besonderen Bedeutung der Wohnung für den Bekanntenkreis und das allgemeine Wohlbefinden (zB wegen der schönen Lage) könnte man Teile der Wohnungsangelegenheiten allerdings auch der Personensorge zuordnen. In Hinblick auf diese Unklarheit sollte man meines Erachtens davon ausgehen, dass ein Betreuer diesen Aufgabenkreis nur hat, wenn ihm ausdrücklich die Wohnungsangelegenheiten zugewiesen sind.

Von den „Wohnungsangelegenheiten" ist die „Wohnungsauflösung" zu unterscheiden; zu den Angelegenheiten gehören auch Verhandlungen wegen der Miethöhe, wegen der Durchführung von Renovierungen und Schönheitsreparaturen, die Kontrolle der Strom-, Gas-, Heizungs- und Wasserabrechnung usw. Die „Wohnungsauflösung" dagegen ist enger, sie erfasst nur einen Teilbereich der Wohnungsangelegenheiten. Im Einzelnen ist der Begriff unscharf. Denn die Auflösung besteht aus einem Bündel von Einzelgeschäften (Kündigung des Mietverhältnisses; Veräußerung der Einrichtung an verschiedene Erwerber; Beendigung des Bezugs von Gas, Wasser, Strom; Abmeldung des Radio- und Fernsehgeräts usw.); die genauen Grenzen sind unklar (gehört zB die Abrechnung mit dem Vermieter wegen unterlassener Schönheitsreparaturen noch dazu?).

Die Wohnung kündigen kann nur der Betreuer, der den Aufgabenkreis „Wohnungsangelegenheiten" oder „Wohnungsauflösung" hat. Lediglich die Wohnungskündigung ist nach § 1907 BGB genehmigungsbedürftig. Die Auflösung als solche und die übrigen Auflösungshandlungen sind nicht genehmigungspflichtig. Zur Durchführung dieser sonstigen Geschäfte (zB Veräußerung des Hausrats) ist der Betreuer nur berechtigt, wenn er einen ausreichenden Aufgabenkreis hat, zB Wohnungsangelegenheiten, Wohnungsauflösung oder Vermögenssorge. Der Aufgabenkreis „Wohnungskündigung“ dürfte für die sonstigen Geschäfte nicht genügen. Im Zweifel sollte der Betreuer beim Betreuungsgericht rückfragen.

2. Wenn der Betreute Eigentümer der Wohnung ist

Ist der Betreute Eigentümer eines Einfamilienhauses oder einer Eigentumswohnung und bewohnt er seine eigenen Räume, braucht der Betreuer mit dem Aufgabenkreis „Vermögenssorge“ die Genehmigung des Betreuungsgerichts, wenn er das Haus oder die Eigentumswohnung veräußern will (§§ 1908i Abs. 1, 1821 Abs. 1 Nr. 1 BGB). Zum Ausräumen der Wohnung und zur Veräußerung des Hausrats braucht der Betreuer mit dem Aufgabenkreis „Vermögenssorge“ an sich keine Genehmigung. Sieht man darin allerdings eine faktische Wohnungsaufgabe, wäre dies eine Wohnungsaufgabe „auf andere Weise“ im Sinne von § 1907 Abs. 2 Satz 2 BGB; der Betreuer hätte dann die Aufgabeabsicht vor Durchführung der Räumung dem Betreuungsgericht mitzuteilen.

Zuständig für die Bearbeitung der Mitteilung ist der Rechtspfleger (§§ 3 Nr. 2b, 15 RPflG). Der Rechtspfleger hat dann im Rahmen seines Aufsichtsrechts nach §§ 1908i Abs. 1, 1837 BGB tätig zu werden (vgl. oben S. 77). Der Rechtspfleger muss in diesem Zusammenhang den Betreuten nicht persönlich anhören (denn § 299 Satz 2 FamFG verweist nicht auf § 1907 Abs. 2 BGB). Will der Betreuer als gesetzlicher Vertreter des Betreuten die geräumte Wohnung anderweitig vermieten, braucht der Betreuer die Genehmigung des Betreuungsgerichts (§ 1907 Abs. 3 letzter Halbs. BGB); hierbei ist der Betreute vom Rechtspfleger persönlich anzuhören (§ 299 Satz 2 FamFG mit § 1907 Abs. 3 BGB).

3. Wenn der Betreute Mieter der Wohnung ist

a) Genehmigungsbedürftigkeit

Ist der Betreute Mieter einer Wohnung, braucht der Betreuer (auch wenn der Betreute die Räume nicht mehr bewohnt) zur Kündigung des Mietverhältnisses gegenüber dem Vermieter die Genehmigung des Betreuungsgerichts (§ 1907 Abs. 1 Satz 1 BGB). Das entfällt, wenn der Betreute noch geschäftsfähig ist und **selbst kündigt.**

Es handelt sich um eine sog. Außengenehmigung; fehlt die Genehmigung im Zeitpunkt der Kündigung durch den Betreuer, ist sie unwirksam (§§ 1908i, 1831 Satz 1 BGB). Eine nachträgliche Genehmigung macht die Kündigung nicht wirksam; die Kündigung kann aber wiederholt werden. Hatte der Betreuer dagegen die Genehmigung des Betreuungsgerichts, muss er diese Genehmigung in schriftlicher Form der Kündigung beifügen; denn andernfalls kann der Vermieter die Kündigung unverzüglich zurückweisen; sie ist dann unwirksam (§ 1831 Satz 2 BGB).

Der Betreuer, der ohne Genehmigung (und also unwirksam) kündigt, kann entlassen werden, wenn in der Pflichtwidrigkeit ein wichtiger Grund für die Entlassung zu sehen ist (§ 1908b Abs. 1 BGB).

Einen Antrag setzt die Genehmigung zwar nicht voraus; ohne „Antrag“ des Betreuers oder sonstiger Personen wird aber das Gericht nicht tätig werden. Zuständig ist der Rechtspfleger (§§ 3 Nr. 2b, 15 RPflG).

b) Genehmigungsvoraussetzungen

Die Kündigung wird vom Gericht genehmigt, wenn dies dem Wohl des Betreuten entspricht (§ 1901 Abs. 1 BGB); dabei sind auch die Wünsche des Betreuten zu berücksichtigen (§ 1901 Abs. 2 BGB).

(aa) Verfahren: Der Betreuer wird in seinem Genehmigungsantrag im Einzelnen darlegen müssen, aus welchen Gründen die Kündigung erforderlich ist. Der Rechtspfleger muss vor seiner Entscheidung den Betreuten persönlich anhören (§ 299 Satz 2 FamFG; OLG Köln FamRZ 2009, 814); dass die Anhörung in der Umgebung (Wohnung) des Betreuten stattfinden müsste, ist nicht vorgeschrieben und zur Sachaufklärung auch nicht erforderlich. Die Anhörung kann unterbleiben, wenn der Betreute offensichtlich nicht in der Lage ist, seinen Willen kundzutun (§ 34 Abs. 2 FamFG). Ob das der Fall ist, ersieht der Rechtspfleger aus dem Verfahren, das zur Anordnung der Betreuung führte; hat der Richter schon damals die Anhörung nach § 278 Abs. 4 FamFG unterlassen und ist noch nicht längere Zeit verstrichen, kann der Rechtspfleger von Verständigungsunfähigkeit ausgehen. Unterlässt der Rechtspfleger die persönliche Anhörung, hat er gleichwohl dem Betreuten schriftlich rechtliches Gehör zu gewähren. Neben der persönlichen Anhörung wird es meist erforderlich sein, von den behandelnden Ärzten Stellungnahmen zu erholen, ob der Betroffene ein Dauerpflegefall sein wird oder ob erwartet werden kann, dass sich der Gesundheitszustand soweit bessert, dass eine Rückkehr in die eigene Wohnung möglich ist. Oft hängt dies davon ab, wieweit Hauspflegedienste zur Verfügung stehen.

Die Genehmigung (Beschluss mit Rechtsmittelbelehrung, §§ 38, 39 FamFG) wird erst mit Rechtskraft wirksam (§ 40 Abs. 2 FamFG); Rechtskraft tritt mit Ablauf der Beschwerdefrist (2 Wochen, § 63 Abs. 2 Nr. 2 FamFG) oder mit Rechtsmittelverzicht *aller* Beteiligten ein. Der Beschluss ist auch dem Betreuten bekannt zu geben (§ 41 Abs. 3 FamFG); gegebenenfalls ist ein Verfahrenspfleger zu bestellen.

(bb) Materielle Voraussetzungen: Für die Entscheidung des Einzelfalls geben die Floskeln in § 1907 BGB wenig her. Einesteils entspricht es immer dem Wohl des Betreuten, wenn er noch eine Wohnung hat, in die er umziehen kann. Diese Überlegung entfällt aber, wenn der Betroffene wegen seines geistigen Zustandes oder wegen seiner Gebrechlichkeit sicher nicht mehr in seine Wohnung zurückkehren kann, sondern künftig auf den Aufenthalt in Pflegeheimen oder Krankenhäusern angewiesen ist. Darunter fallen zB verwirrte oder schwer gehbehinderte Personen. Ist eine Rückkehr aus dem Altenheim in die Wohnung denkbar, müssen finanzielle Gesichtspunkte, die Interessen des Vermieters und allgemeine soziale Überlegungen miteinbezogen werden. Hatte der alleinstehende Betreute eine teure große Wohnung gemietet, wird sie nicht auf Dauer zusätzlich zum Altenheim bezahlt werden können; anders ist es, wenn ausreichend Vermögen vorhanden ist. Ist die Wohnung monate- oder jahrelang unbenutzt, leidet sie, die Heizung kann einfrieren, der Vermieter kann seinerseits ein Kündigungsrecht wegen vertragswidrigem Gebrauch erlangen. Auch wird man die Interessen anderer Wohnungssuchender einbeziehen müssen. Letztlich kann wohl die Genehmigung der Kündigung nur in den Fällen, in denen der Betroffene lediglich einige Monate im Krankenhaus sein wird oder nur vorübergehend untergebracht ist, versagt werden; denn sonst könnte es sein, dass zB die Unterbringung an sich aufgehoben werden könnte, dies aber nicht geschieht, weil der Betreute sonst obdachlos wäre.

4. Einverständliche Auflösung des Mietverhältnisses

Der Betreute verliert seine Wohnung nicht nur, wenn er sie (vertreten durch den Betreuer) kündigt. Denn der Mietvertrag kann auch durch einen Auflösungsvertrag aufgelöst werden. Diese Fälle stellt § 1907 Abs. 1 Satz 2 BGB der Auflösung durch Kündigung gleich. Ein Auflösungsvertrag bedarf also ebenfalls der betreuungsgerichtlichen Genehmigung. Die Genehmigung kann nachträglich erteilt werden (§§ 1908i Abs. 1, 1829 Abs. 1 Satz 1 BGB); sie wird erst mit Rechtskraft wirksam (§ 40 Abs. 2 FamFG; S. 180. Die Genehmigung wird dem Vermieter gegenüber allerdings erst wirksam, wenn sie vom Betreuer dem Vermieter mitgeteilt wird (§ 1829 Abs. 1 Satz 2 BGB). Denn vor der Mitteilung soll der Betreuer nochmals prüfen können, ob es jetzt noch im Interesse des Betreuten liegt, den Vertrag wirksam werden zu lassen; der Betreuer muss also von der Genehmigung nicht Gebrauch machen.

Erfolgt die Auflösung des Mietverhältnisses durch einen gerichtlichen Vergleich (Prozessvergleich) über die Räumung im Rahmen einer Räumungsklage, dann entfällt die Genehmigungsbedürftigkeit des Vergleichs, wenn er einem gerichtlichen Vorschlag entspricht (§§ 1908i Abs. 1 iVm § 1822 Nr. 12 BGB).

5. Kündigung und Räumungsklage des Vermieters

a) Voraussetzungen einer wirksamen Kündigung

Kündigt der Vermieter einem geschäftsfähigen Mieter, wird die Kündigung wirksam, sobald sie ihm zugeht (§ 130 BGB); davon zu unterscheiden ist die Frage, ob ein gesetzlich anerkannter Kündigungsgrund besteht (dazu §§ 542 ff. BGB). Kündigt der Vermieter dagegen einem geschäftsunfähigen Mieter, ist sie erst wirksam, wenn sie dem gesetzlichen Vertreter, also dem Betreuer mit einem entsprechenden Aufgabenkreis, zugeht (§ 131 BGB). Ist noch kein solcher Betreuer vorhanden, kann der Vermieter die Anordnung einer entsprechenden Betreuung beim Betreuungsgericht anregen.

Ebenso verhält es sich, wenn der Vermieter gegen einen geschäftsunfähigen Mieter Räumungsklage erhebt oder erheben will. Der Geschäftsunfähige ist prozessunfähig (§ 52 ZPO). Hat er einen Betreuer mit dem Aufgabenkreis „Mietverhältnis“ oder „Aufenthaltsbestimmung“, ist er insoweit gesetzlich vertreten; die Räumungsklage kann dem Betreuer zugestellt werden. Fehlt ein Betreuer mit diesem Aufgabenkreis oder hat der Betroffene überhaupt keinen Betreuer, kann der Vermieter die Bestellung eines Betreuers veranlassen, indem er beim Betreuungsgericht einen entsprechenden Antrag stellt (§§ 1896 ff. BGB). In Eilfällen kann aber auch beim Amtsgericht (Zivilabteilung) der Antrag gestellt werden, einen Prozesspfleger nach § 57 ZPO zu bestellen.

b) Mitteilung an das Betreuungsgericht

Eine solche Kündigung durch den Vermieter oder die Zustellung einer Räumungsklage des Vermieters ist ein Umstand, aufgrund dessen die Beendigung des Mietverhältnisses in Betracht kommt. Der Betreuer hat die Kündigung daher dem Betreuungsgericht mitzuteilen, falls sein Aufgabenkreis das Mietverhältnis oder die Aufenthaltsbestimmung umfasst (§ 1907 Abs. 2 Satz 1 BGB).

Zur Bearbeitung der Meldung ist beim Betreuungsgericht der Rechtspfleger zuständig (§§ 3 Nr. 2b, 15 RPflG). Im Rahmen seines Aufsichtsrechts nach §§ 1908i Abs. 1, 1837 BGB kann der Rechtspfleger dann Anordnungen treffen. Allerdings ist zu beachten, dass der Betreuer in seinem Aufgabenkreis gesetzlicher Vertreter des Betroffenen ist und nicht der Rechtspfleger. Das Halten oder Aufgeben einer Wohnung ist letztlich eine Frage der Vermögensverwaltung, weil die Wohnung Miete kostet. Ob die Wohnung behalten wird, ist daher eine Zweckmäßigkeitsfrage. In solchen Fragen darf das Betreuungsgericht nicht seine Meinung an die Stelle der Meinung des Betreuers setzen, es darf ihn zwar beraten, aber keine bindenden Anweisungen treffen (Soergel/Damrau § 1837 Rz. 8–10). Nur wenn der Betreuer pflichtwidrig seinen Ermessensspielraum zum Nachteil des Betroffenen überschreitet, darf das Gericht einschreiten. Deshalb ist es bei Eingang einer solchen Kündigungsmeldung nicht Aufgabe des Betreuungsgerichts, die Berechtigung der Kündigung oder das Prozessrisiko im Räumungsverfahren einzuschätzen. Nach den Gesetzesmotiven soll das Gericht bei Missbräuchen durch den Betreuer einschreiten; solche Gefahren sollen bestehen, weil der Betreute dem Vermieter unbequem sein könnte und weil es für den Betreuer einfacher sein könnte, den Betreuten in ein Alten- oder Pflegeheim zu verbringen (BT-Drs. 11/4528, 151).

c) Einzelne Kündigungsgründe

Häufig kündigt der Vermieter, weil Mietrückstände bestehen. Hier ist zu beachten, dass nach §§ 543 Abs. 2 Satz 2, 569 Abs. 3 BGB die Kündigung wegen Mietrückstand unwirksam wird, wenn die Zahlung binnen einer bestimmten Frist nachgeholt wird oder eine öffentliche Stelle sich zur Zahlung verpflichtet. Hier ist das **Sozialamt** einzuschalten; zur Übernahme von Mietrückständen vgl. § 34 SGB XII.

Ein anderer wichtiger Kündigungsgrund sind Verhaltensauffälligkeiten des Mieters; sie können zur fristlosen Kündigung berechtigen, wenn es sich um schuldhafte nachhaltige Störungen des Hausfriedens handelt (§ 569 Abs. 2 BGB) oder wenn der Mieter die Wohnung durch Vernachlässigung der dem Mieter obliegenden Sorgfalt erheblich gefährdet (§ 543 Abs. 2 Satz 1 Nr. 2 BGB).

BEISPIELE: Mancher randaliert in der Wohnung oder räumt nachts wegen seiner Schlafstörungen die Möbel um, putzt die Treppe nicht mehr oder lässt die Wohnung so verkoten und verschmutzen, dass die Nachbarn sich wegen der Geruchsbelästigung beklagen. Der Vermieter kann fristlos kündigen, wenn der Mieter geisteskrank geworden ist und durch krankheitsbedingte Handlungen den Hausfrieden wiederholt und nachhaltig stört, den Vermieter oder andere Hausbewohner fortgesetzt an höchstpersönlichen Rechtsgütern verletzt, gefährdet (LG Köln MDR 1974, 232); bei Belästigung durch Gestank und sonstigen unzumutbaren Belästigungen (Palandt/Weidenkaff § 569 Rz. 14).

Bei geistigen Störungen kann der Hausarzt oder der sozialpsychiatrische Dienst des Gesundheitsamtes eingeschaltet werden, in den anderen Fällen Reinigungsdienste. Der Betreuer selbst kann rechtlich nur tätig werden, wenn er einen entsprechenden Aufgabenkreis hat.

Ältere Menschen, die seit Jahrzehnten in denselben Räumen wohnen, lassen die Wohnung häufig herunterkommen; sie lassen den Maler nicht mehr kommen, putzen die Fenster nicht mehr, teils aus finanziellen Gründen, teils aus Bequemlichkeit. Dringt der Vermieter nicht auf Renovierung, kann es sein, dass nach dem Tod des Mieters dessen Erben das Nachlassinsolvenzverfahren anmelden und der Vermieter dann leer ausgeht. Der Vermieter kann die Instandhaltungs- und Schönheitsreparaturen verlangen, wenn sie vertraglich vom Mieter übernommen sind (vgl. § 535 BGB). Ältere Verträge über Altbauwohnungen enthalten zum Teil diese Verpflichtung nicht. Wenn sie in einem Vertrag vordruckmäßig enthalten ist, kann diese Bestimmung wegen Verstoßes gegen § 307 Abs. 2 BGB unwirksam sein (Einzelheiten: Palandt/Weidenkaff § 535 Rz. 43).

6. Rechtsmittel

Der Betreute (oder sein Verfahrenspfleger) kann gegen die Genehmigung des Betreuungsgerichts binnen zwei Wochen Beschwerde einlegen (§ 63 Abs. 2 Nr. 2 FamFG). Wird die Genehmigung versagt, kann der Betreuer befristet Beschwerde einlegen. Wird die Genehmigung des Auflösungsvertrages versagt, ist der Vertragsgegner (Vermieter) nicht beschwerdeberechtigt (vgl. OLG München FamRZ 2009, 1861), weil er nicht in seinen Rechten verletzt ist; dagegen kann der Betreute oder der Betreuer Beschwerde einlegen.

IV. Ärztliche Behandlung des Betroffenen

1. Zulässigkeit ärztlicher Behandlung im Allgemeinen

Der ärztliche Eingriff ist rechtstechnisch eine Körperverletzung und daher nur gerechtfertigt, wenn eine (ausdrückliche oder mutmaßliche) Einwilligung des Patienten vorliegt (§ 630d Abs. 1 BGB), hilfsweise Notstand, Notwehr, staatliche Genehmigung. Die Einwilligung kann ausdrücklich oder stillschweigend erteilt werden. Die mutmaßliche Einwilligung kann genügen, zB wenn der Patient bewusstlos ist, Gefahr im Verzug ist und anzunehmen ist, dass ein verständiger Patient in dieser Situation mit dem Eingriff einverstanden ist (zB sofortige Behandlung von bewusstlosen Unfallopfern). Wer selbst noch *einwilligungsfähig* ist, entscheidet selbst, auch wenn ein **Betreuer** bestellt ist. Wer nicht mehr *einwilligungsfähig* ist, für den kann ein Betreuer als gesetzlicher Vertreter oder ein Bevollmächtigter als rechtsgeschäftlich bestellter Vertreter einwilligen (§ 630d Abs. 1 Satz 2 BGB). Der einwilligungsfähige Patient bzw. der Betreuer des einwilligungsunfähigen Patienten kann die Einwilligung jederzeit widerrufen (§ 630d Abs. 3 BGB), auch noch nach Beginn der Behandlung.

Betreuter ist selbst noch einwilligungsfähig	Betreuter ist selbst nicht mehr einwilligungsfähig	
	Maßnahme ungefährlich	Maßnahme bzw. Unterlassen der Maßnahme gefährlich
Betreuter entscheidet selbst, willigt selbst in seine Behandlung ein	Betreuer willigt für den Betreuten in dessen Behandlung ein; keine Genehmigung des Betreuungsgerichts erforderlich	Betreuer willigt für den Betreuten in dessen Behandlung ein und braucht zusätzlich die Genehmigung des Betreuungsgerichts
Einwilligung entbehrlich, wenn allgemeine Rechtfertigungsgründe vorliegen	Einwilligung entbehrlich, wenn allgemeine Rechtfertigungsgründe vorliegen	Einwilligung entbehrlich, wenn allgemeine Rechtfertigungsgründe vorliegen, zB mutmaßliche Einwilligung
		Genehmigung des Betreuungsgerichts entbehrlich nach § 1904 Abs. 1 Satz 2 bzw. nach § 1904 Abs. 4 BGB (Konsens)

2. Richtige Beschreibung des Aufgabenkreises

Der Betreuer kann sich um die ärztliche Behandlung des Betroffenen nur kümmern, wenn er einen entsprechenden Aufgabenkreis hat. Die Beschreibung ist manchmal unklar, gibt zu Zweifeln Anlass. Der Betreuer muss darauf achten, dass die Unklarheit des Beschlusses nicht zu seinen Lasten geht und unter Umständen auf eine Änderung des Beschlusses dringen. Ausreichend ist, wenn der Betreuer zB folgende Aufgabenkreise hat:

- alle Angelegenheiten;
- Personensorge, persönliche Angelegenheiten;
- „Zuführung" zur ärztlichen Behandlung;
- Heilbehandlung; Zustimmung zur Heilbehandlung; zu ärztlichen Maßnahmen.

Diese Beschreibungen sind nicht gleichwertig; eine kosmetische Operation ist zB wohl keine „Heilbehandlung", aber eine „persönliche Angelegenheit". Die Sterilisation des/der Betroffenen ist in keinem dieser Fälle erfasst; sie muss ausdrücklich aufgeführt werden (§ 1899 Abs. 2 BGB).

Ungenügend ist zB der Aufgabenkreis „Aufenthaltsbestimmung zum Zwecke der Heilbehandlung", zumindest ist dieser Aufgabenkreis unklar umrissen. Ungenügend ist „ Unterbringung".

Nicht erforderlich und unzweckmäßig ist, die konkrete Krankheit im Aufgabenkreis genau anzugeben; lautet die Bezeichnung „Bestimmung der endogenen Psychose", kann der Betreuer nur in diesem (zu engen) Kreis der „Bestimmung" Einwilligungen erteilen. Darf er hier auch einer Behandlung zustimmen? Bei einer so engen Anordnung müsste ein kompliziertes Verfahren der Erweiterung des Aufgabenkreises ablaufen.

Hat der Betreuer zB nur den Aufgabenkreis „Vermögenssorge, Rentenverwaltung" und erkennt er bei einem Besuch, dass der Betroffene eine ärztliche Behandlung braucht, diese aber selbst nicht mehr veranlassen kann, dann muss er beim Betreuungsgericht eine Erweiterung seines Aufgabenkreises auf die „Ärztliche Behandlung" oder die Bestellung eines weiteren Betreuers mit diesem Aufgabenkreis anregen; dazu vgl. S. 94.

3. Durchführung der Betreuung

a) Allgemein

Der Betreuer soll Wünschen des Betroffenen entsprechen, soweit dies dessen Wohl nicht zuwiderläuft (§ 1901 Abs. 2 BGB); er hat dazu beizutragen, dass Möglichkeiten genutzt werden, dass sich der Zustand des Betroffenen bessert (§ 1901 Abs. 4 BGB).

b) Bedeutung der Einwilligungsfähigkeit des Betroffenen

Ärztliche Eingriffe, Untersuchungen, Verabreichung von Medikamenten sind nach der Rechtsprechung auch dann, wenn sie nach den Regeln der ärztlichen Kunst vorgenommen werden und der Heilbehandlung dienen, Körperverletzungen; bei Einwilligung ist diese Körperverletzung allerdings nicht rechtswidrig. Der Arzt braucht daher für jeden Eingriff die Einwilligung des Patienten (§ 630d BGB; BGH NJW 1963, 394; NJW 1966, 1855), andernfalls macht er sich unter Umständen zB nach § 823 BGB schadensersatzpflichtig und nach § 223 StGB wegen Körperverletzung strafbar. Diese Einwilligung kann ausdrücklich erteilt werden, sich aber auch aus den Umständen ergeben.

Die erteilte Einwilligung ist nur wirksam, wenn zwei **Voraussetzungen** vorliegen:

- Der Patient muss einwilligungsfähig sein; das ist der Fall, wenn der Patient nach seiner geistigen und sittlichen Reife die Bedeutung und Tragweite des Eingriffs und seiner Gestattung ermessen kann (BGH NJW 1972, 335). Auf die Geschäftsfähigkeit des Patienten kommt es nicht an. Beispielsweise kann ein 16-Jähriger (obwohl noch beschränkt geschäftsfähig) wirksam darin einwilligen, dass er eine Wundstarrkrampf-Spritze erhält, nicht aber in eine aufschiebbare Herzoperation.
- Der Patient muss über das Wesen, die Bedeutung und die Tragweite des ärztlichen Eingriffs in seinen Grundzügen vom Arzt entsprechend aufgeklärt worden sein, bei einwilligungsunfähigen Betreuten muss der Betreuer aufgeklärt werden, § 630e Abs. 4 BGB (BGH NJW 1961, 261; NJW 1981, 633).

(**aa**) Ist der Betroffene **einwilligungsfähig,** kann der Betreuer nicht an seiner Stelle für ihn einwilligen.

(**bb**) Ist der volljährige Betroffene **einwilligungsunfähig,** kann der Betreuer als sein gesetzlicher Vertreter (einen entsprechenden Aufgabenkreis vorausgesetzt) die Einwilligung für ihn erteilen (§ 630d BGB).

(**cc**) Ist die **Einwilligungsfähigkeit zweifelhaft,** kann sie der Betreuer nicht etwa durch einen gerichtlichen Beschluss feststellen lassen. Es ist grundsätzlich das Risiko des behandelnden Arztes, ob sein Eingriff widerrechtlich oder durch eine Einwilligung gerechtfertigt ist. Aus der Sicht des Arztes ist es in solchen Zweifelsfällen zweckmäßig, wenn der Arzt sowohl die Einwilligung des Betroffenen wie des Betreuers einholt; denn dann hat jedenfalls (auch) derjenige eingewilligt, auf den es ankommt. Willigt der eine ein, während der andere widerspricht (vgl. § 1904 Abs. 3 BGB), kommt es aber doch wieder darauf an, ob der Arzt den Betroffenen für ausreichend einsichtig hält; andernfalls sollte der Arzt den Eingriff ablehnen.

c) Gespräch Arzt/Betreuer

Bevor der Betreuer in ärztliche Maßnahmen einwilligt, muss er sich informieren (vgl. § 1901b BGB). Er tritt insoweit an die Stelle des Betreuten und hat daher (als Nebenrecht aus dem Behandlungsvertrag, § 630g BGB) dasselbe Recht auf Einsicht in die Krankenunterlagen wie dieser. Erzwingbar ist die Einsicht durch Beschwerde beim Krankenhausträger (Stadt, Landkreis), bei der kassenärztlichen Vereinigung, bei der Ärztekammer, notfalls durch Klage vor dem Zivilgericht. Der Betreuer sollte im Gespräch mit dem Arzt klären, welche Probleme/Symptome vorliegen, Sicherheit der Diagnose, Behandlungsmöglichkeiten, Alternativen. Welche weiteren (früheren) Erkrankungen und Behandlungserfahrungen sind bekannt? Was ist über die Medikamentenanamnese bekannt? Abhängigkeitsgefahr, Nebenwirkungen, Allergien? Ziel der Behandlung, Dauer, geplante Maßnahmen? Risiken der Behandlung, Risiken und Folgen bei Nichtbehandlung?

d) Zwangsbehandlung

Es ist nicht zulässig, den psychisch Kranken gegen seinen natürlichen Willen zwangsweise in die Arztpraxis, Klinik zu verbringen, ihn dort festzuhalten und ihm dann die Depotspritze zu verabreichen oder anderweitig zu behandeln (**ambulante Zwangsbehandlung**); BGH NJW 2001, 888. Das kann daher nicht vom Betreuungsgericht genehmigt werden, auch nicht analog § 1906 Abs. 1 oder Abs. 4 BGB.

Die Zwangsbehandlung im Rahmen einer **stationären Unterbringung** ist dagegen unter Umständen zulässig; sie ist 2013 neu geregelt worden (§ 1906 Abs. 3 und 3a BGB; dazu Dodegge NJW 2013, 1265). Eine Zwangsmaßnahme liegt vor, wenn der Betroffene nicht mit natürlichem Willen damit einverstanden ist. Zunächst müssen die Voraussetzungen einer Unterbringung nach § 1906 BGB vorliegen. Der Betreuer kann anstelle des einwilligungsunfähigen Betreuten nur unter folgenden Voraussetzungen in eine ärztliche Zwangsmaßnahme (= Zwangsbehandlung) des Untergebrachten einwilligen:

- Der Betreute ist aufgrund seiner Erkrankung einwilligungsunfähig.
- Vor der Einwilligung muss erfolglos versucht worden sein, den Betreuten von der Notwendigkeit der ärztlichen Maßnahme zu überzeugen, damit er eventuell zustimmt.
- Die Einwilligung des Betreuers muss zur Abwendung eines dem Betreuten drohenden *erheblichen* gesundheitlichen Schadens erforderlich sein.
- Dieser Schaden darf nicht durch eine andere zumutbare Maßnahme abgewendet werden können.
- Der zu erwartende Nutzen der ärztlichen Zwangsmaßnahme muss die zu erwartenden Beeinträchtigungen deutlich überwiegen (Risiko-Nutzen-Abwägung).
- Die **Genehmigung des Betreuungsgerichts** ist erforderlich (§ 1906 Abs. 3a BGB).

Notwendig ist ein Sachverständigengutachten; der Arzt, der die Zwangsbehandlung durchführt, soll nicht zugleich der Gutachter sein (§ 321 Abs. 1 Satz 5 FamFG). Ein Verfahrenspfleger muss bestellt werden (§ 312 Satz 3 FamFG). Der Beschluss über die Genehmigung muss auch Angaben zur Dokumentation und Durchführung enthalten (§ 323 Abs. 2 FamFG) und ist in der Regel auf 6 Wochen zu befristen (§ 329 Abs. 1 FamFG).

4. Bedeutung einer Patientenverfügung

a) Begriff

Eine Patientenverfügung liegt vor, wenn ein einwilligungsfähiger Volljähriger für den Fall seiner Einwilligungsunfähigkeit *schriftlich* festlegt, ob er in bestimmte, zum Zeitpunkt der Festlegung *noch nicht unmittelbar bevorstehende* Untersuchungen seines Gesundheitszustandes, Heilbehandlungen oder ärztliche Eingriffe einwilligt oder sie untersagt (§ 1901a Abs. 1 BGB). § 1901a Abs. 1 BGB verlangt, dass der Patient in „bestimmte" Maßnahmen einwilligte oder sie untersagte. Wie bestimmt dies sein muss ist offen. Keine Patientenverfügungen sind daher allgemeine gehaltene Formulierungen („ich will in Würde sterben"); Anordnungen über Basisbetreuung („ich will gut versorgt werden") und bloße Wünsche (sie sind nur gemäß § 1901 Abs. 3 BGB beachtlich).

Eine Patientenverfügung kann jederzeit widerrufen werden, § 1901a Abs. 1 Satz 3 BGB. Beim Widerruf muss der Patient aber einwilligungsfähig sein, sonst ist der Widerruf ungültig. Das zu beurteilen ist zB bei Demenz schwierig.

Das Schriftformerfordernis gilt nicht, wenn die ärztliche **Maßnahme unmittelbar bevorsteht** (wer am Montag mit dem Arzt die in ca. zwei Wochen anstehende Operation bespricht muss also nichts *schriftlich* festlegen). Der einwilligungsfähige Patient kann in einem solchen Fall seine „Patientenverfügung" dem Arzt wirksam mündlich mitteilen; ein Betreuer muss nicht mehr bestellt werden, wenn der Patient während der Operation einwilligungsunfähig wird.

b) Voraussetzungen, Form, Beglaubigung, Registrierung

Schriftlichkeit ist Wirksamkeitserfordernis (§ 1901a BGB); das Schriftstück (auch ein Formular kann verwendet werden) muss also handschriftlich unterschrieben sein. Eine Beglaubigung der Unterschrift ist nicht erforderlich (die Betreuungsbehörde darf eine isolierte Patientenverfügung nicht beglaubigen; § 6 Abs. 2 BtBG). Patientenverfügungen können beim zentralen Vorsorgeregister der Bundesnotarkammer in Berlin registriert werden, wenn sie mit einer Vorsorgevollmacht verbunden sind (§§ 1, 10 VRegV); der Text wird dort aber nicht gespeichert.

Mündliche Erklärungen sind aber nicht wertlos. Denn wenn keine (formgerechte) Patientenverfügung vorliegt oder die Festlegungen in der Verfügung auf die aktuelle Situation des Patienten nicht zutreffen, dann wird auf den mutmaßlichen Willen abgestellt (§ 1901a Abs. 2 Satz 1 BGB). Er kann auch aus früheren mündlichen Äußerungen ermittelt werden (§ 1901a Abs. 2 Satz 3 BGB).

§ 1901a Abs. 1 Satz 1 verlangt **Volljährigkeit** des Betroffenen. Notwendig ist ferner **Einwilligungsfähigkeit** des Patienten, nicht aber Geschäftsfähigkeit.

Keine Wirksamkeitserfordernisse:

(1) Bei Behandlungsverboten („Ich will keine künstliche Ernährung.“) ist die Patientenverfügung auch dann wirksam, wenn der Patient vor Niederlegung seiner Patientenverfügung nicht ärztlich **aufgeklärt** wurde.

(2) **Keine zeitliche Befristung.** Wenn der Patient nach Abgabe der Patientenverfügung einwilligungsunfähig wird, ist dies – für sich genommen – unschädlich (vgl. § 130 Abs. 2 BGB). Die Wirkungsdauer von Patientenverfügungen ist nicht zeitlich befristet (zB auf fünf Jahre). Es ist deshalb nicht notwendig (aber nützlich), die Patientenverfügung in regelmäßigen Abständen erneut zu unterschreiben (Aktualisierung).

(3) Angabe von Zeit und Ort der Unterschrift sind nicht notwendig, aber nützlich.

(4) Eine Patientenverfügung ist nicht nur dann wirksam, wenn eine Betreuung besteht; auch muss keine Betreuung nur deshalb angeordnet werden, damit die Wirksamkeit einer Patientenverfügung oder ihre Einschlägigkeit für die konkrete Behandlung überprüft werden kann. Dass eine Patientenverfügung immer

dazu führt, dass eine Betreuung nicht erforderlich wird, ist daher in dieser Allgemeinheit nicht zutreffend.

c) Bindung, Reichweite der Patientenverfügung

(**1**) Die Patientenverfügung ist grundsätzlich **bindend**, auch für Ärzte, Betreuer, Vorsorgebevollmächtigte, Betreuungsgericht; sie ist nicht nur ein Indiz für den Willen des Betroffenen.

(**2**) Eine Patientenverfügung ist nicht beschränkt auf schwere oder lebensbedrohende Erkrankungen (§ 1901 a Abs. 3 BGB); sie kann sich auch auf verhältnismäßig geringfügige Erkrankungen beziehen. Auch ist sie nicht beschränkt auf das Stadium der Erkrankung, zB auf die Todesnähe.

d) Auswirkungen

Eine wirksame Patientenverfügung ist vorhanden		Eine Patientenverfügung fehlt
Sie trifft auf die Behandlungssituation zu („Kongruenz")	Sie trifft auf die Behandlungssituation *nicht* zu	
Falls eine Betreuung besteht prüft der Betreuer, ob diese Übereinstimmung besteht, § 1901a Abs. 1 BGB; andernfalls prüft das der Arzt	Falls eine Betreuung besteht stellt der Betreuer den mutmaßlichen Willen des Betreuten fest, § 1901a Abs. 2 BGB	Falls eine Betreuung besteht stellt der Betreuer den mutmaßlichen Willen des Betreuten fest, § 1901a Abs. 2 BGB
Der Betreuer muss dann die vom Betreuten gewünschte Behandlung veranlassen, andernfalls der behandelnde Arzt	Der Betreuer muss die Wahl treffen, ob er in die Behandlung einwilligt oder nicht	Der Betreuer muss die Wahl treffen, ob er in die Behandlung einwilligt oder nicht

In allen Fällen tritt, wenn keine Betreuung besteht, an die Stelle des Betreuers der Vorsorgebevollmächtigte (§ 1901a Abs. 5 BGB). Besteht keine Betreuung und fehlt ein Vorsorgebevollmächtigter gelten die allgemeinen Grundsätze (S. 185).

e) Aufgabe des Betreuers bzw. Bevollmächtigten

Liegt eine wirksame schriftliche Patientenverfügung vor, prüft der Betreuer (bzw. Bevollmächtigte), falls er einen entsprechenden

Aufgabenkreis hat (vgl. §§ 1902, 1904 BGB), ob die damaligen Festlegungen des Betreuten (bzw. Vollmachtgebers) auf die **aktuelle Lebens- und Behandlungssituation** zutreffen (§ 1901a Abs. 1 Satz 1 BGB). Ist dies der Fall, hat der Betreuer (bzw. Bevollmächtigte) dem Willen des Betreuten (bzw. Vollmachtgebers) „Ausdruck und Geltung" zu verschaffen (§ 1901a Abs. 1 Satz 2 BGB). Das bedeutet, dass er entweder als Vertreter seine Einwilligung zu einer geplanten Maßnahme erklärt oder verweigert. Hat der Betroffene einen Betreuer oder einen Bevollmächtigten, dann nimmt der behandelnde Arzt die Prüfung der Anwendbarkeit der Patientenverfügung zusammen mit diesen Stellvertretern vor (vgl. § 1901b BGB). Nahen Angehörigen und sonstigen Vertrauenspersonen des Patienten soll hierbei Gelegenheit zur Äußerung gegeben werden, sofern dies ohne erhebliche Verzögerung möglich ist (§ 1901b Abs. 2 BGB).

BEISPIEL: Jemand ist an einer Lungenentzündung erkrankt, hat aber in seiner Patientenverfügung festgelegt hat, „Wenn ich einmal dement bin, will ich keine lebenserhaltenden Maßnahmen". Die Patientenverfügung trifft offenbar den Fall nicht.

f) Wann ist eine Patientenverfügung beachtlich?

Wer sich nach einer Patientenverfügung richten will, also zB der Betreuer, Arzt, muss prüfen, ob er eine vorhandene Patientenverfügung seiner Maßnahme zugrunde legt.

(1) Wurde sie seinerzeit wirksam errichtet? Schriftlich, eigenhändig unterschrieben?

(2) War der Patient bei Abfassung der Patientenverfügung einwilligungsfähig?

(3) Hat der Patient die damals von ihm unterschriebene Patientenverfügung überhaupt verstanden? Bei Formularen sind hier oft Zweifel angebracht (was ist eine „infauste" Prognose?).

(4) Ist die Patientenverfügung ausreichend klar? Formulierungen wie „in Würde sterben" lassen verschiedene Deutungen zu und geben wenig Hinweise für konkrete ärztliche Maßnahmen.

(5) Handelte der Patient bei Abgabe der Patientenverfügung nach seinem freien Willen? War er fremdbestimmt?

(6) Ist die Patientenverfügung für die jetzt eingetretene Situation überhaupt einschlägig?

(7) Gibt es Anhaltspunkte dafür, dass die Patientenverfügung nicht mehr dem Willen des Betroffenen entspricht?

(8) Liegt ein Widerruf des Patienten vor?

g) Rechtslage bei fehlender oder nicht einschlägiger Patientenverfügung

Dann kommt es auf den mutmaßlichen Willen an (§ 1901a Abs. 2 BGB). Er ist aufgrund konkreter Anhaltspunkte zu ermitteln (§ 1901a Abs. 2 Satz 2 BGB). Konkret heißt, dass nicht nur Vermutungen angestellt werden dürfen. Zu berücksichtigen sind insbesondere frühere mündliche oder schriftliche Äußerungen, ethische oder religiöse Überzeugungen und sonstige persönliche Wertvorstellungen des Betreuten (§ 1901a Abs. 2 Satz 3 BGB). Der Berufsbetreuer kennt sie in der Regel nicht. Im Zweifel will jemand nicht sterben, nicht verhungern, nicht verdursten.

h) Abbruch der künstlichen Ernährung („Sterbehilfe")

Es gibt Fälle, in denen ein kranker Mensch (zB ein Wachkoma-Patient) zehn Jahre und länger künstlich am Leben gehalten werden kann, indem er künstlich ernährt wird. Auch hier gelten die vorgenannten Grundsätze.

Eine *negative* Patientenverfügung („Ich will nicht behandelt werden, nicht künstlich ernährt werden") ist nicht nur dann wirksam, wenn die Krankheit irreversibel (unumkehrbar) einen tödlichen Verlauf genommen hat. Vgl. S. 191.

5. Betreuungsgerichtliche Genehmigung

a) Fälle, in denen eine Genehmigungsbedürftigkeit denkbar ist

aa) Einwilligung: Die Einwilligung des Betreuers in eine Untersuchung des Gesundheitszustands, eine Heilbehandlung oder einen ärztlichen Eingriff, *wenn* die begründete Gefahr besteht, dass der Betreute aufgrund der Maßnahme stirbt oder einen schweren und länger dauernden gesundheitlichen Schaden erleidet (§ 1904 Abs. 1 BGB). Das sind zB Beinamputationen. Auch die Einwilligung des Betreuers in eine ärztliche Zwangsbehandlung bedarf der Genehmigung (§ 1906 Abs. 3a BGB).

bb) Nichteinwilligung: Die Nichteinwilligung oder der Widerruf der Einwilligung des Betreuers in eine Untersuchung des Gesundheitszustands, eine Heilbehandlung oder einen ärztlichen Eingriff, *wenn* die *Maßnahme medizinisch angezeigt* ist und die begründete Gefahr besteht, dass der Betreute aufgrund des Unterbleibens oder des Abbruchs der Maßnahme stirbt oder einen schweren und länger dauernden gesundheitlichen Schaden erleidet (§ 1904 Abs. 2 BGB). Das sind in erster Linie die Fälle der Sterbehilfe, indem die **künstlichen Ernährung** mittels PEG-Sonde oder Magensonde oder die Beatmung eingestellt wird.

Es handelt sich also in beiden Fällen (aa, bb) jeweils um

- eine Untersuchung des Gesundheitszustandes;
- eine Heilbehandlung oder
- einen ärztlichen Eingriff.

Darunter fallen nicht Ratschläge („nicht rauchen“), Therapiegespräche, Anamnese.

Ferner muss bei einem dieser drei Fälle die **begründete Gefahr** bestehen, dass der Betreute aufgrund der Maßnahme stirbt oder einen schweren und länger dauernden gesundheitlichen Schaden erleidet. Im Falle des Unterlassens (§ 1904 Abs. 2 BGB) ist weiter Voraussetzung, dass die ärztliche Maßnahme medizinisch angezeigt ist.

Die „begründete Gefahr“ besteht, wenn nicht nur subjektive Befürchtungen vorliegen, sondern eine objektive Gefahr und die Wahrscheinlichkeit des Schadens erheblich sind. Welcher Prozentsatz insoweit vorliegen muss, sagt das Gesetz nicht. Der zu befürchtende Schaden darf nicht nur vorübergehend sein, sondern muss von längerer Dauer sein.

Eine solche **begründete Gefahr besteht in der Regel** in folgenden Fällen (vgl. Protokoll des 4. Vormundschaftsgerichtstags 1994, S. 148):

- Amputationen (LG Darmstadt FamRZ 2009, 543);
- Gefäßchirurgische Eingriffe an den großen (arteriellen) Gefäßen;
- Operationen am Gehirn, am Rückenmark, am offenen Thorax;
- Transplantationen von unpaaren Organen (Herz, Leber) und Knochenmark;
- radikale Eingriffe und Behandlungsmaßnahmen bei fortgeschrittenen Krebserkrankungen; systematische Chemotherapie/Bestrahlung; uU die Entfernung von inneren Organen oder Organteilen;
- intravasale Diagnostik mit Ausnahme einfacher Rechtsherzkatheteruntersuchungen, interventionelle Radiologie;
- Behandlung mit in Deutschland nicht zugelassenen Medikamenten.
- Elektrokrampfbehandlungen (LG Hamburg FamRZ 1994, 1204; aA Dodegge FamRZ 1996, 74).
- Die Heilbehandlung mit Neuroleptika kann genehmigungspflichtig sein (LG Berlin FamRZ 1993, 24). Dasselbe gilt für Psychopharmaka. Im Übrigen können viele Medikamente je nach Dosis, Behandlungsdauer, Begleitumständen schwere und länger dauernde Schäden verursachen. In Deutschland sind mehr als 10.000 Medikamente auf dem Markt; eine abschließende Liste gefährlicher bzw. ungefährlicher Medikamente kann nicht erstellt werden (Nedopil FamRZ 1993, 24; Wolter-Henseler BtPrax 1994, 183).

Die **ärztliche Zwangsbehandlung** bedarf immer der Genehmigung (§ 1906 Abs. 3 BGB); auf die Frage der „begründeten Gefahr" kommt es nicht an. So ist es zB, wenn dem Betreuten gegen seinen natürlichen Willen ein Bein amputiert werden soll.

cc) Zweifelsfälle: Oft wird zweifelhaft sein, ob der Betroffene selbst noch wirksam einwilligen kann; ferner, ob der ärztliche Eingriff zu gesundheitlichen Dauerschäden führen kann oder nicht. In solchen Fällen kann sich der Betreuer beim Betreuungsgericht beraten lassen (§§ 1908i Abs. 1, 1837 Abs. 1 BGB). Der ärztliche Eingriff kann auch vorsorglich vom Gericht genehmigt werden. Eine Entscheidung, dass die Erteilung einer Genehmigung abgelehnt werde, weil der Eingriff nach Meinung des Gerichts nicht gefährlich sei, würde allerdings eine erforderliche Genehmigung nicht ersetzen.

b) Fälle, in denen keine Genehmigung des Gerichts erforderlich ist

Eine Genehmigung des Gerichts nach § 1904 Abs. 1, 2 BGB ist nicht erforderlich, wenn – obwohl die ärztliche Maßnahme bzw. deren Unterlassung gefährlich ist – zwischen Betreuer (bzw. Bevollmächtigtem) und behandelndem Arzt **Einvernehmen** darüber besteht, dass die Erteilung, die Nichterteilung oder der Widerruf der Einwilligung dem Willen des Betreuten (bzw. Vollmachtgebers) entspricht (§ 1904 Abs. 4, Abs. 5 Satz 1 BGB). In einem solchen Fall ist daher weder ein Verfahrenspfleger noch ein Sachverständigengutachten erforderlich. Das Gericht erfährt nichts, nur später, dass der Betreute gestorben ist und daher die Betreuung beendet ist; oder dass eine bestimmte Maßnahme durchgeführt ist. Die Missbrauchsgefahr ist offenkundig. Bei der **ärztlichen Zwangsbehandlung** gelten diese Ausnahmen nicht; sie bedarf immer der Genehmigung (§ 1906 Abs. 3 BGB).

Betreuter ist selbst noch einwilligungsfähig und willigt ein	Betreuter ist nicht mehr einwilligungsfähig, die Maßnahme ist aber **ungefährlich**	Betreuter ist nicht mehr einwilligungsfähig, die Maßnahme bzw. deren Unterlassen ist gefährlich, aber Arzt und Betreuer sind einer Meinung, § 1904 Abs. 4 BGB	Betreuter ist nicht mehr einwilligungsfähig, die Maßnahme ist gefährlich, aber eilbedürftig (§ 1904 Abs. 1 Satz 2 BGB)
Keine Genehmigung des Betreuungsgerichts erforderlich			

c) Verfahren bei der Genehmigung

- **Zuständig** für die Erteilung der Genehmigung ist das Betreuungsgericht und zwar der Richter (nicht der Rechtspfleger).
- Ein **Antrag** ist nicht erforderlich; in der Praxis genehmigt aber das Gericht nur, weil eine Anregung („Antrag" genannt) von irgendeiner Seite kam; diesen „Antrag" kann der Betroffene, sein Betreuer, die Angehörigen, der Arzt, kurz gesagt jedermann stellen.
- Der Richter muss den Betroffenen vor Erteilung der Genehmigung **persönlich anhören** (§ 298 Abs. 1 Satz 1 FamFG); dabei wird der Richter vor allem zu prüfen haben, ob der Betroffene selbst einwilligungsfähig ist, denn dann entfällt das Erfordernis einer Einwilligung des Betreuers und deren Genehmigung durch das Gericht. Diese persönliche Anhörung kann unterbleiben, wenn hiervor erhebliche Nachteile für die Gesundheit des Betroffenen zu besorgen sind oder der Betroffene offensichtlich nicht in der Lage ist, seinen Willen kundzutun (§ 34 Abs. 2 FamFG).
- Wenn Gegenstand des Verfahrens eine Genehmigung nach § 1904 Abs. 2 BGB („Sterbehilfe") ist, muss das Betreuungsgericht stets einen **Verfahrenspfleger** bestellen (§ 298 Abs. 3 FamFG). In den Fällen des § 1904 Abs. 1 BGB wird ein Verfahrenspfleger dann notwendig sein (§ 276 FamFG), wenn der Betroffene nicht mehr persönlich angehört werden kann. Wenn es um eine ärztliche Zwangsbehandlung geht muss ebenfalls immer ein Verfahrenspfleger bestellt werden (§ 312 Satz 3 FamFG).
- Die „sonstigen Beteiligten" (§ 274 FamFG; S. 89) „sollen" (mündlich oder schriftlich) **angehört** werden, also zB Ehegatte, Kinder, Eltern, Vertrauensperson (§ 298 Abs. 1 Satz 2, Abs. 2 FamFG). Zwingend ist das aber nicht.
- Ferner ist vom Gericht das **Gutachten eines Sachverständigen** über die Notwendigkeit des Eingriffs, Alternativen, Wahrscheinlichkeitsgrad eines Schadens, Umfang dieses zu befürchtenden Schadens einzuholen (§§ 298 Abs. 4, 280 FamFG). Sachverständiger und ausführender Arzt sollen in der Regel nicht personen-

gleich sein, weil sonst die Gefahr bestünde, dass der Arzt auch überflüssige Eingriffe für notwendig begutachtet, um sein Operationshonorar nicht zu verlieren (§ 321 Satz 5 FamFG).

Entscheidung. Die Genehmigung ist vom Betreuungsgericht (Richter) zu erteilen, wenn die Einwilligung, die Nichteinwilligung oder der Widerruf der Einwilligung dem Willen des Betreuten entspricht (§ 1904 Abs. 3 BGB); andernfalls abzulehnen. Der Richter entscheidet durch schriftlichen Beschluss mit Rechtsmittelbelehrung (§§ 38, 39 FamFG). Der Bescheid, der Eingriff bedürfe keiner Genehmigung (sog. Negativattest), ersetzt die Genehmigung nicht (BGHZ 44, 325); keine Genehmigung liegt darin, dass der Richter die Genehmigung in Aussicht stellt oder dem Betreuer den Eingriff empfiehlt.

Wirkung der Genehmigung. Die Behandlung ist nur rechtmäßig, wenn Einwilligung des Betreuers und Genehmigung des Gerichts vorliegen; die Genehmigung ist eine sog. Außengenehmigung. Der Arzt wird sich vor der Behandlung selbst vergewissern müssen, ob die Einwilligung und die Genehmigung vorliegen. Die Genehmigung wird dem Betreuer mitgeteilt; er muss davon nicht Gebrauch machen.

Eintritt der Wirksamkeit des Beschlusses. Ein Beschluss des Gerichts, der die Genehmigung nach § 1904 Abs. 2 BGB („Sterbehilfe") zum Gegenstand hat, wird erst zwei Wochen nach Bekanntgabe an den Betreuer oder Bevollmächtigten sowie an den Verfahrenspfleger wirksam (§ 287 Abs. 3 FamFG). Damit soll dem Verfahrenspfleger die Möglichkeit gegeben werden, Beschwerde einzulegen, bevor der Betroffene wegen Abbruch der Ernährung verstorben ist.

Rechtsmittel: befristete Beschwerde (§§ 58 ff. FamFG). Wird die Genehmigung versagt, ist der Betroffene und der Betreuer namens des Betroffenen beschwerdeberechtigt (§§ 58, 303 Abs. 4 FamFG). Der Arzt, der die Operation ausführen will, ist durch die Verweigerung der Genehmigung nicht in seinen Rechten verletzt (§ 59 Abs. 1 FamFG); sein finanzielles Interesse an der Behandlung ist kein geschütztes Recht in diesem Sinne.

d) Schutz des Betroffenen

Wenn sich der Arzt und der Betreuer bzw. Bevollmächtigte zusammentun und der Meinung sind, der Betroffene hätte sterben wollen, dann ist keine Genehmigung des Betreuungsgerichts erforderlich (§ 1904 Abs. 4 BGB); das ist ein schwerer Mangel des Gesetzes, weil Missbrauch dadurch ermöglicht wird, etwa wenn die monatliche Pflegkosten aus dem Vermögen des Betroffenen aufzubringen sind und der Betreuer bzw. Bevollmächtigte erbberechtigter Verwandter ist. Jedermann kann das Gericht auf einen möglichen Missbrauch hinweisen, das Gericht kann dann ermitteln (§ 26 FamFG) und dem Betreuer Weisungen erteilt oder auch nicht (§§ 1837, 1908i Abs. 1 BGB).

6. Arzt- und Krankenhausvertrag

Von der Einwilligung in die ärztliche Behandlung ist der Vertrag mit dem Arzt über die Behandlung zu unterscheiden; es handelt sich dabei im Verhältnis Arzt – Patient meist um einen Dienstvertrag (§§ 611, 630a bis 630h BGB; BGH NJW 1980, 1452). Der im Krankenhaus beschäftigte Arzt wird aufgrund seines Arbeitsvertrages mit dem Krankenhausträger (zB der Stadt; dem Zweckverband) tätig; der Patient schließt in der Regel mit dem Krankenhausträger einen gemischten Vertrag, der vorwiegend Dienstvertrag ist, ärztliche Behandlung eingeschlossen (sog. totaler Krankenhausvertrag, Palandt/Weidenkaff Vor § 611 BGB Rz. 19). Der Vertrag kommt nur wirksam zustande, wenn der Patient geschäftsfähig ist (§ 104 BGB). Ist der Betroffene nicht geschäftsfähig, kann er den Vertrag nicht wirksam schließen, der Betreuer kann als gesetzlicher Vertreter des Betroffenen (§ 1902 BGB) den Vertrag nur wirksam schließen, wenn er einen entsprechenden Aufgabenkreis hat. Hier kommt es wiederum auf die Formulierung des Betreuungsbeschlusses an. Umschreibungen wie „Zuführung zur Heilbehandlung“ beinhalten nicht nur die Einwilligung in die ärztliche Behandlung, sondern auch den Abschluss des zivilrechtlichen Vertrages.

7. Organspenden

Die Zulässigkeit von Organspenden aus dem Körper des **lebenden Betreuten** ist durch das Transplantationsgesetz v. 5.11.1997 gesetzlich geregelt; die Rechtslage ist aber weiterhin unklar (vgl. Walter FamRZ 1998, 201; Deinert BtPrax 1998, 60). Meines Erachtens richtet sich die Zulässigkeit nach dem Wohl des Betreuten, § 1901 BGB. Bei Einwilligungsunfähigkeit ist die Einwilligung des Betreuers erforderlich (der Aufgabenkreis „Heilbehandlung" genügt nicht, erforderlich ist der ausdrückliche Aufgabenkreis zB „Organspende der linken Niere an die Tochter . . ."). Da das Fehlen eines Organs immer einen schweren und länger dauernden gesundheitlichen Schaden darstellt, ist die Genehmigung des Betreuungsgerichts erforderlich, ausgenommen im Falle des § 1904 Abs. 3 BGB (S. 197).

Eine Betreuung mit dem Aufgabenkreis „ Ausstellen eines Organspendeausweises" gibt es nicht (AG Mölln FamRZ 1995, 188). Zur Organspende nach dem Tod des Betreuten vgl. S. 275.

8. Arzneimittelerprobung

Die wissenschaftliche Erprobung von Arzneimitteln am Betreuten ist in §§ 40–42 des Arzneimittelgesetzes geregelt. Der Betreuer kann für den Betreuten nur unter bestimmten Voraussetzungen in die klinische Prüfung eines Arzneimittels einwilligen (§ 41 Abs. 3 ArzneimittelG). Zu Einzelheiten vgl. Holzhauer NJW 1992, 2325.

9. Schwangerschaftsabbruch

Wenn die allgemeinen Voraussetzungen für einen straflosen Abbruch der Schwangerschaft gegeben sind (vgl. § 218a StGB), kommt es zunächst auf die Einwilligung der Frau an. Ist sie nicht einwilligungsfähig, ist streitig, ob der Betreuer an ihrer Stelle einwilligen kann; das wird zu bejahen sein, wenn die Abtreibung dem Wunsch der Betreuten nicht widerspricht (§ 1901 BGB); OLG Frankfurt NJW 2008, 3790. Eine Genehmigung des Gerichts nach § 1904 BGB ist mangels Gefährlichkeit im Regelfall entbehrlich.

Die Fixierung einer betreuten Frau zur zwangsweisen Verabreichung einer Depotspritze zur Verhütung einer Schwangerschaft ist nicht zulässig (OLG Karlsruhe NJW-RR 2008, 813).

10. Untergebrachte Patienten

Ist anlässlich der ärztlichen Behandlung eine Freiheitsentziehung im Sinne von § 1906 Abs. 4 BGB erforderlich (zB weil der Patient nach der Operation gefesselt werden muss oder mit Schlafmitteln am Weggehen gehindert werden muss), ist zusätzlich eine Genehmigung des Betreuungsgerichts nach § 1906 BGB notwendig. Es gibt also Fälle, in denen sowohl die Genehmigung nach § 1904 BGB wie nach § 1906 BGB erforderlich sind, als auch Fälle, in denen nur die eine oder andere (oder keine) Genehmigung der ärztlichen Behandlung benötigt werden. Die **ärztliche Zwangsbehandlung** untergebrachter betreuter Patienten ist in § 1906 Abs. 3 und 3a BGB speziell geregelt (S. 189).

11. Eilfälle

Da das Genehmigungsverfahren offensichtlich mehrere Wochen dauert, in vielen Fällen aber nicht so lange gewartet werden kann, muss ohne Genehmigung behandelt werden. Es ist zu unterscheiden:

(a) **Ist der Patient einwilligungsfähig,** kommt es nur auf seine Einwilligung an. Es ist das Risiko des Arztes, ob er die Frage der Einwilligungsfähigkeit richtig beurteilt.

(b) Ist der **Patient einwilligungsunfähig und der Eingriff nicht gefährlich** im Sinne von § 1904 BGB, so dass keine gerichtliche Genehmigung in Frage kommt, ist grundsätzlich auch in Eilfällen die Einwilligung des Betreuers erforderlich. Ist noch kein Betreuer bestellt, oder der Betreuer nicht erreichbar oder hat der vorhandene Betreuer keinen ausreichenden Aufgabenkreis, kann das Gericht durch eine eilige einstweilige Anordnung nach § 301 FamFG einen vorläufigen Betreuer bestellen (oder den Aufgabenkreis erweitern, § 293 FamFG), der dann einwilligen kann. In noch eiligeren Fällen kann das Gericht selbst durch eine Anordnung nach §§ 1908i, 1846 BGB die Einwilligung erklären. Kann auch darauf nicht gewartet werden, kann der Arzt handeln, wenn die allgemeinen Rechtfertigungsgründe (zB Notstand, mutmaßliche Einwilligung) vorliegen.

(c) Ist der **Patient einwilligungsunfähig und der Eingriff gefährlich,** besteht aber eine **Meinungsverschiedenheit zwischen Arzt und Betreuer** über den (mutmaßlichen) Willen des Patienten (§ 1904 Abs. 4 BGB), sind die Einwilligung des Betreuers und die Genehmigung des Gerichts erforderlich. Es ist zu unterscheiden:

- Ohne die Genehmigung des Gerichts kann die ärztliche Maßnahme durchgeführt werden, wenn mit dem Aufschub Gefahr verbunden ist (§ 1904 Abs. 1 Satz 2 BGB), wenn also nicht bis zur Genehmigung gewartet werden kann.
- Die Einwilligung des Betreuers ist gleichwohl erforderlich, zumindest die eines vorläufigen Betreuers oder eine Anordnung nach § 1846 BGB oder das Vorliegen einer mutmaßlichen Einwilligung.

Besteht **keine solche Meinungsverschiedenheit** ist ohnehin keine Genehmigung des Betreuungsgerichts erforderlich.

V. Sterilisation des/der Betreuten

1. Materielle Voraussetzungen

In die Sterilisation eines Kindes können die Eltern nicht einwilligen, § 1631c BGB. Ein volljähriger einwilligungsfähiger Betreuter kann in seine Sterilisation nur selbst einwilligen, die fehlende Einwilligung ist nicht ersetzbar. Einwilligungsfähig ist, wer die Tragweite seiner Entscheidung erkennen kann.

Kann der (bzw. die) volljährige Betreute in die Sterilisation nicht selbst wirksam einwilligen, ist zunächst ein besonderer (also ein zusätzlicher) Betreuer vom Gericht zu bestellen (§ 1899 Abs. 2 BGB; er wird nach § 6 VBVG vergütet). Dieser Sterilisationsbetreuer darf nach § 1905 BGB in die Sterilisation der oder des Betreuten nur einwilligen, wenn die in § 1905 BGB angeführten **fünf Voraussetzungen** vorliegen:

- Die Sterilisation darf dem Willen des/der Betreuten nicht widersprechen. Dabei kommt es lediglich auf den natürlichen Willen an.
- Der/die Betreute muss auf Dauer einwilligungsunfähig bleiben; es soll dadurch verhindert werden, dass während eines vorübergehenden Zustandes ein endgültiger Eingriff vorgenommen wird. Dauer heißt nicht: auf Lebenszeit; bei einer Frau kommt es lediglich auf die übliche Dauer der Empfängnisfähigkeit an.
- Es muss anzunehmen sein, dass es ohne die Sterilisation zu einer Schwangerschaft kommen würde. Damit ist aber meines Erachtens nur gemeint, dass eine rein vorsorgliche Sterilisation unzulässig ist. Wenn das schwachsinnige Mädchen einen Freund hat, genügt das.
- Infolge der Schwangerschaft müsste eine Gefahr für das Leben der Frau (zB Selbstmordgefahr) oder die Gefahr einer schwerwiegenden Beeinträchtigung des körperlichen oder seelischen Gesundheitszustandes der Frau (zB schwere Herz-Kreislauf-Erkrankungen, Depressionen) zu erwarten sein, die nicht auf zumutbare Weise (zB durch Medikamente) abgewendet werden kann. Wenn die Trennung des Kindes von der Mutter durch das Familiengericht droht, weil die Mutter nicht in der Lage sein wird, das Kind selbst zu betreuen, kann das genügen (§ 1905 Abs. 1 Satz 2 BGB). Die Interessen der Allgemeinheit oder die der Eltern des behinderten Mädchens spielen nach der gesetzlichen Regelung keine Rolle.
- Die Schwangerschaft darf nicht durch andere zumutbare Mittel verhindert werden können. Da dies durch Verwendung von Empfängnisverhütungsmitteln stets möglich ist, bleiben für eine Sterilisation nur die Fälle, in denen die geistige Behinderung so groß ist, dass die Mittel nicht zuverlässig angewendet werden können.

Es sind kaum Fälle denkbar, in denen diese fünf Voraussetzungen vorliegen. Jährlich gibt es nur ca. 100 Genehmigungsfälle.

2. Genehmigung des Gerichts

Die Einwilligung des Betreuers ist nur wirksam, wenn sie vom Betreuungsgericht genehmigt wurde (§ 1905 Abs. 2 BGB); zuständig ist der Richter. Das Gericht muss genehmigen, wenn die Voraussetzungen des § 1905 BGB vorliegen.

3. Genehmigungsverfahren des Gerichts

Geht ein „Antrag" (zB der Eltern) ein, eine Sterilisation ihrer Tochter zu genehmigen, sind vom Richter folgende Verfahrensschritte durchzuführen:

(a) **Bestellung eines Betreuers** nach § 1896 BGB mit dem Aufgabenkreis „Ärztliche Behandlung" usw. (ob der Sterilisationsbetreuer auch den Arztvertrag schließen darf, ist streitig).

(b) Bestellung eines besonderen **Sterilisations-Betreuers** (§ 1899 Abs. 2 BGB).

(c) Bestellung eines **Verfahrenspflegers,** § 297 Abs. 5 FamFG;

(d) Einholung von **Sachverständigengutachten** zu fünf Fragen (§ 297 Abs. 6 FamFG):

- Medizinischer Aspekt: Einwilligungsfähigkeit des/der Betroffenen; Dauer der Einwilligungsfähigkeit; Notlage. Welche Sterilisationsmethoden kommen in Betracht? Ist eine Methode möglich, die die Rückgängigmachung der Sterilisation gestattet?
- Psychologischer Aspekt: Einwilligungsfähigkeit? Auswirkungen einer eventuellen Schwangerschaft?
- Sozialer Aspekt: Ausbildungsstand, finanzielle Verhältnisse, Wohnung, Gesamtsituation.
- Sonderpädagogischer Aspekt: Lebensperspektiven der/des Betroffenen.
- Sexualpädagogischer Aspekt: Kann dem/der Betroffenen der zuverlässige Gebrauch von Verhütungsmitteln beigebracht werden?

Mindestens zwei Gutachter sind einzuschalten; sie müssen den/die Betroffene vor Erstattung des Gutachtens persönlich untersuchen oder befragen, sie dürfen nicht personengleich mit dem die Sterilisation ausführenden Arzt sein (§ 297 Abs. 6 Satz 3 FamFG).

(e) Der Betroffene muss vom Richter **persönlich angehört** werden (§ 297 Abs. 1 und 4 FamFG).

(f) Die Betreuungsbehörde und die Ehegatten, Eltern, Pflegeeltern, Kinder, Vertrauenspersonen *sollen* (mündlich oder schriftlich) angehört werden (§§ 297 Abs. 2 und 3, 274 Abs. 4 FamFG)

4. Durchführung der Sterilisation

Der Beschluss des Richters, durch den die Einwilligung in die Sterilisation nach der Methode ... genehmigt wird, ist mit Gründen dem Betroffenen selbst bekanntzumachen. Wirksam wird die Genehmigung mit der Bekanntmachung (Zustellung) an den Verfahrenspfleger und den Sterilisationsbetreuer (§ 297 Abs. 7 FamFG), dh mit dem späteren Zeitpunkt. Erst zwei Wochen später darf die Sterilisation frühestens durchgeführt werden (§ 1905 Abs. 2 Satz 2 BGB).

5. Rechtsmittel

Gegen die Genehmigung oder die Versagung der Genehmigung ist die befristete Beschwerde gegeben (Frist: ein Monat, § 63 Abs. 1 FamFG). Beschwerdeberechtigt ist zB der/die Betroffene und in dessen Namen der Sterilisationsbetreuer, ferner der Verfahrenspfleger (§§ 59, 303 FamFG).

VI. Postkontrolle

1. Allgemeines

Das Grundgesetz schützt in Art. 10 das Brief-, Post- und Fernmeldegeheimnis. Der Betroffene ist durch die Bestellung eines Betreuers nicht gehindert, soziale Kontakte zu unterhalten; er kann ungehindert Briefe schreiben, telefonieren, aber auch angerufen und angeschrieben werden. Selbst wenn ein Betreuer den Aufgabenkreis „persönliche Angelegenheiten des Betreuten" oder „alle Angelegenheiten des Betreuten" hat, ist die Entscheidung über den Fernmeldeverkehr des Betroffenen und über die Entgegennahme, das Öffnen und das Anhalten seiner Post nicht davon erfasst (§ 1896 Abs. 4 BGB).

Es gibt aber manchmal Fälle, in denen die Kommunikation des Betroffenen in seinem Interesse eingeschränkt werden muss. Den Weg, die Post vom Betreuungsrichter kontrollieren zu lassen oder eine betreuungsgerichtliche Genehmigung für das Postanhalten durch den Betreuer vorzuschreiben, hat das Gesetz nicht gewählt. Vielmehr kann die Befugnis voll einem Betreuer übertragen werden.

Das Gericht kann nach § 1896 Abs. 4 BGB einen Betreuer bestellen, der auch die Befugnis hat, den Fernmeldeverkehr des Betroffenen zu kontrollieren, die Post zu öffnen und anzuhalten; dies muss dann ausdrücklich im Beschluss aufgeführt werden (§ 1896 Abs. 4 BGB); zuständig für eine solche Entscheidung ist der Richter, nicht der Rechtspfleger.

2. Voraussetzungen der Anordnung

Ein solcher Aufgabenkreis kann dem Betreuer eingeräumt werden, wenn von der Kommunikation des Betroffenen erhebliche Gefahren für den Betroffenen ausgehen oder wenn sie geeignet ist, die öffentliche Sicherheit oder Ordnung erheblich zu gefährden.

Bei der **eingehenden Post** kommen zB Schreiben von bestimmten Verwandten in Betracht, die beim Betroffenen zu schweren Erregungen führen; ferner Fälle, in denen der Betroffene wegen seiner Verwirrtheit eingehende Post (zB Steuerbescheide, Rentenmitteilungen, Bankpost) unauffindbar verlegt, so dass dem Betreuer eine ordnungsgemäße Führung der Betreuung erschwert wird.

Bei der **ausgehenden Post** sind Fälle denkbar, in denen der (geschäftsunfähige) Betreute laufend unsinnige Bestellungen tätigt; sie sind zwar nichtig (§ 104 Nr. 2 BGB; Ausnahme: § 105a BGB), ihre

Rückabwicklung belastet aber unnötig den Betreuer und den Rechtsverkehr.

3. Umfang der Befugnisse des Betreuers

Nach dem Gesetzestext können dem Betreuer uneingeschränkte Kontrollbefugnisse eingeräumt werden. Der Richter kann in seinem Beschluss die Kontrollbefugnisse beschränken, zB auf eingehende Post einer bestimmten Person. Auch ohne eine solche Einschränkung im richterlichen Beschluss liegt es in der Natur der Sache, dass der Schriftwechsel des Betroffenen mit bestimmten Absendern und Empfängern nicht kontrolliert oder angehalten werden darf:

- mit dem Gericht;
- mit dem Verfahrenspfleger;
- mit dem beauftragten Rechtsanwalt;
- mit den Volksvertretungen in Bund und Ländern;
- mit der Europäischen Kommission für Menschenrechte;
- bei Ausländern mit der konsularischen oder diplomatischen Vertretung des Heimatlandes.

4. Durchführung der Kontrolle

Das Gesetz regelt nicht, wie die Überwachung ausgeführt wird. Hat der Betroffene einen eigenen Telefonanschluss, ist eine Telefonkontrolle kaum möglich. Hält er sich in einem Altenheim auf, kann der Betreuer, ausgewiesen durch die spezielle Betreuungsanordnung, von der Heimleitung verlangen, dass sie bestimmte Telefonanrufe nicht an den Betroffenen vermittelt. Dass der Betroffene Briefe absendet, lässt sich kaum verhindern. Eingehende Briefe können nur abgefangen werden, wenn sich der Betroffene in einem Heim aufhält. Die Postanstalt ist verpflichtet, die Post des Betreuten dem Betreuer auszuhändigen, wenn der Betreuer dies unter Vorlage der gerichtlichen Anordnung verlangt.

Hinweis:

Diejenige eingehende Post, die der Betreuer nicht an den Betroffenen weiterleiten, sondern anhalten will, sendet er an den Absender zurück; ist das nicht durchführbar (zB weil die Anschrift des Absenders nicht klar ist oder wegen des Portoaufwands) nimmt er sie zur Habe des Betroffenen, weil sie zum Vermögen des Betroffenen gehören; der Betreuer darf diese Post nur vernichten, wenn er einen entsprechenden Aufgabenkreis hat. Die ausgehende Post, also die Briefe des Betroffenen, nimmt der Betreuer zur Habe des Betroffenen, wenn er sie nicht weiterleitet.

Eine Mitteilung von der Postöffnung oder vom Anhalten an den Betroffenen ist nicht vorgesehen. Da die Betreuung persönlich ausgerichtet sein soll (§ 1901 BGB), darf meines Erachtens die Mitteilung nur unterbleiben, wenn sie gesundheitsschädlich wäre oder der Zweck der Maßnahme durch die Mitteilung gefährdet würde.

VII. Überwachung eines Bevollmächtigten

Hat der Betroffene wirksame Vollmachten erteilt (vgl. S. 10), kann er aber wegen seiner geistigen Behinderungen (§ 1896 Abs. 1 und 2 BGB) den Bevollmächtigten nicht mehr ausreichend überwachen, kann auf Antrag des Betroffenen oder von Amts wegen ein Betreuer bestellt werden, der lediglich (oder: zusätzlich) den Aufgabenkreis: „Geltendmachung von Rechten des Betreuten gegenüber seinem Bevollmächtigten X" hat (§ 1896 Abs. 3 BGB). Irgendein Bedarf, ein Anhaltspunkt für die Notwendigkeit einer Überwachung, ist erforderlich; eine rein vorsorgliche Kontrollbetreuung ist unzulässig (OLG Köln FamRZ 2000, 909). Zuständig dafür ist der Rechtspfleger (§ 3 Nr. 2b RPflG). Im Bestellungsverfahren muss kein Sachverständigengutachten über den Betroffenen eingeholt werden, es genügt, wenn ein ärztliches Zeugnis über den Betroffenen vorgelegt wird (§ 281 Abs. 1 Nr. 2 FamFG). Ein Verfahrenspfleger ist nicht erforderlich.

Der Kontrollbetreuer hat ua folgende Rechte:

- er kann vom Bevollmächtigten Auskunft verlangen (§ 666 BGB);
- er kann die geordnete Aufstellung des Vermögens und der Einnahmen und Ausgaben fordern (§ 666 BGB);
- er kann Herausgabe der Belege verlangen (§ 667 BGB);
- er kann gestatten, dass der Bevollmächtigte von ursprünglichen Weisungen des Betreuten abweicht (§ 665 Satz 2 BGB);
- er kann notfalls das der Vollmacht zugrunde liegende Rechtsverhältnis kündigen und die Vollmacht widerrufen (§ 671 BGB); vgl. Dodegge NJW 1995, 2393;
- er kann Schadensersatzansprüche gegen den Bevollmächtigten geltend machen.

Der Bevollmächtigte ist zwingend „Beteiligter" des Verfahrens der Bestellung eines Betreuers, sofern sein Aufgabenkreis betroffen ist (§ 274 Abs. 1 Nr. 3 FamFG).

BEISPIEL: Wurde dem X eine Bankvollmacht erteilt, ist er nicht Beteiligter, wenn ein Gesundheitsbetreuer bestellt werden soll; er ist Beteiligter, wenn ein Vermögensbetreuer bestellt werden soll.

Der Bevollmächtigte hat ein Beschwerderecht gegen die Bestellung eines Kontrollbetreuers, wenn sein Aufgabenkreis betroffen ist (§ 303 Abs. 4 Satz 1 FamFG).

3. Kapitel

Unterbringung des Betreuten durch den Betreuer

I. Rechtsgrundlagen

Eine freiheitsentziehende Unterbringung kann nach verschiedenen Rechtsgrundlagen erfolgen:

(1) Nach §§ 415 ff. FamFG; das frühere **Gesetz über das gerichtliche Verfahren bei Freiheitsentziehungen** v. 29.6.1956 (FEVG) wurde aufgehoben. Die Regelung es betrifft vor allem das Verfahren bei Freiheitsentziehungen aufgrund des Aufenthaltsgesetzes, früher Ausländergesetz (Abschiebungshaft) und des Infektionsschutzgesetzes (Seuchen, Geschlechtskrankheiten).

(2) Nach §§ 63 ff. StGB (**Maßregeln** der Besserung und Sicherung). Der Vollzug ist landesrechtlich geregelt; teils in einem eigenen Maßregelvollzugsgesetz, teils in zusätzlichen Vorschriften des Landes-PsychKG.

(3) Nach dem jeweiligen **Landesgesetz über die öffentlich-rechtliche Unterbringung** psychisch Kranker; die materiellrechtlichen Voraussetzungen sind also von Bundesland zu Bundesland verschieden; das Verfahren ist aber einheitlich in §§ 312 ff. FamFG geregelt. Die öffentlich-rechtliche Unterbringung ist im 4. Kapitel erörtert.

(4) Nach dem **BGB:** Unterbringung des Kindes durch die Eltern (§ 1631b BGB); Unterbringung des Volljährigen durch den Betreuer (§ 1906 BGB); Unterbringung des Volljährigen durch einen Bevollmächtigten (§ 1906 Abs. 5 BGB); das Verfahren ist ebenfalls in

§§ 312 ff. FamFG geregelt. Diese Unterbringung ist im vorliegenden Kapitel behandelt. Bei Kindern ist allerdings das Familiengericht zuständig (§ 151 Nr. 6 FamFG).

II. Was ist Unterbringung?

1. Unterbringung im engeren Sinn

Eine Freiheitsentziehung im Sinne von § 1906 Abs. 1 BGB liegt vor, wenn der Betroffene gegen seinen natürlichen Willen am Verlassen eines bestimmten räumlichen Bereichs gehindert wird (Damrau/Zimmermann § 1906 Rz. 1). Dies ist bei der Unterbringung zB in einem geschlossenen oder „halboffenen" Krankenhaus, Heim, psychiatrischen Abteilung der Fall.

Streitig ist, ob eine freiheitsentziehende Unterbringung auch dann vorliegt, wenn der Betroffene *einwilligt.* Die herrschende Meinung verneint das, falls der Betroffene einsichtsfähig ist und mit natürlichem Willen zustimmt (BayObLG FamRZ 1996, 1375; OLG Hamm FamRZ 2000, 1122). Die Folge ist, dass weniger Unterbringungsverfahren notwendig sind, wenn der Betroffene zur Einwilligung beispielsweise überredet werden kann. Das schadet dem Betroffenen zunächst auch nicht, weil er jederzeit die Einwilligung widerrufen kann und dann sofort zu entlassen ist.

2. Unterbringungsähnliche Maßnahmen (§ 1906 Abs. 4 BGB)

Sie liegen vor, wenn einem volljährigen Betreuten, der sich in einem Krankenhaus, Altenheim, Pflegeheim, in Einrichtungen für geistig Behinderte, psychiatrischen Krankenhäusern oder Abteilungen usw. aufhält, ohne untergebracht zu sein, über einen längeren Zeitraum oder regelmäßig die Freiheit durch

- mechanische Vorrichtungen,
- Medikamente oder
- auf sonstige Weise

entzogen werden soll.

Unterbringungsähnliche Maßnahmen sind in § 1906 Abs. 4 BGB der Unterbringung im engeren Sinn gleichgestellt; sie sind also nur zulässig, wenn die Voraussetzungen des § 1906 Abs. 1 Nr. 1 oder Nr. 2 BGB vorliegen; im Regelfall ist Nr. 1 einschlägig: der altersverwirrte Patient soll sich nicht verirren können; er soll nicht stürzen können. Ferner muss ein Betreuer mit einem ausreichenden Aufgabenkreis vorhanden sein.

BEISPIELE:

- **Mechanische Vorrichtungen:** Einschließen im Zimmer. Nachts verschlossene Eingangstüren. Bauchgurte in Verbindung mit Bettgittern sollen den Patienten daran hindern, nachts aus dem Bett zu steigen. Fußfesseln sollen verhindern, dass der Patient nachts aufsteht und im Mehrbettzimmer Unruhe hervorruft. Folge ist in beiden Fällen unter Umständen, dass das WC nicht aufgesucht werden kann. Tagsüber müssen viele alte Menschen mit Leibgurten an Stühlen oder Rollstühlen festgebunden werden, weil sie allein nicht sicher sitzen können. Komplizierte Schlösser in Form von Zahlencode-, Magnet- und sonstigen Trickschlössern werden verwendet, um den Patienten am Verlassen der Station zu hindern. Ist er verwirrt, könnte er sich sonst verlaufen, unauffindbar erfrieren oder verhungern. Bei ausreichend Begleitpersonal könnte diese Art der Freiheitsbeschränkung vermieden werden.
- **Medikamente:** Psychopharmaka werden vielfach zur Ruhigstellung der Patienten verabreicht. Schlafmittel, falls sie gezielt deshalb eingegeben werden, dass der Betroffene nicht entweicht. Soll das Schlafmittel aber nur die Schlaflosigkeit beheben, fällt es nicht unter § 1906 Abs. 4 BGB. Die Abgrenzungsschwierigkeit liegt auf der Hand.
- **Sonstige Weise:** Der Pförtner lässt den Betroffenen nicht hinaus; das Personal hindert den Betroffenen; Anbringen von Alarmetiketten in der Kleidung.

Über einen **längeren Zeitraum oder regelmäßig** muss die Freiheit entzogen werden, damit § 1906 Abs. 4 BGB anwendbar ist, das ist zB der Fall, wenn die Maßnahme länger als einen Tag dauert (vgl. Art. 104 Abs. 3 GG); oder wenn sie stets in der Nacht erfolgt (zB Anbringung des Bettgitters) oder stets aus demselben Anlass (zB der Leibgurt wird stets beim Essen angelegt).

Anwendungsbereich des § 1906 Abs. 4 BGB:

- Für **Minderjährige** gilt § 1906 Abs. 4 BGB nicht: Die Mutter kann also ihren Säugling ohne gerichtliche Genehmigung ins Gitterbett legen (BGH v. 7.8.2013 – XII ZB 559/11).
- Für **nach § 1906 Abs. 1 bis 3 BGB untergebrachte Personen** gilt: Die ursprüngliche Unterbringungsgenehmigung umfasst grundsätzlich alle mit der Unterbringung in einer geschlossenen Einrichtung **regelmäßig** verbundenen Beschränkungen der körperlichen Bewegungsfreiheit (wie zB abgeschlossene Haustüren). Hierzu gehört dagegen zB nicht ein Anbinden des Betreuten im Bett durch einen Beckengurt für einen längeren Zeitraum oder regelmäßig. Eine *weitere* gerichtliche Genehmigung ist deshalb erforderlich, wenn dem Untergebrachten durch mechanische Vorrichtungen oder regelmäßig zusätzlich die Freiheit entzogen werden soll (BGH NJW 2011, 520; Palandt/Götz § 1906 Rz. 34; aA LG Baden-Baden FamRZ 2010, 1471). Diese zusätzliche Genehmigung setzt voraus, dass der Betreute aufgrund einer Krankheit seinen Willen nicht frei bestimmen kann (BayObLG FamRZ 1994, 721); vgl. § 1896 Abs. 1 a BGB.
- Für **nach den Landesgesetzen untergebrachte Personen** gilt § 1906 Abs. 4 BGB ebenfalls nicht: Wer wegen Selbstmordgefahr nach dem Landesrecht in einem psychiatrischen Krankenhaus untergebracht ist, kann dort zB ohne zusätzliche gerichtliche Genehmigung gefesselt werden.
- Für **Familienpflege** gilt § 1906 Abs. 4 BGB ebenfalls nicht, weil sich hier der Betroffene nicht in einer Anstalt, einem Heim oder einer sonstigen Einrichtung aufhält.

BEISPIEL: Ein 50-Jähriger ist an der Alzheimerschen Krankheit erkrankt und völlig verwirrt. Er wird von seiner Frau betreut. Weil sie keine andere Aufsichtsperson hat, sperrt die Frau ihren Mann jeweils am Samstagvormittag im Wohnzimmer ein, um für die Woche einzukaufen. Wenn der Mann einwilligt oder wenn die allgemeinen Rechtfertigungsgründe (Notstand) vorliegen, ist dies zulässig. Eine Genehmigung des Betreuungsgerichts ist jedenfalls nicht erforderlich.

- **Unterbringung in der eigenen Wohnung.** Dagegen soll es genehmigungspflichtig sein, wenn der vom Betreuer beauftragte familienfremde Pflegedienst nach dem Verlassen der Wohnung des Betreuten jeweils die Wohnung abschließt, so dass der Betreute das Haus nicht verlassen kann und wegen seiner Orientierungslosigkeit nicht im Straßenverkehr gefährdet wird (LG Hamburg FamRZ 1994, 1619; LG München I FamRZ 2000, 1123).
- Die **Obhutspflichten des Heimträgers** zum Schutz der körperlichen Unversehrtheit der Heimbewohner, die nach § 1906 Abs. 4 BGB dort untergebracht sind und zB stürzen, beschränken sich auf die üblichen Maßnahmen (BGH NJW 2005, 1937).

III. Voraussetzungen der Unterbringung durch den Betreuer

1. Aufgabenkreis des Betreuers

Dem Betroffenen muss ein Betreuer bestellt worden sein mit dem Aufgabenkreis „Aufenthaltsbestimmung" (OLG Stuttgart FPR 2004, 711) oder „Unterbringung" oder einem ähnlichen Aufgabenkreis. **Ungenügend** sind zB die Aufgabenkreise „Zuführung zur ärztlichen Behandlung", „Personensorge". Notfalls muss zuerst der Aufgabenkreis des Betreuers insoweit erweitert werden, gegebenenfalls durch eine einstweilige Anordnung (vgl. S. 148).

2. Wohl des Betreuten

Der Betreuer darf den Betreuten gegen seinen natürlichen Willen freiheitsentziehend nur unterbringen (oder in eine unterbringungsähnliche Maßnahme einwilligen), wenn dies zum Wohle des Betreuten erforderlich ist. Das Wohl des Betreuten kann allerdings nicht in jedem Gesichtspunkt (zB Bequemlichkeit; finanzielle Erwägungen) gesehen werden; vom Gesetz anerkannt sind nur zwei Fallgruppen:

a) Selbstgefährdung (§ 1906 Abs. 1 Nr. 1 BGB)

Erforderlichkeit der Freiheitsentziehung, weil die Gefahr besteht, dass sich der Betreute selbst tötet oder sich selbst erheblichen gesundheitlichen Schaden zufügt. Das ist zB der Fall, wenn der Betreute altersbedingt verwirrt ist und daher ziellos umherirrt (Gefahr, dass er überfahren wird, erfriert, verhungert). Nicht genügt, dass der Betreute sein Vermögen schädigen wird (dafür steht die Anordnung eines Einwilligungsvorbehalts zur Verfügung, § 1903 BGB). Ebenso wenig genügt für eine zivilrechtliche Unterbringung, dass der Betreute Dritte oder die Allgemeinheit (zB durch Straftaten) schädigen will (allerdings liegen dann uU die Voraussetzungen einer öffentlich-rechtlichen Unterbringung vor); bloß unsoziales Verhalten (der Betroffene beißt, kratzt Dritte, reißt die Brille herunter) soll ebenfalls nicht genügen (LG Hildesheim BtPrax 1994, 106). Drohende Verwahrlosung reicht nur aus, wenn zugleich eine erhebliche gesundheitliche Schädigung vorliegt (BGH NJW-RR 2010, 291).

Gefahrenursache: Die Gefahr muss bestehen **aufgrund** einer psychischen Krankheit oder einer geistigen oder seelischen Behinderung des Betreuten. Andere Gefahrenursachen genügen nicht. Wer geistig gesund einen Selbstmordversuch unternimmt, kann nicht zivilrechtlich untergebracht werden (vielleicht aber öffentlich-rechtlich); das Problem ist, ob eine psychische Krankheit vorliegt. Wer alkohol-, tabak-, fress- oder rauschgiftsüchtig ist, kann ebenfalls nicht untergebracht werden, solange keine psychische Krankheit oder geistige/seelische Behinderung vorliegt (vgl. BayObLG 1993, 18; NJW 1980, 774).

Gefahr heißt: Die bloße Möglichkeit der Selbstgefährdung genügt nicht, Wahrscheinlichkeit ist erforderlich.

b) Notwendigkeit der Heilbehandlung (§ 1906 Abs. 1 Nr. 2 BGB)

Erforderlichkeit der Freiheitsentziehung, wenn **drei Voraussetzungen** vorliegen:

(1) Eine Untersuchung des Gesundheitszustandes, eine Heilbehandlung oder ein ärztlicher Eingriff ist notwendig. Jede Krankheit genügt hier; ohne die ärztliche Maßnahme muss ein nicht nur

geringfügiger Gesundheitsschaden drohen. Notwendig ist nur, was auch einen Erfolg verspricht (OLG Schleswig FamRZ 2000, 1122). Alkoholentziehungskuren gegen den Willen des Betroffenen sollen nach der derzeitigen medizinischen Meinung keinen Erfolg haben (LG Regensburg FamRZ 1994, 125).

(2) Diese ärztliche Maßnahme kann ohne die Unterbringung des Betreuten nicht durchgeführt werden; beispielsweise darf eine ambulante Behandlung nicht genügen.

(3) Und der Betreute kann aufgrund einer psychischen Krankheit oder geistigen oder seelischen Behinderung die Notwendigkeit der Unterbringung nicht erkennen oder nach dieser Einsicht handeln.

Ist die ärztliche Maßnahme gefährlich, ist sie zusätzlich nach § 1904 BGB genehmigungspflichtig.

3. Erforderlichkeit

Die Unterbringung ist nicht zulässig, wenn weniger einschneidende Maßnahmen ausreichen. Auch bei unterbringungsähnlichen Maßnahmen (§ 1906 Abs. 4 BGB) ist die Genehmigung nicht erforderlich, wenn der Betroffene die Tragweite erkennen kann, einsichtsfähig ist, mit natürlichem Willen zustimmt.

Erforderlichkeit heißt ferner, dass nur das mildeste Mittel angewandt werden darf: statt Einschließen zB Einsatz von Personenortungsanlagen (OLG Brandenburg FamRZ 2006, 1481; aA LG Ulm FamRZ 2009, 544). Permanente Überwachung durch das Pflegepersonal scheidet als milderes Mittel aus, weil sie nicht realisierbar und finanzierbar ist.

4. Verhältnismäßigkeit

Die Unterbringung darf nicht außer Verhältnis zu den ohne sie drohenden Gefahren stehen.

5. Genehmigung des Gerichts

Die Unterbringung muss vom Betreuungsgericht genehmigt worden sein (§ 1906 Abs. 2 BGB); zum Verfahren vgl. unten IV.

Eine solche Genehmigung ist nicht erforderlich, wenn die **Unterbringung mit Willen des Betreuten** erfolgt und anzunehmen ist, dass dieser Wille von Dauer ist. Bei der Frage, ob die Willensäußerung des Betroffenen beachtlich ist, kommt es nicht auf die Geschäftsfähigkeit an, sondern auf den natürlichen Willen, wenn die Einsichtsfähigkeit in die Tragweite der Maßnahme ausreicht (Soergel/Damrau § 1800 Rz. 10). Ist der Betreute mit seinem Willen untergebracht worden und überlegt er es sich nach einigen Tagen anders, dann muss er aus der Anstalt entlassen werden, es sei denn, eine gerichtliche Genehmigung der Unterbringung kann rechtzeitig beschafft werden oder mit dem Aufschub der Unterbringung wäre Gefahr verbunden (§ 1906 Abs. 2 Satz 2 BGB), so dass zunächst die Genehmigung des Betreuers ausreicht.

Die Genehmigung ist ferner nicht erforderlich, wenn die Unterbringung nicht freiheitsentziehend ist, zB in einem **offenen Altenheim.** Wird der Betroffene mit Genehmigung des Betreuungsgerichts in der geschlossenen Abteilung untergebracht, dann einige Wochen **auf die offene Station verlegt,** ist damit die Genehmigung des Betreuungsgerichts verbraucht; für die Rückverlegung ist eine neue Genehmigung des Betreuungsgerichts erforderlich (OLG Hamm FamRZ 2000, 1120). Genehmigungsfrei sind zB Sitzwachen am Bett, Überwachung des Ausgangs mit Kameras, Anbringen von Funkclips an der Kleidung.

Wird die Unterbringung genehmigt, muss der Betreuer von der Genehmigung keinen Gebrauch machen.

IV. Genehmigungsverfahren bei der Unterbringung durch den Betreuer

1. Antrag

Das Erfordernis eines Antrags ist im Gesetz nicht ausdrücklich genannt; ohne „Antrag" des Betreuers oder Dritter (zB des Altenheims, des Krankenhauses, des Arztes) aber besteht für das Gericht kein Anlass zu einer Genehmigung.

2. Zuständigkeit des Gerichts

a) Internationale Zuständigkeit

International sind die deutschen Gerichte zuständig für die Unterbringung von Deutschen und von Nichtdeutschen mit gewöhnlichem Aufenthalt im Inland, § 104 FamFG.

b) Sachliche Zuständigkeit

Sachlich sind die Amtsgerichte, Abt. Betreuungsgericht, zuständig (§ 23a Abs. 1 Nr. 2, Abs. 2 Nr. 1 GVG), das Familiengericht für die Unterbringung von Kindern.

c) Örtliche Zuständigkeit

(aa) Ist schon ein Betreuungsverfahren mit dem Aufgabenkreis „Unterbringung" oder „Aufenthaltsbestimmung" anhängig, ist dieses Amtsgericht zuständig (§ 312 Abs. 1 Nr. 1 FamFG).

(bb) Ist noch kein Betreuungsverfahren bei einem Gericht anhängig, dann ist nach § 312 Abs. 1 Nr. 2 FamFG grundsätzlich das Gericht zuständig, in dessen Bezirk der Betroffene seinen gewöhnlichen Aufenthalt hat; eine Abgabe an das Gericht, in dessen Bezirk der Betroffene untergebracht ist, ist möglich.

d) Abgabe

Das Verfahren kann unter Umständen an das Amtsgericht abgegeben werden, in dessen Bezirk der Betroffene untergebracht ist (§ 314 FamFG).

BEISPIEL: Das AG München hat dem Betroffenen einen Betreuer mit dem Aufgabenkreis „Aufenthaltsbestimmung, Vermögenssorge" bestellt. Der Betreuer bringt den Betroffenen in einem Altenheim in Regensburg unter. Nach einiger Zeit wird der Betroffene immer verwirrter, irrt nachts umher, findet nicht mehr zurück, weshalb er abends starke Schlafmittel erhält. Der Betreuer beantragt die Genehmigung des Betreuungsgerichts. Zuständig ist an sich das AG München. Es wird aber das Teil-Verfahren über die Unterbringungsmaßnahme an das AG Regensburg abgeben.

Voraussetzungen einer solchen Abgabe sind:

(1) Ein wichtiger Grund für die Abgabe (§ 4 FamFG), zB weil das Verfahren von Regensburg aus leichter, zweckmäßiger, schneller durchgeführt werden kann.

(2) Ferner muss der Betroffene und sein Betreuer vorher angehört werden; auch das kann schriftlich geschehen.

(3) Schließlich muss das AG Regensburg übernahmebereit sein. Einigen sich die beiden Gerichte nicht entscheidet das gemeinschaftliche obere Gericht, § 5 Abs. 1 Nr. 5 FamFG

e) Funktionelle Zuständigkeit

Funktionell ist nur der **Richter,** in keinem Fall der Rechtspfleger, zuständig (Art. 104 Abs. 2 GG).

3. Verfahrensfähigkeit des Betroffenen

Der Betroffene ist voll verfahrensfähig, wenn er das 14. Lebensjahr vollendet hat, auch wenn er geschäftsunfähig ist (§§ 316, 167 FamFG). Er kann also Anträge stellen, Rechtsmittel einlegen, zurücknehmen, darauf verzichten.

4. Bestellung eines Verfahrenspflegers

a) Voraussetzungen der Bestellung

Das Gericht muss dem Betroffenen möglichst bald, spätestens einen angemessenen Zeitraum vor der Entscheidung, einen Verfahrenspfleger bestellen, „wenn dies zur Wahrnehmung der Interessen des Betroffenen erforderlich ist“ (§ 317 FamFG). Es ist also nicht in allen Fällen ein Verfahrenspfleger zu bestellen, sondern nur in folgenden Fallgruppen:

(aa) Wenn das Gericht von der persönlichen Anhörung des Betroffenen absehen will, zB weil der Betroffene verständigungsunfähig ist oder die Anhörung seine Gesundheit gefährden würde (§§ 317, 34 Abs. 2 FamFG). Der Richter hat sich hier zwar vom Betroffenen einen unmittelbaren Eindruck verschafft und möglicherweise festgestellt, dass der Betroffene keine sinnvollen Äußerungen mehr von sich geben kann. Auch liegt ein Gutachten eines Sachverständigen vor. Der Verfahrenspfleger ist lediglich erforderlich, weil der Betroffene seinen verfassungsrechtlichen Anspruch auf rechtliches Gehör (Art. 103 GG) selbst nicht mehr ausüben kann.

(bb) Wenn die geistigen Fähigkeiten des Betroffenen derart gemindert sind, dass er seine Interessen selbst nicht mehr ausreichend wahrnehmen kann. Der Betroffene kann in diesen Fällen zwar möglicherweise das rechtliche Gehör noch selbst wahrnehmen, das Gericht bestellt ihm aber den Verfahrenspfleger, weil die Unterbringung ein schwerwiegender Eingriff ist (vgl. BayObLG FamRZ 1993, 602; OLG Hamm BtPrax 1993, 135); aus ähnlichen Erwägungen wird in gewichtigeren Strafprozessen ein Pflichtverteidiger bestellt.

Nach diesen Grundsätzen wird bei Unterbringung oft ein Verfahrenspfleger zu bestellen sein. Bei unterbringungsähnlichen Maßnahmen kommt es auf die Schwere des Eingriffs an.

(cc) Vor Genehmigung einer **ärztlichen Zwangsbehandlung** muss immer ein Verfahrenspfleger bestellt werden (§ 312 Satz 3 FamFG), außer er ist durch einen Anwalt vertreten.

b) Unterbleiben der Bestellung

Die Bestellung eines Verfahrenspflegers soll unterbleiben oder aufgehoben werden, wenn der Betroffene von einem Rechtsanwalt (auch einem in Verfahrenskostenhilfe beigeordnetem) oder einem anderen geeigneten Verfahrensbevollmächtigten (zB einem sachkundigen Verwandten) vertreten wird (§ 317 Abs. 3 FamFG).

c) Wer wird zum Verfahrenspfleger bestellt?

Das Gericht kann jede geeignete Person zum Verfahrenspfleger bestellen. Die Eignung beurteilt es nach pflichtgemäßem Ermessen selbst. In Frage kommen zB Sozialarbeiter, Mitarbeiter der Betreuungsbehörde oder der Betreuungsvereine, pensionierte Justizbedienstete, Rechtsanwälte. Der Betreuer, der die Unterbringungsgenehmigung beantragt, darf wegen der Gefahr einer Interessenkollision nicht zum Verfahrenspfleger bestellt werden.

d) Stellung und Aufgaben des Verfahrenspflegers

Der Verfahrenspfleger hat eine gesetzlich nicht genau geregelte und daher unklare Stellung; er ist „Beteiligter“ des Verfahrens (§ 315 Abs. 2 FamFG). Die Verfahrensfähigkeit des Betroffenen wird durch seine Existenz nicht berührt. Deshalb sind konkurrierende Anträge möglich; zB kann der Betroffene ein Rechtsmittel einlegen, während der Verfahrenspfleger darauf verzichtet. Aus der Rechtstellung des Verfahrenspflegers folgt, dass er wie der Betroffene am Verfahren zu beteiligen ist, dh ihm ist rechtliches Gehör zu gewähren, zu den Terminen ist er zu laden, das Sachverständigengutachten ist ihm zuzuleiten, die Entscheidung ist ihm mitzuteilen. Der für das Verfahren der Unterbringungsgenehmigung bestellte Verfahrenspfleger ist vom Betreuer des Betroffenen unabhängig.

Der Verfahrenspfleger hat die **Aufgabe,** dem Betroffenen Beistand zu leisten, also das zu tun, was der Betroffene (wäre er verständig) selbst tun würde oder was ein Rechtsanwalt im objektiven Interesse des Betroffenen unternehmen würde. Er wird den Betroffenen alsbald nach Bestellung persönlich aufsuchen und mit ihm die Angelegenheit besprechen; eine nur schriftliche Kontaktaufnahme genügt nicht. Das Sachverständigengutachten wird er mit seinem persönlichen Eindruck vom Betroffenen vergleichen, gegebenenfalls neue Gutachten anregen. Er hat zu überlegen, ob die Unterbringung tatsächlich zum Wohl des Betreuten erforderlich ist (vgl. § 1906 Abs. 1 BGB).

Vor allem bei den **unterbringungsähnlichen Maßnahmen** können dem Verfahrenspfleger wichtige Aufgaben zukommen. Die Problematik liegt hier darin, dass das Gesetz ganz unterschiedliche Maßnahmen verfahrensrechtlich gleichbehandelt: das nächtliche Verschließen der Haustüre (das kaum belastet und sinnvoll ist) wie das jede Nacht erfolgende 12-stündige Fesseln im Bett (ein schwerer Eingriff). Zudem genügt ein ärztliches Zeugnis (§ 321 Abs. 2 FamFG), also eine Darstellung des Ergebnisses. Damit besteht die Gefahr geringerer Gründlichkeit des Arztes. Der Verfahrenspfleger wird in besonderem Maße die Erforderlichkeit und Verhältnismäßigkeit der Maßnahme nachprüfen, Alternativen (wie die Verlegung in ein anderes Heim) vorschlagen und das Zeugnis kritisch würdigen müssen. Manche unterbringungsähnlichen Maßnahmen könnten vermieden werden, wenn mehr Pflegepersonal zur Verfügung stünde. Im Gerichtsbeschluss muss die zulässige Maßnahme zum Schutz des Betreuten genau beschrieben werden.

Vergütung und Aufwendungsersatz des Verfahrenspflegers: Der Unterbringungs-Verfahrenspfleger erhält eine Stundenvergütung aus der Staatskasse (§§ 318, 277 FamFG; vgl. S. 121), auch wenn der Untergebrachte vermögend ist; dem „Vermögenden“ wird dies aber dann in Rechnung gestellt (§ 137 Abs. 1 Nr. 16 KostO bzw. KV 31015 GNot KG). Der anwaltliche Verfahrenspfleger kann eine Vergütung nach dem RVG (VV 6300) beanspruchen, soweit er im Rahmen seiner Bestellung solche Tätigkeiten zu erbringen hat, für die ein Laie in gleicher Lage vernünftigerweise einen Rechtsanwalt zuziehen würde (BGH NJW 2011, 453; BVerfG NJWE-FER 2000, 282). Einzelheiten vgl. S. 121 ff.

Die **Bestellung zum Verfahrenspfleger endet** mit Aufhebung, Verfahrensabschluss oder Rechtskraft der Entscheidung (§ 317 Abs. 5 FamFG), besteht also, wenn Beschwerde eingelegt wird, noch für die nächsten Instanzen.

5. Anhörung des Betroffenen durch den Richter

Hat der Betreuer oder ein Dritter den Antrag gestellt, die Unterbringung des Betroffenen gerichtlich zu genehmigen, muss der Richter den Betroffenen persönlich anhören und sich einen unmittelbaren Eindruck von ihm verschaffen (§ 319 FamFG). Dies ist das zentrale Aufklärungsmittel.

a) Welcher Richter muss anhören?

Grundsätzlich muss der Richter den Betroffenen anhören, der die Entscheidung trifft. Ändert sich am Jahresende die Geschäftsverteilung beim Amtsgericht, so dass ein anderer Richter Betreuungsrichter wird, muss der neue Richter die Anhörung nicht wiederholen, wenn das Protokoll der früheren Anhörung ausführlich und aussagekräftig genug ist. Ist der Betroffene in einer weit entfernten Anstalt untergebracht, ist fraglich, ob der Richter anreisen muss, was erhebliche Kosten und Zeitaufwand verursacht, oder ob der Richter das Amtsgericht, das in der Nähe des Unterbringungsortes liegt, um die Anhörung ersuchen darf (sog. ersuchter Richter, Rechtshilferichter). Dazu bestimmt § 319 Abs. 4 FamFG, dass die Anhörung nicht durch den Rechtshilferichter erfolgen „soll". Das heißt, dass die Anhörung zwar immer durch den Rechtshilfe-Richter erfolgen darf, diese Regel aber durch die allgemeinen Sachaufklärungsgrundsätze des § 26 FamFG durchbrochen wird: die Anhörung durch den entscheidenden Richter selbst ist notwendig, wenn das Protokoll des ersuchten Richters inhaltlich ungenügend erscheint oder wenn bei erstmaliger Unterbringung die Erforderlichkeit zweifelhaft ist.

b) Wo muss angehört werden?

Es steht im Ermessen des Richters, ob er die Anhörung im Gerichtsgebäude durchführt oder ob er den Betroffenen in dessen Wohnung, Altenheim oder im Krankenhaus aufsucht. § 319 Abs. 1 Satz 2 FamFG schreibt die Anhörung in der üblichen Umgebung (also in der Regel in der Wohnung) des Betroffenen vor, wenn dies erforderlich ist. Das heißt, wenn es für die Entscheidung darauf ankommt. Bei alkohol- oder rauschgiftsüchtigen Personen beispielsweise kommt es auf den Zustand der Wohnung nicht an. Bei der Fixierung in Pflegestationen ist die Anhörung an Ort und Stelle schon deshalb erforderlich, damit der Richter einen eigenen Eindruck von der Maßnahme gewinnt.

Der Betroffene hat keinen Anspruch darauf, in seiner Umgebung angehört zu werden. Wird allerdings gegen die Entscheidung des Gerichts Beschwerde eingelegt, kann gerügt werden, das Gericht habe sich ungenügender Sachaufklärungsmittel bedient, weil es von der Umgebungsanhörung absah.

c) Wer darf anwesend sein?

Vom Anhörungstermin ist der Betroffene zu verständigen. Der Betreuer und der Verfahrenspfleger (bzw. der Anwalt des Betroffenen) sind ebenfalls zu laden und dürfen anwesend sein, desgleichen die sonstigen „Beteiligten" (§ 315 FamFG). Der Richter kann einen Sachverständigen (zB den behandelnden Arzt) bei der Anhörung hinzuziehen (vgl. § 321 FamFG). Der Betroffene kann ferner verlangen, dass Personen seines Vertrauens die Anwesenheit gestattet wird, zB Verwandten, Bekannten (§ 170 Abs. 1 Satz 3 GVG). Im Übrigen ist die Anhörung nicht öffentlich (§ 170 Abs. 1 Satz 1 GVG), so dass Ärzte, Pflegepersonal, Verwaltungspersonal kein Recht auf Anwesenheit haben, wenn nicht der Betroffene und der Richter damit einverstanden sind (§ 170 Abs. 1 Satz 2 GVG).

d) Inhalt der Anhörung

Bei der Anhörung muss sich der Richter mit folgenden Fragen befassen:

- Er muss im Gespräch einen Eindruck vom Betroffenen gewinnen, von seiner geistigen oder seelischen Behinderung, von der Gefahr, dass sich der Betroffene einen erheblichen gesundheitlichen Schaden zufügt, oder von der Notwendigkeit stationärer Heilbehandlung. Das eigene Bild von der Persönlichkeit ist erforderlich, damit der Richter das ärztliche Gutachten kontrollieren kann (BVerfG NJW 1990, 2310; BGH NJW 2012, 317). Einzugehen ist auf die Vorgänge, die zum Verfahren führten (zB Desorientiertheit und Verirren älterer Menschen; aggressive Unruhezustände; Selbstmordversuche). Bestehen andere Hilfen?

- Die Angehörigen sind festzustellen, damit geklärt werden kann, ob sie förmlich „beteiligt" werden sollen (vgl. § 315 Abs. 4 FamFG). Nach eventuellen Vertrauenspersonen des Betroffenen ist zu fragen.
- Über den Verfahrensverlauf ist der Betroffene zu unterrichten (§ 319 Abs. 2 FamFG), soweit mit ihm ein allgemeines Gespräch möglich ist.
- Wenn die Bestellung eines Verfahrenspflegers in Betracht kommt, sollte der Betroffene gefragt werden, ob er einen Rechtsanwalt beiziehen will; wenn die finanziellen Verhältnisse des Betroffenen dies nicht gestatten, ist auf die Möglichkeit eines Antrags auf Verfahrenskostenhilfe (§ 76 FamFG; §§ 114 ff. ZPO) hinzuweisen.
- Zu prüfen ist ferner, ob der Betroffene künftige Unterrichtungen über das Verfahren (nämlich die Mitteilung der Unterbringung an andere Behörden) verstehen kann, denn andernfalls können sie unterbleiben.

e) Wann ist die Anhörung entbehrlich?

Den persönlichen Eindruck vom Betroffenen muss sich der Richter immer verschaffen. Die ausführliche Anhörung, das heißt das Gespräch mit dem Betroffenen, kann in drei Fällen unterbleiben:

(**aa**) Wenn der Betroffene nach dem unmittelbaren Eindruck des Richters offensichtlich nicht in der Lage ist, seinen Willen kundzutun (§ 34 Abs. 2 FamFG); wenn er sich also nicht verständigen kann.

(**bb**) Wenn nach einem ärztlichen Gutachten von der Anhörung erhebliche Nachteile für die Gesundheit des Betroffenen zu besorgen sind (§§ 319 Abs. 3, 34 Abs. 2 FamFG). So etwas kommt kaum vor; zu denken wäre an Fälle, in denen beim Betroffenen schwere Erregungszustände auftreten, wenn die Umstände, die zu seinem Selbstmordversuch führten, erörtert werden.

(**cc**) Wenn die Unterbringung nicht angeordnet wird.

f) Vorführung des Betroffenen

Wenn sich der Betroffene weigert, zur Anhörung zu erscheinen, kann das Gericht seine Vorführung anordnen (§ 319 Abs. 5 FamFG). Der Betroffene wird dann durch Mitarbeiter der Betreuungsbehörde (die sich der Amtshilfe der Polizei bedienen können) herbeigeschafft. Gewalt darf die Behörde nur anwenden, wenn das Gericht dies ausdrücklich angeordnet hat (§ 319 Abs. 6 FamFG); dabei bedient sich die Behörde in der Regel der Hilfe der Polizei. Öffnet der Betroffene die **Wohnungstüre** nicht freiwillig, darf sie gewaltsam geöffnet und die Wohnung nach dem Betroffenen durchsucht werden, *wenn* das Gericht (notfalls die Behörde) dies ausdrücklich angeordnet hat (§ 319 Abs. 7 FamFG).

6. Beteiligung weiterer Personen und Stellen

a) Mögliche Beteiligte

Vor einer Unterbringungsmaßnahme hat bzw. kann das Gericht zahlreichen Personen und Stellen Gelegenheit zur Äußerung geben und sie auch im Übrigen am Verfahren zu beteiligen:

- Der Betreuer, auch der vorläufige, muss beteiligt werden. Sein Aufgabenkreis spielt keine Rolle (§ 315 Abs. 1 Nr. 2 FamFG).
- Der Vorsorgebevollmächtigte muss beteiligt werden (§ 315 Abs. 1 Nr. 3 FamFG).
- Der Verfahrenspfleger ist automatisch Beteiligter (§ 315 Abs. 2 FamFG).
- Beteiligt werden können nur **bestimmte Angehörige** (§ 315 Abs. 4 Satz 1 Nr. 1 FamFG. Hier sind aber mehrere **Einschränkungen** vorhanden:

  (1) Die Beteiligung steht im Ermessen des Gerichts („kann“).

  (2) Nur der Ehegatte oder der (gleichgeschlechtliche registrierte) Lebenspartner, wenn die Ehegatten oder Lebenspartner nicht dauernd getrennt leben, sowie dessen Eltern (auch Pflegeltern) und Kinder können beteiligt werden, *falls* der Betroffene bei ihnen lebte, also die Kernfamilie. Nicht dazu gehören die Geschwister des Betroffenen, Enkel, Neffen und Nichte, Schwäge-

rin, auch nicht der bzw. die „Lebensgefährtin“. Sie könnten aber als „Vertrauenspersonen“ des Betroffenen beteiligt werden. Das Gericht kann sie ferner als Zeugen vernehmen.

(3) Keine Beteiligung erfolgt ferner, wenn dies dem Interesse des Betroffenen zuwiderläuft; die Wünsche und Belange des Betroffenen müsste das Gericht also berücksichtigen. Er müsste erst gefragt werden, ob er mit der Verständigung seiner Kinder etc. einverstanden ist. Durch die Beteiligung entstehen den Angehörigen in der Regel keine Kosten.

- Diese Angehörigen sind von der **Einleitung des Verfahrens** zu verständigen, wenn sie dem Gericht bekannt sind (§ 7 Abs. 4 Satz 1 FamFG); das Gericht muss also in der Regel weder Personen noch Anschriften ermitteln, was sehr bedenklich ist. Diese Personen können dem Gericht jederzeit mitteilen, dass sie beteiligt werden wollen. Durch die Beteiligung entstehen noch keine Kosten für den Beteiligten. Bei Ablehnung des Antrags ist ein Beschluss notwendig (mit Begründung und Rechtsmittelbelehrung, § 39 FamFG), der mit sofortiger Beschwerde nach §§ 567 bis 572 ZPO (also mit einer Frist von zwei Wochen) anfechtbar ist (§ 7 Abs. 5 FamFG). Wird ein Angehöriger nicht beteiligt, muss er sich im Klaren sein, dass er dann auch **kein Beschwerderecht** gegen die Entscheidung des Betreuungsgerichts mehr hat (vgl. § 303 Abs. 2 FamFG).
- Eine vom Betroffenen benannte **Vertrauensperson** kann vom Gericht beteiligt werden (§ 315 Abs. 4 Satz 1 Nr. 2 FamFG).
- Der **Leiter der Einrichtung**, in der der Betroffene lebt (zB Altenheim, psychiatrische Abteilung eines Krankenhauses), kann beteiligt werden (§ 315 Abs. 4 Satz 1 Nr. 3 FamFG).
- Die zuständige **Behörde:** Das ist bei Kindern das Jugendamt (§ 162 FamFG); bei Unterbringung von Betreuten die Betreuungsbehörde (§ 1 Satz 1 BtBG); bei der öffentlich-rechtlichen Unterbringung die jeweilige Behörde nach den Landesgesetzen über die Unterbringung psychisch Kranker, zB das Ordnungsamt.
- Weitere Personen nach Landesrecht (§§ 315 Abs. 3, 320 Satz 2 FamFG).

b) Anhörungsverfahren

Zweck der Anhörung ist es, alle relevanten Gesichtspunkte zugunsten des Betroffenen zu ermitteln (vgl. § 320 Satz 1 FamFG). Die Form der Anhörung liegt im Ermessen des Gerichts. In der Regel wird der Sachverhalt (zB dass Frau X in der geschlossenen Abteilung eines Altenheims untergebracht werden soll) dem Anzuhörenden schriftlich mitgeteilt; es wird ihm eine Frist gesetzt, binnen derer er sich äußern kann. Die Angehörten sind keine Zeugen. Über ihr Recht, nichts zu sagen, müssen sie nicht belehrt werden. Eine Pflicht, sich zu äußern, besteht nicht. Setzt das Gericht einen mündlichen Anhörungstermin an, besteht daher auch keine Pflicht zum Erscheinen (anders ist es, wenn es sich um eine Beweisaufnahme handelt). Sind die Angehörigen selbst verständigungsunfähig (zB die Ehefrau des Betroffenen ist selbst untergebracht), ist ihnen nicht für die Anhörung ein Pfleger zu bestellen, weil dieser das Wissen des Angehörigen nicht mitteilen könnte.

Was kann der Angehörte vortragen? Die Angehörigen können sich zum Krankheitsbild des Betroffenen äußern, zur Frage, ob eine Unterbringung erforderlich ist oder ob sie eine andere Lösung sehen, ob sie zB den Betroffenen bei sich selbst aufnehmen wollen und können. Der Betreuer kann über seinen bisherigen Eindruck vom Betreuten berichten, über die Umstände, die zu seinem Antrag führen. Der Leiter der Anstalt kann über das bisherige Verhalten des Betroffenen berichten. Die Angehörten müssen sich aber im Klaren sein, dass ihre Äußerungen nicht vertraulich lediglich für das Gericht bestimmt sind, sondern unter Umständen dem Betroffenen mitgeteilt werden müssen.

Die eingehenden Äußerungen können zur Meinungsbildung des Gerichts beitragen, sie können auch Anlass zu weiteren Ermittlungen sein. Wenn das Gericht seine Überzeugung, dass eine Unterbringung notwendig ist, darauf stützen will, muss es allerdings vorher diese Äußerungen dem Betroffenen und seinem Verfahrenspfleger bzw. Anwalt zur Kenntnisnahme zuleiten; denn nur dann ist das rechtliche Gehör gewahrt und der erhobene Freibeweis kann verwertet werden. Ferner kann der Betroffene oder sein Verfahrenspfleger in solchen Fällen verlangen, dass eine förmliche Beweisaufnahme durchgeführt wird, in der dann Fragen an die Auskunftsperson (die nun Zeuge wird) gestellt werden können.

BEISPIEL: Der Leiter der Anstalt teilt mit, der Betroffene sei kürzlich gegenüber einem Krankenpfleger tätlich geworden. Der Betroffene bestreitet das. Dann kann die Äußerung der Anstalt entweder nicht verwertet werden oder es ist ein Termin anzusetzen, in dem der Pfleger als Zeuge vernommen wird.

c) Unterbleiben der Anhörungen

Nach § 320 Satz 1 FamFG kann die Anhörung der „Beteiligten" in keinem Fall unterbleiben; eine Ausnahme gilt nur bei einstweiligen Anordnungen (§ 332 FamFG).

7. Sachverständigengutachten und ärztliches Zeugnis

a) Sachverständigengutachten

Vor Unterbringungsmaßnahmen nach § 312 Nr. 1 und Nr. 3 FamFG (also vor einer zivilrechtlichen bzw. einer öffentlich-rechtlichen Unterbringung) muss das Gericht das Gutachten eines Sachverständigen einholen (§§ 321 FamFG) und zwar nach den Regeln der ZPO („förmliche Beweisaufnahme", § 30 Abs. 2 FamFG). Das Gutachten ist in keinem Fall entbehrlich (außer, es wird keine Unterbringung angeordnet), auch nicht, wenn die Anhörung durch den Richter eindeutig ergibt, dass die Voraussetzungen vorliegen. Die Anordnung der Begutachtung ist nur in Ausnahmefällen mit Beschwerde anfechtbar (BGH NJW 2007, 3575; streitig); s. S. 130.

(aa) Auswahl des Sachverständigen: Diese steht im Ermessen des Gerichts. In der Regel soll der Sachverständige Arzt für Psychiatrie sein, auf jeden Fall muss es sich um einen Arzt mit Erfahrungen auf dem Gebiet der Psychiatrie handeln (§§ 321 Abs. 1 Satz 4 FamFG). Meist werden Gerichtsärzte, Ärzte der Gesundheitsämter, Fachärzte der psychiatrischen Krankenhäuser beauftragt. Nicht voll ausgebildete Fachärzte wird das Gericht nur heranziehen dürfen, wenn ein Facharzt nicht greifbar oder das Gutachten nicht in zumutbarer Zeit erstatten kann. Der Umfang der Erfahrungen des Sachverständigen ist vom Gericht in solchen Fällen durch Rückfrage bei ihm festzustellen (BGH NJW-RR 2012, 962): Wie war der Ausbildungsgang? Wie viele Gutachten hat er schon erstattet?

Beauftragt werden können nur bestimmte Einzelpersonen; eine Klinik oder ein Universitätsinstitut als solche können nicht beauftragt werden, wohl aber deren Leiter. Der beauftragte Gutachter darf den Antrag nicht ohne Zustimmung des Gerichts auf einen anderen Gutachter (zB einen Oberarzt der Klinik) übertragen (§§ 30 Abs. 2 FamFG; 407a Abs. 2 ZPO). Gutachten, die die Antragsteller (zB Betreuungsbehörde; Ordnungsamt) beifügen, sind keine „vom Gericht eingeholte Gutachten"; sie genügen also nicht (KG FamRZ 1995, 1379).

(bb) Vorbereitung des Gutachtens: Der Sachverständige darf sein Gutachten nicht nach Aktenlage erstatten; er muss den Betroffenen vor der Begutachtung persönlich untersuchen bzw. befragen (§ 321 Abs. 1 Satz 2 FamFG). Der zeitliche Abstand zwischen der Untersuchung und der Erstattung des Gutachtens darf nur gering sein (einige Wochen). Der Sachverständige darf Hilfskräfte (zB Psychologen für Tests) zuziehen. Er muss diese Hilfskräfte aber im Gutachten nennen und den Umfang ihrer Tätigkeit angeben; für Hilfskräfte von untergeordneter Bedeutung gilt das nicht (§§ 30 Abs. 2 FamFG; 407a Abs. 2 Satz 2 ZPO). Die Krankenschwester, die den Blutdruck misst, muss also im Gutachten nicht genannt werden.

Erscheint der Betroffene nicht zum Untersuchungstermin beim Sachverständigen, wird er zu einem neuen Termin geladen und nach den Gründen seines Fernbleibens gefragt. Weigert er sich nachhaltig beim Sachverständigen zu erscheinen, verständigt der Sachverständige das Gericht. Der Richter ordnet dann durch (unanfechtbaren) Beschluss an, dass der Betroffene zur Vorbereitung des Gutachtens untersucht und durch die zuständige Behörde beim Sachverständigen vorgeführt wird (§§ 322, 283 FamFG). Dabei bittet die Behörde in der Regel die Polizei um Unterstützung. **Gewalt** darf die Behörde bzw. die Polizei nur anwenden, wenn das Gericht dies ausdrücklich angeordnet hat (§§ 322, 283 Abs. 2 FamFG). Öffnet der Betroffene die **Wohnungstüre** nicht freiwillig, darf sie nur dann gewaltsam geöffnet und die Wohnung nach dem Betroffenen durchsucht werden, wenn das Gericht (notfalls die Behörde) dies ausdrücklich angeordnet hat (§§ 322, 283 Abs. 3 FamFG).

Wenn die ambulante Untersuchung für den Sachverständigen zu wenig aussagekräftig ist, sondern eine längere Beobachtung erforderlich ist, kann das Gericht anordnen, dass der Betroffene bis zu sechs Wochen **zur Beobachtung untergebracht** wird (§§ 322, 284 FamFG). Vor einer solchen Anordnung muss der Richter den Betroffenen persönlich anhören (notfalls wird er vorgeführt) und einen Sachverständigen (nämlich den, der mit dem Gutachten beauftragt wurde) anhören. Zeigt sich innerhalb der sechs Wochen, dass auch diese Zeitspanne nicht ausreicht, kann diese Beobachtungs-Unterbringung um weitere ca. sechs Wochen bis zu insgesamt drei Monaten verlängert werden (§§ 322, 284 Abs. 2 Satz 2 FamFG). Das ist mit sofortiger Beschwerde anfechtbar.

(cc) Inhalt des Gutachtens: Das Gutachten muss sich mit dem medizinischen Teil der Unterbringungsvoraussetzungen befassen, also im Fall des § 1906 Abs. 1 Nr. 1 BGB mit der Frage, welche psychische Krankheit oder geistige bzw. seelische Behinderung beim Betroffenen vorliegt; wie stark sie ausgeprägt ist; ob aufgrund dessen die Gefahr besteht, dass sich der Betroffene gesundheitlichen Schaden zufügt; ob die Gefährdung durch andere Hilfen abgewendet werden kann; voraussichtliche Dauer des Zustandes (welche Überprüfungsfrist wird vorgeschlagen?). Bei § 1906 Abs. 1 Nr. 2 BGB muss das Gutachten auf die Frage eingehen, ob und weshalb eine Untersuchung des Gesundheitszustandes, eine Heilbehandlung oder ein ärztlicher Eingriff notwendig sind, welche genau, ob sie auch ohne Unterbringung durchgeführt werden kann, aufgrund welcher Krankheit bzw. Behinderung der Betroffene die Notwendigkeit der Unterbringung nicht erkennen kann. In beiden Fallgruppen: Sind von der Bekanntmachung der Gründe der künftigen Entscheidung erhebliche Gesundheitsnachteile zu befürchten (§ 325 Abs. 1 FamFG)? Oder von der künftigen Unterrichtung, dass die Unterbringungsentscheidung andere öffentlichen Stellen mitgeteilt wird (§ 338 FamFG)? Falls der Betroffene vom Richter noch nicht angehört wurde: Sind erhebliche Nachteile für die Gesundheit des Betroffenen zu besorgen, wenn er vom Richter persönlich angehört wird (§§ 319 Abs. 3, 34 Abs. 2 FamFG)?

(dd) Verwertung des Gutachtens: Das Gutachten darf vom Gericht in der Entscheidung erst verwertet werden, wenn der Betroffene und sein Verfahrenspfleger bzw. Anwalt Gelegenheit hatten, dazu Stellung zu nehmen. Es ist ihnen also in der Regel in Abschrift zur eventuellen Stellungnahme zuzuleiten, außer das Gutachten wurde in Anwesenheit des Betroffenen und des Verfahrenspflegers mündlich erstattet.

b) Ärztliches Zeugnis

Vor unterbringungsähnlichen Maßnahmen nach § 1906 Abs. 4 BGB (Bettgitter usw.) ist kein Sachverständigengutachten erforderlich; hier genügt ein „ärztliches Zeugnis“ (§ 321 Abs. 2 FamFG). Der Aussteller muss keine Facharzt-Qualifikation haben. Dieses Zeugnis ist selbst in offenkundigen Fällen nicht entbehrlich.

Worin der **Unterschied zwischen einem Gutachten und einem Zeugnis** (Attest) besteht, ist unklar. Nach einer Meinung teilt das Zeugnis – im Gegensatz zum Gutachten – nur den Befund mit und gibt keine Auskunft über die Fragestellung und den Gang der Untersuchung (Klüsener Rpfleger 1991, 229). Der Satz auf dem Rezeptblatt „X ist verwirrt und muss in der Nacht gefesselt werden“ gestattet aber dem Richter keine Nachprüfung. Vorzuziehen ist deshalb die Meinung, wonach das Zeugnis die für die Entscheidung erheblichen Gesichtspunkte – allerdings in verkürzter Form – enthalten muss, also ebenfalls Sachverhalt, Vorgeschichte, Untersuchungsergebnisse und Beurteilung (Keidel/Budde § 321 Rz. 5).

8. Entscheidung des Gerichts

a) Inhalt der Entscheidung

Der Richter entscheidet durch Beschluss. Der Beschluss hat (bei Genehmigung der zivilrechtlichen bzw. Anordnung der öffentlich-rechtlichen der Unterbringung) im Wesentlichen folgenden Inhalt (§§ 38, 39, 323 FamFG):

- Die **nähere Bezeichnung** der genehmigten Unterbringungsmaßnahme; zB die Art der Anstalt (zB psychiatrisches Krankenhaus). Die konkrete Einrichtung (zB Krankenhaus A oder B) bestimmt der Betreuer (BayObLG FamRZ 1993, 600). Bei den unterbringungsähnlichen Maßnahmen ist die Maßnahme detailliert zu beschreiben (zB „tägliches Festschnallen am Stuhl mit Leibgurt von 11–13 Uhr").
- Die **Überprüfungsfrist.** Der Richter setzt sie je nach der vom Sachverständigen angegebenen Dauer der Unterbringungsbedürftigkeit fest (BGH NJW-RR 2013, 194). Der Zeitpunkt darf höchstens ein Jahr, bei offensichtlich langer Unterbringungsbedürftigkeit höchstens zwei Jahre nach Erlass der Entscheidung liegen (§ 329 Abs. 1 FamFG). Wird die Maßnahme nicht vorher verlängert, endet sie.
- Bei Anordnung der Maßnahme: **keine Kostenentscheidung.**
- **Anordnung sofortiger Wirksamkeit.** Da die Genehmigung der Unterbringung erst mit Ablauf der Beschwerdefrist wirksam wird und der Aufschub der Unterbringung in der Regel die Interessen des Betroffenen gefährden würde, ist die Anordnung der sofortigen Wirksamkeit angebracht (§ 324 Abs. 2 FamFG). Die Entscheidung kann dann sogleich vollzogen werden.
- Entscheidung, welchen Behörden und öffentlichen Stellen die Unterbringungsentscheidung mitzuteilen ist (§ 338 FamFG) in Frage kommen Mitteilungen an Behörden, wenn Führerscheine, Jagdscheine, Waffenscheine usw. einzuziehen sind.
- Begründung der Entscheidung (§ 38 FamFG).
- Rechtsmittelbelehrung (§ 39 FamFG).

b) Bekanntgabe der Entscheidung

Die vollständige Entscheidung wird dem Betroffenen durch Zustellung bekanntgegeben (§ 41 Abs. 1 FamFG), ferner den sonstigen Beteiligten (§§ 315, 41 FamFG), wie zB dem Betreuer, dem Verfahrenspfleger (S. 221); die anordnende Entscheidung wird außerdem uU an Ehegatten, Eltern, Vertrauensperson, Anstaltsleiter, Betreuungsbehörde mitgeteilt (§ 325 Abs. 2 FamFG). In ein Zentralregister wird die Unterbringung nicht eingetragen.

Von der Anordnung oder Genehmigung einer Unterbringung hat das Gericht unverzüglich einen Angehörigen oder eine Vertrauensperson zu benachrichtigen (§ 339 FamFG).

c) Kosten

Gerichtsgebühren fallen nicht an (§ 128b KostO bzw. § 23 GNotKG). Die an den Verfahrenspfleger bezahlte Vergütung wird dem Betroffenen in Rechnung gestellt, wenn er nicht mittellos ist (§ 128b Satz 2 KostO bzw. KV 31015 GNotKG). Hat der Betroffene einen Rechtsanwalt beauftragt, dann schuldet er ihm seit 1.8.2013 für die Vertretung im gerichtlichen Verfahren für jeden Rechtszug eine Gebühr von 40 bis 470 EUR (je nach Schwierigkeit) zuzüglich Auslagen und Mehrwertsteuer (RVG VV Nr. 6300), falls ein Termin stattfindet: von weiteren 40 bis 470 EUR (RVG VV Nr. 6301); falls es nur um die Aufhebung bzw. Verlängerung der Unterbringung geht: von 20 bis 300 EUR (RVG VV Nr. 6302). Bei Genehmigung der Unterbringung hat der Betroffene die Anwaltskosten selbst zu tragen. Bei Ablehnung der Genehmigung kann das Gericht die Anwaltskosten der Staatskasse auferlegen (§ 337 FamFG).

9. Ärztliche Behandlung des Untergebrachten

Ist der Betreute mit seiner medizinischen Behandlung mit natürlichem Willen einverstanden, gibt es keine Besonderheiten (S. 184). Ist er nicht damit einverstanden, liegt eine ärztliche Zwangsmaßnahme (Zwangsbehandlung vor), die in § 1906 Abs. 3 und 3a BGB speziell geregelt ist. Sie bedarf der Genehmigung des Gerichts. Vgl. oben S. 189.

V. Eilfälle

Eilfälle spielen im Unterbringungsrecht eine große Rolle. Hier ist nochmals darauf hinzuweisen, dass Genehmigungen des Betreuers bzw. des Betreuungsgerichts nicht erforderlich sind, wenn der Betroffene zustimmt und bei ihm die natürliche Einsichtsfähigkeit in die Tragweite seiner Entscheidung vorhanden ist (BayObLGZ 1954, 302).

1. Ein Betreuer ist schon bestellt

Hat der Betroffene bereits einen Betreuer mit dem Aufgabenkreis „Aufenthaltsbestimmung", „Unterbringung" oder ähnlich, und will dieser Betreuer den Betroffenen gegen seinen Willen in einer geschlossenen Anstalt unterbringen, dann ist eine Genehmigung des Betreuungsgerichts erforderlich (§ 1906 Abs. 2 Satz 1 BGB). Da das Genehmigungsverfahren Wochen oder sogar Monate dauert, der Betroffene aber unter Umständen wegen einer akuten Situation sofort untergebracht werden muss (oder eine unterbringungsähnliche Maßnahme sofort erforderlich ist), kann das gewöhnliche Genehmigungsverfahren nicht abgewartet werden.

In solchen Fällen kann das Gericht durch eine einstweilige Anordnung eine vorläufige Unterbringung oder vorläufige unterbringungsähnliche Maßnahme genehmigen (§§ 331, 332 FamFG) oder nach § 1846 BGB vorgehen.

a) Voraussetzungen einer gewöhnlichen einstweiligen Anordnung

- Es müssen dringende Gründe für die Annahme vorliegen, dass eine endgültige Unterbringungsmaßnahme getroffen wird (§ 331 Satz 1 Nr. 1 FamFG) Es muss also schon ein Betreuer mit dem Aufgabenkreis „Unterbringung" oder ähnlich bestellt sein, zumindest ein vorläufiger Betreuer mit diesem Aufgabenkreis durch eine einstweilige Anordnung. Der Betreuer oder Vorsorgebevollmächtigte muss ferner die Genehmigung beantragt haben, oder zumindest gleichzeitig beantragen.
- Ein dringendes Bedürfnis für ein sofortiges Tätigwerden muss bestehen.
- Ein ärztliches Zeugnis über den Zustand des Betroffenen muss vorliegen (§ 331 Satz 1 Nr. 2 FamFG), ein Gutachten ist also nicht notwendig.

- Ein Verfahrenspfleger muss bestellt werden, wenn er auch für die endgültige Maßnahme nach §§ 317 FamFG zu bestellen wäre.
- Der Betroffene muss durch den Richter persönlich angehört werden; es genügt die Anhörung durch einen Rechtshilferichter eines anderen Amtsgerichts (§ 331 Satz 2 FamFG).
- Den Beteiligten (§ 315 Abs. 3 und 4 FamFG) muss im Regelfall keine Gelegenheit zur Äußerung gegeben werden, weil dies das Verfahren verzögern würde. Die Anhörung der Betreuungsbehörde und des Leiters der Unterbringungsanstalt (zB Altenheim; psychiatrisches Krankenhaus) kann dagegen telefonisch erfolgen und wird daher oft nicht unterbleiben dürfen.

BEISPIEL: Eine 80-jährige Frau lebt noch im eigenen Haushalt. Ihr Sohn ist zum Betreuer mit dem Aufgabenkreis „Vermögenssorge" bestellt. Er stellt fest, dass seine Mutter zunehmend verwirrter wird; er beantragt daher die Erweiterung seines Aufgabenkreises um die „Aufenthaltsbestimmung". Während des Verfahrens wird die Mutter eines Morgens unterkühlt im Garten ihres Hauses aufgefunden, weil sie ihm Freien übernachtet hat. Der Sohn bringt die Mutter gegen ihren Willen in die geschlossene Abteilung eines Altenheims und teilt dem Betreuungsgericht den Sachverhalt mit der Bitte um Genehmigung mit. Hier kann das Gericht durch eine einstweilige Anordnung die Erweiterung des Aufgabenkreises anordnen und durch eine weitere einstweilige Anordnung die Unterbringung genehmigen.

Zuständig für die einstweilige Anordnung ist bei der zivilrechtlichen Unterbringung (§ 1906 BGB) das allgemein für die Unterbringung zuständige Betreuungsgericht, zusätzlich das Gericht, in dessen Bezirk das Bedürfnis der Fürsorge hervortritt (§ 313 Abs. 2 FamFG). Die einstweilige Anordnung der Unterbringung darf die **Dauer von sechs Wochen** nicht überschreiten. kann aber nach Anhörung eines Sachverständigen auf bis zu drei Monaten verlängert werden (§ 333 FamFG). Für die Bekanntgabe der Entscheidung und ihr Wirksamwerden gelten dieselben Vorschriften wie bei der endgültigen Unterbringungsentscheidung, nämlich § 324 Abs. 1 FamFG. Die einstweilige Unterbringungsanordnung wird also erst mit Ablauf der Frist für die Beschwerde wirksam, weshalb im Regelfall die **sofortige Wirksamkeit** der Entscheidung vom Gericht anzuordnen ist (§ 324 Abs. 2 FamFG), so dass sie sofort vollzogen werden kann.

Merke:

Das Verfahren ist, wie die Darstellung zeigt, ziemlich langwierig. Gegenüber dem Normal-Verfahren der Genehmigung ist es nur deshalb etwas schneller, weil anstelle des Sachverständigengutachtens ein ärztliches Zeugnis genügt. Da aber der medizinische Befund in der Praxis fast immer eindeutig ist, fällt diese Beschleunigung kaum ins Gewicht. Denn die zeitaufwändigen Maßnahmen wie Bestellung des Verfahrenspflegers und Terminabstimmung mit diesem sowie Anhörung der Betroffenen können nicht unterbleiben.

b) Voraussetzungen einer eiligen einstweiligen Anordnung

§ 332 FamFG gibt die rechtliche Möglichkeit, die einstweilige Anordnung bei Gefahr im Verzug etwas schneller zu erlassen. Bei „Gefahr im Verzug" (also bei besonderer Eilbedürftigkeit) kann das Gericht nämlich auch ohne (!) persönliche Anhörung des Betroffenen, ohne Anhörung der Angehörigen und sonstigen Stellen (§ 315 FamFG) und ohne Bestellung und Anhörung eines Verfahrenspflegers die Anordnung erlassen.

Notwendig sind also nur noch:

- Bestellung eines Betreuers mit dem Aufgabenkreis „Aufenthaltsbestimmung" oder „Unterbringung"; oder Existenz eines Vorsorgebevollmächtigten mit diesem Vollmachtsumfang;
- Dringende Gründe für die Annahme, dass die Voraussetzungen des § 1906 BGB vorliegen (Unterbringung zum Wohl des Betreuten);
- Gefahr für den Betroffenen muss vorliegen;
- Ärztliches Zeugnis über den Zustand des Betroffenen.

Im obigen Beispiel muss der Sohn also lediglich ein ärztliches Zeugnis vorlegen, das den medizinischen Befund klarlegt (vgl. S. 236) und er muss den Sachverhalt angeben. In einer Entscheidung kann dann das Gericht zwei einstweilige Anordnungen erlassen: nämlich den Aufgabenkreis des Sohnes erweitern und die Unterbringung vorläufig (auf die Dauer von sechs Wochen) genehmigen. Anschließend sind die unterlassenen Verfahrenshandlungen (persönliche Anhörung des Betroffenen, also der 80-jährigen Dame; Bestellung und Anhörung des Verfahrenspflegers) nachzuholen (§ 332 Satz 2 FamFG).

Gleichzeitig ist in der Regel das **Verfahren der endgültigen Unterbringung** einzuleiten, also insbesondere ein Sachverständigengutachten zu erholen, weil die einstweilige Unterbringung nur sechs Wochen dauern darf und diese Frist meist nicht ausreicht. Das **Verfahren** der einstweiligen Anordnung ist gegenüber dem Hauptsacheverfahren **selbstständig** (§ 51 Abs. 3 Satz 1 FamFG). Leitet das Gericht nicht von sich aus das Hauptsacheverfahren ein kann der Betroffene und jeder andere Beteiligte (§ 315 FamFG) die Einleitung durch einen entsprechenden Antrag erzwingen (§ 52 Abs. 1 Satz 1 FamFG).

c) Handeln ohne Genehmigung bei Gefahr in Verzug

Der Betreuer benötigt zur Unterbringung des Betroffenen die Genehmigung des Betreuungsgerichts. Ist mit dem Aufschub aber Gefahr verbunden, kann unter Umständen die gerichtliche Entscheidung nicht abgewartet werden (zB am Abend, am Wochenende, bei zusammenhängenden Feiertagen, bei Unerreichbarkeit des Richters). Dann kann der Betreuer (mit dem Aufgabenkreis „Aufenthaltsbestimmung, Unterbringung") den Betroffenen **vorerst ohne gerichtliche Genehmigung** unterbringen (§ 1906 Abs. 2 Satz 2 BGB). Die Genehmigung ist aber unverzüglich nachzuholen; der Betreuer muss also sofort dem Betreuungsgericht den Sachverhalt mitteilen und um nachträgliche Genehmigung ersuchen. Fristen sind im Gesetz nicht genannt. Mit der Mitteilung hat der Betreuer das seinerseits Erforderliche getan. Das Gericht wird notfalls mit einer Maßnahme nach § 1846 BGB oder einer einstweiligen Anordnung eingreifen müssen.

Hat der Betreuer nicht diesen Aufgabenkreis, kann er – genauso wie jeder andere – den Betroffenen zB in ein Krankenhaus bringen, wenn ein Notstand vorliegt (§ 34 StGB).

2. Es ist noch kein Betreuer bestellt

Ist dem Betroffenen noch kein Betreuer bestellt, muss zunächst ein Betreuer im Verfahren nach §§ 271 ff FamFG bestellt werden. Da dies Monate dauert, kann das Gericht durch einstweilige Anordnung einen vorläufigen Betreuer bestellen (§§ 300, 301 FamFG; vgl. S. 148).

Ist bereits ein Betreuer bestellt, jedoch ohne den Aufgabenkreis „Aufenthaltsbestimmung“ oder „Unterbringung“, muss zunächst der Aufgabenkreis des Betreuers erweitert werden (oder ein weiterer Betreuer mit dem zusätzlichen Aufgabenkreis bestellt werden). Es handelt sich um eine wesentliche Erweiterung, so dass das Verfahren dasselbe ist wie bei der erstmaligen Bestellung eines Betreuers (§ 293 FamFG). Auch hier ist eine geringe Beschleunigung möglich, indem das Betreuungsgericht einen vorläufigen Betreuer durch einstweilige Anordnung bestellt.

In beiden Fällen kann im selben Beschluss durch eine weitere einstweilige Anordnung eine vorläufige Unterbringung oder unterbringungsähnliche Maßnahme genehmigt werden (§§ 331, 332 FamFG).

3. Eigene Maßnahmen des Betreuungsgerichts

Das Betreuungsgericht kann nach §§ 1908i Abs. 1, 1846 BGB vorläufige Unterbringungsmaßregeln treffen. Dafür gelten nach § 334 FamFG die Vorschriften über die einstweiligen Anordnungen entsprechend. Während die einstweilige Anordnung in beiden Formen voraussetzt, dass ein (zumindest vorläufiger) Betreuer bestellt ist, ist dies bei § 1846 BGB nicht der Fall (BGH FamRZ 2002, 744; BayObLG FamRZ 2003, 783). Nach dieser Vorschrift kann das Gericht tätig werden, wenn noch kein Betreuer bestellt ist oder der Betreuer verhindert (zB nicht erreichbar) ist. Das Betreuungsgericht hat dann die im Interesse des Betreuten erforderlichen Maßnahmen zu treffen; es kann auch eine Unterbringung anordnen, die mit Freiheitsentziehung verbunden ist (BayObLG NJW-RR 1987, 779; OLG Hamm FamRZ 1964, 380). Doch ist anschließend unverzüglich ein vorläufiger Betreuer zu bestellen (BGH FamRZ 2002, 744).

Die Maßnahme nach § 1846 BGB setzt voraus:

- Dringende Gründe für die Annahme, dass künftig ein Betreuer bestellt wird, der die Genehmigung einer endgültigen Unterbringungsmaßnahme beantragen wird und dass das Gericht diese Maßnahme dann genehmigen wird.
- Gefahr in Verzug;
- Ärztliches Zeugnis über den Zustand des Betroffenen.

Entbehrlich sind also zunächst die Anhörung des Betroffenen, der in § 315 FamFG genannten Angehörigen und Stellen, Bestellung und Anhörung des Verfahrenspflegers, Bestellung und Anhörung des Betreuers. Diese Anhörungen (mit Ausnahme der des Betreuers) sind aber nachzuholen.

Zuständig für Maßnahmen nach § 1846 BGB ist dasselbe Gericht, das für eine einstweilige Anordnung zuständig wäre (§ 334 FamFG). Die Dauer der Maßnahme ist auf sechs Wochen befristet (§ 333 FamFG). Die Anordnung unterliegt der befristeten Beschwerde, weshalb die sofortige Wirksamkeit anzuordnen ist. Das Gericht hat nach der Maßnahme baldigst einen Betreuer zu bestellen, der zu prüfen hat, ob er die Maßnahme aufrechterhält (BGH FamRZ 2002, 744).

4. Öffentlich-rechtliche Unterbringung

In manchen Eilfällen erübrigen sich einstweilige Anordnungen oder Maßnahmen nach § 1846 BGB, weil (auch) die Voraussetzungen einer Unterbringung nach dem jeweiligen Landesgesetz über die Unterbringung psychisch Kranker vorliegen.

BEISPIEL: Der Betroffene unternimmt aufgrund einer psychischen Erkrankung einen Selbstmordversuch. Dann liegen sowohl die Voraussetzungen des § 1906 BGB wie auch der Landesgesetze vor.

VI. Verlängerung und Aufhebung der Unterbringung

1. Verlängerung

Die Unterbringungsentscheidung enthält den Zeitpunkt, zu dem die Unterbringungsmaßnahme endet, wenn sie nicht vorher verlängert wird. Bei offensichtlich langer Unterbringungsbedürftigkeit ist die Unterbringung zunächst auf zwei Jahre befristet, in den Normalfällen auf ein Jahr (§ 329 Abs. 1 Satz 1 FamFG). Die ärztliche Zwangsbehandlung ist in der Regel auf 6 Wochen beschränkt (§ 329 Abs. 1 Satz 2 und Abs. 3 FamFG).

Einige Zeit vor diesem Zeitpunkt überprüft das Gericht, ob die Voraussetzungen einer Verlängerung vorliegen. Für die Verlängerung gelten die Vorschriften über die erstmalige Maßnahme entsprechend (§ 329 Abs. 2 FamFG). Soweit erforderlich, ist also wiederum ein Verfahrenspfleger zu bestellen (§ 317 FamFG), der Betroffene ist erneut persönlich anzuhören (§ 319 FamFG), den in § 315 FamFG genannten Personen und Stellen ist Gelegenheit zur Stellungnahme zu geben, ein neues Sachverständigengutachten ist einzuholen (§ 321 FamFG). Das Schwergewicht liegt beim Bericht der Anstalt und beim Gutachten. Das Gericht kann den Gutachter, der in den letzten ein, zwei oder drei Jahren bereits den Betroffenen begutachtet hat, erneut mit der Begutachtung beauftragen, wenngleich dies wenig zweckmäßig ist, weil der Sachverständige häufig nur sein altes Gutachten etwas aktualisiert und abschreibt. Erst bei Unterbringungen mit einer Gesamtdauer von mehr als vier Jahren „soll" das Gericht einen neuen Gutachter bestellen und zwar einen, der nicht Bediensteter der Unterbringungsanstalt ist (§ 329 Abs. 2 Satz 2 FamFG). Untergebrachte halten die Gutachter manchmal für voreingenommen; durch einen mit der Sache bisher nicht befassten unabhängigen externen Gutachter soll eine objektivere Entscheidungsgrundlage geschaffen werden.

2. Aufhebung durch das Gericht

Ergibt sich, dass die materiellen Voraussetzungen der Unterbringung (§ 1906 BGB) nicht mehr vorliegen, ist die Genehmigung der Unterbringung durch das Gericht durch Beschluss aufzuheben (§ 330 Satz 1 FamFG).

BEISPIEL: Beim Kranken ist die Selbstmordgefahr entfallen; die Aggressivität kann durch regelmäßige Verabreichung von Depotspritzen gedämpft werden; der Verwirrte ist inzwischen wegen Altersschwäche dauernd bettlägerig.

Für das Aufhebungsverfahren sind im Gesetz keine Verfahrensvoraussetzungen geregelt. Das Gericht kann also die Unterbringung aufheben, ohne den Betroffenen selbst anzuhören, ohne Dritte anzuhören und ohne ein Sachverständigengutachten einzuholen. In der Regel wird sich allerdings das Gericht die Überzeugung, dass die Unterbringungsbedürftigkeit weggefallen ist, nur durch Einholung eines solchen Gutachtens bilden können.

Welches Betreuungsgericht örtlich für die Aufhebung zuständig ist, ergibt sich aus § 313 FamFG. Funktionell ist der Richter zuständig, nicht der Rechtspfleger.

Eine Aufhebung kommt nicht nur anlässlich der turnusmäßigen Überprüfung im Abstand von ein bis zwei Jahren in Betracht, sondern jederzeit, trotz Rechtskraft des Beschlusses.

3. Beendigung durch den Betreuer

Der Betreuer hat die Unterbringung zu beendigen, wenn seines Erachtens ihre Voraussetzungen nicht mehr vorliegen; die Entlassung hat er dem Gericht mitzuteilen (§ 1906 Abs. 2 BGB). Der Betreuer muss sich daher immer wieder davon überzeugen, ob der Betreute noch der Unterbringung bedarf. Diese Entlassungsbefugnis des Betreuers steht neben der Beendigungsbefugnis des Gerichts nach § 330 FamFG; beide Befugnisse sind voneinander unabhängig.

VII. Vollzug der Unterbringung

Die zivilrechtliche (dh die vom Betreuer veranlasste) Unterbringung wird nicht vom Gericht oder von einer Behörde vollzogen, sondern vom Betreuer mit dem Aufgabenkreis „Aufenthaltsbestimmungsrecht" oder „Unterbringung".

Der Betreuer kann also **von der Unterbringung absehen,** obwohl sie vom Betreuungsgericht genehmigt wurde. Ist der Betroffene untergebracht, kann der Betreuer die Unterbringung jederzeit beenden, nicht nur zu den Überprüfungszeitpunkten. Er braucht dazu keine Genehmigung des Gerichts oder des Arztes. Meist wird er allerdings nur aufgrund ärztlicher Empfehlung die Unterbringung beenden wollen.

Die Betreuungsbehörde hat den Betreuer bzw. Vorsorgebevollmächtigten auf dessen Wunsch bei der Zuführung zur zivilrechtlichen Unterbringung zu **unterstützen** (§ 326 Abs. 1 FamFG). Die Behörde ist also dem Betreuer bzw. Bevollmächtigten behilflich, wenn ein Spezialfahrzeug oder wegen Widerstands des Betroffenen Fachpersonal benötigt wird. Bei der Unterbringung selbst (also ab der Haustüre der Anstalt) ist dem Betreuer dann die Anstalt behilflich. **Gewalt** darf die Behörde bzw. die Polizei nur anwenden, wenn das Gericht dies ausdrücklich angeordnet hat (§ 326 Abs. 2 FamFG). Öffnet der Betroffene die **Wohnungstüre** nicht freiwillig, darf sie nur dann gewaltsam geöffnet und die Wohnung nach dem Betroffenen durchsucht werden, wenn das Gericht (notfalls die Behörde) dies ausdrücklich angeordnet hat (§ 326 Abs. 3 FamFG).

Auf unterbringungsähnliche Maßnahmen (§ 1906 Abs. 4 BGB; Bettgitter usw.) ist diese Vorschrift nicht anwendbar.

Rechtsschutz im Vollzug: Der Betreute kann sich gegen Vollzugsmaßnahmen der Anstalt, die bei der zivilrechtlichen Unterbringung als solche des Betreuers gelten, wehren, indem er das Betreuungsgericht anruft (§§ 1908i, 1837 BGB) und behauptet, der Betreuer verhalte sich pflichtwidrig. § 327 FamFG ist auf diese Fälle nicht anwendbar.

VIII. Unberechtigte Unterbringung

1. Feststellung der Rechtswidrigkeit

Wird gegen eine Unterbringungsmaßnahme Beschwerde eingelegt, ist aber der Betroffene zum Zeitpunkt der Entscheidung über die Beschwerde bereits **entlassen,** ist die Beschwerde mangels Rechtsschutzbedürfnisses unzulässig geworden; der Beschwerdeführer kann sie auf die Kosten beschränken. Nach § 62 FamFG kann der Beschwerdeführer noch nach Entlassung im Beschwerdeverfahren die Feststellung der Rechtswidrigkeit begehen, wenn er dafür irgendein berechtigtes Interesse hat, zB Ehrenschutz, berufliche Nachteile. Ein isoliertes Feststellungsverfahren vor dem erstinstanzlichen Betreuungsgericht steht insoweit nicht zur Verfügung (BGH NJW-RR 2012, 1350).

2. Kosten des Verfahrens

Wenn eine Unterbringung abgelehnt oder als von Anfang an ungerechtfertigt aufgehoben wird, kann das Gericht die Auslagen des Betroffenen (zB seine Anwaltskosten) der Staatskasse auferlegen (§ 337 Abs. 1 FamFG). Wenn ein Dritter (zB ein böswilliger Verwandter, Nachbar) die Tätigkeit des Gerichts veranlasst hat und diesen ein grobes Verschulden trifft, können ihm diese Kosten auferlegt werden (§ 81 Abs. 4 FamFG).

3. Schadensersatz, Schmerzensgeld

Eine widerrechtliche Unterbringung stellt eine Freiheitsverletzung und eine Verletzung des allgemeinen Persönlichkeitsrechts dar. Wer vorsätzlich oder fahrlässig die Freiheit oder ein sonstiges Recht eines Menschen widerrechtlich verletzt, ist ihm zum Schadensersatz verpflichtet (§ 823 Abs. 1 BGB). Als Schädiger kommen in Frage: das Krankenhaus, der Gutachter (wenn sein Gutachten leichtfertig falsch war; § 839a BGB; vgl. S. 133), der Betreuer bzw. Bevollmächtigte. Der Schaden besteht in Verdienstausfall und Schmerzensgeld (§ 253 Abs. 2 BGB).

BEISPIEL: Leichtfertig unrichtige nervenärztliche Diagnose (BGH NJW 1989, 2941); sieben Tage zu Unrecht in psychiatrischer Anstalt: 5000 DM Schmerzensgeld (BGH VersR 1991, 308); grob fahrlässige Falschbegutachtung, deshalb zwei Jahre in geschlossener Anstalt: 30.000 DM Schmerzensgeld (OLG Nürnberg VersR 1988, 855); unberechtigte Fesselung: 2000 DM (OLG Frankfurt R & P 1992, 66). Achteinhalb Jahre zu Unrecht in psychiatrischer Klinik: 500.000 DM Schmerzensgeld (LG Marburg VersR 1995, 1199). Ein EUR = 1,95583 DM.

Auch Staatshaftung (§ 839 BGB) ist denkbar, wenn dem Richter Vorsatz oder grobe Fahrlässigkeit vorzuwerfen ist (BGH FamRZ 2003, 1541).

IX. Rechtsmittel und Rechtsmittelverfahren

1. Rechtsmittel

In Unterbringungssachen sind die Entscheidungen des Betreuungsgerichts mit **verschiedenen Rechtsmitteln** anfechtbar:

a) Befristete Beschwerde

Mit Beschwerde anfechtbar sind alle Endentscheidungen (§§ 58 ff., 335 FamFG), zB

- Entscheidungen, durch die eine endgültige Unterbringungsmaßnahme getroffen oder abgelehnt wird, also insbesondere die Genehmigung der Unterbringung;
- Entscheidungen, durch die im Wege der einstweiligen Anordnung eine vorläufige Unterbringungsmaßnahme getroffen wird oder abgelehnt wird;
- Eilmaßnahmen des Betreuungsgerichts nach § 1846 BGB;
- Entscheidungen, durch die eine Unterbringungsmaßnahme verlängert oder dies abgelehnt wird;
- Vergütungsentscheidungen (§§ 318, 277 FamFG).

Unterbringungsmaßnahmen in diesem Sinn sind sowohl die Unterbringung in einer geschlossenen Abteilung oder Anstalt im engeren Sinn als auch unterbringungsähnliche Maßnahmen (§ 1906 Abs. 4 BGB) wie Anbringen von Bettgittern, Leibgurten, Verabreichung von Schlafmitteln usw.

b) Unanfechtbare Beschlüsse und Anordnungen

Unanfechtbar sind zB

- bestimmte Abgabebeschlüsse, da keine Endentscheidung;
- Anordnung der Vorführung beim Sachverständigen, §§ 322, 283 FamFG;
- Anordnung, ein Gutachten zu erholen (in der Regel; s. S. 130);
- Bestellung oder Nichtbestellung eines Verfahrenspflegers (§ 317 Abs. 6 FamFG).

c) Sofortige Beschwerde

In einigen Fällen sagt das FamFG, dass die „sofortige" Beschwerde nach §§ 567 bis 572 ZPO stattfinde, zB wenn die Beteiligung am Verfahren abgelehnt wird (§ 7 Abs. 5 Satz 2 FamFG) oder die Unterbringung des Betroffenen zur Beobachtung angeordnet wird (§ 284 Abs. 3 Satz 2 FamFG). Dann beträgt die Beschwerdefrist nur zwei Wochen (§ 569 ZPO) und das Verfahren richtet sich nach der ZPO.

2. Zulässigkeitsvoraussetzungen der Beschwerde

a) Beschwerdeberechtigter

Beschwerdeberechtigt ist nur, wessen Recht durch die gerichtliche Entscheidung beeinträchtigt ist (§ 59 Abs. 1 FamFG); das wird in § 335 FamFG abgemildert.

(aa) Gegen die Genehmigung der Unterbringung (oder einer unterbringungsähnlichen Maßnahme), auch gegen die Verlängerung nach ein bis zwei Jahren, ist deshalb beschwerdeberechtigt:

- **Der Betroffene,** auch wenn er geschäftsunfähig ist (§ 316 FamFG).
- **Der Verfahrenspfleger** (§ 335 Abs. 2 FamFG). Wird seine Beschwerde zurückgewiesen, dürfen ihm allerdings keine Kosten auferlegt werden (§ 317 Abs. 7 FamFG).
- **Die Betreuungsbehörde** (§ 335 Abs. 4 FamFG), auch wenn sie sich in erster Instanz nicht beteiligt hat.
- Der **Betreuer** (oder der **Vorsorgebevollmächtigte**) kann gegen eine Entscheidung, die seinen Aufgabenkreis (Aufenthaltsbestimmung, Unterbringung) betrifft, auch im Namen des Betroffenen Beschwerde einlegen (§ 335 Abs. 3 FamFG). Gegen die Genehmigung der Unterbringung ist der Betreuer aber im eigenen Namen nicht beschwerdeberechtigt, weil er von der Genehmigung keinen Gebrauch machen muss.

Eine weitere Gruppe von Personen hat ein Beschwerderecht nur unter **gewichtigen Einschränkungen** (§ 335 Abs. 1 FamFG). Zu dieser Gruppe gehören:

Bestimmte engste Angehörige. Der Ehegatte oder der (gleichgeschlechtliche registrierte) Lebenspartner, wenn die Ehegatten oder Lebenspartner nicht dauernd getrennt leben, sowie dessen Eltern (auch Pflegeeltern) und Kinder, falls der Betroffene bei ihnen lebte, können beschwerdeberechtigt sein, also nicht Geschwister des Betroffenen, Enkel, Neffen und Nichten, Schwägerin, „Lebensgefährten". Ferner gehören zu dieser Gruppe eine vom Betroffen benannte **Vertrauensperson** (§ 335 Abs. 1 Nr. 2 FamFG; das kann zB die Nichte sein) und den **Leiter der Einrichtung**, in der der Untergebrachte lebt (§ 335 Abs. 1 Nr. 3 FamFG).

Die Beschränkungen bei dieser Gruppe sind:

(1) Die Beschwerde muss **„im Interesse des Betroffenen"** eingelegt sein; das ist eine unklare Voraussetzung.

(2) **Beteiligung bereits in erster Instanz.** Wer sich in erster Instanz nicht beteiligte, sei es weil er desinteressiert war oder vom Verfahren nichts wusste, hat also kein Beschwerderecht.

BEISPIELE:

- Der in der Nachbarschaft wohnende 50-jährige Sohn ist gegen die geschlossene Unterbringung seiner 85-jährigen Mutter nicht beschwerdeberechtigt, weil sie nicht bei ihm wohnte; in erster Instanz durfte er deshalb am Verfahren ohnehin nicht beteiligt werden (§ 315 Abs. 4 FamFG). Eventuell Beteiligung als „Vertrauensperson".
- Der Enkel, der einzige Angehörige der Großmutter, stellt bei einem Besuch fest, dass seine Großmutter geschlossen untergebracht ist. Er hat kein Beschwerderecht.
- Die Tochter, bei der die Mutter lebte, wurde vom Gericht am erstinstanzlichen Verfahren gegen die Mutter nicht förmlich beteiligt und hat dagegen nichts unternommen. Nun wird die Unterbringung der Mutter genehmigt. Die Tochter hat keine Beschwerdeberechtigung. Da dies streitig ist, sollte sie jetzt einen Beteiligungsantrag stellen und Beschwerde einlegen.

Gegen vorläufige Unterbringungen und gegen die Ablehnung der Aufhebung der Unterbringung steht die Beschwerde ebenfalls allen oben genannten Personen und Stellen zu.

(bb) Gegen die Ablehnung der Genehmigung der Unterbringung ist beschwerdeberechtigt der Betreuer, der Vorsorgebevollmächtigte und die sonstigen Personen, die in ihren Rechten im Sinne von § 59 Abs. 1 FamFG verletzt sind.

b) Beschwerdeschrift

Die Beschwerde wird durch Einreichung einer Beschwerdeschrift erhoben. Diese Schrift muss bei dem Betreuungsgericht eingereicht werden, dessen Entscheidung angefochten wird (§ 64 Abs. 1 FamFG). Der untergebrachte Betroffene kann die Beschwerde auch bei dem Amtsgericht, in dessen Bezirk er untergebracht ist, einlegen § 336 FamFG). Stattdessen kann der Beschwerdeführer seine Beschwerde zu Niederschrift der Geschäftsstelle des Betreuungsgerichts einlegen (§ 64 Abs. 2 Satz 1 FamFG).

c) Frist

(**aa**) Die befristete Beschwerde ist binnen einer **Frist von einem Monat** einzulegen. Die Frist beginnt mit dem Zeitpunkt, in welchem die Entscheidung dem Beschwerdeführer bekanntgegeben ist (§ 63 Abs. 3 FamFG). Die Frist beginnt also unter Umständen für mehrere Beschwerdeberechtigte an verschiedenen Tagen.

Fehlte die Rechtsmittelbelehrung oder ist sie falsch, beginnt die Beschwerdefrist trotzdem zu laufen. Wird die Beschwerdefrist versäumt, kommt eine Wiedereinsetzung in Betracht (§ 17 Abs. 2 FamFG).

(**bb**) Die Frist beträgt **zwei Wochen**, wenn sich die Beschwerde gegen eine einstweilige Anordnung richtet (§ 63 Abs. 2 Nr. 1 FamFG) oder wenn es sich um eine sofortige Beschwerde nach der ZPO handelt (§ 569 ZPO; S. 247). Die unbefristete Beschwerde ist vom FamFG abgeschafft worden.

d) Entscheidendes Gericht

Über die Beschwerde entscheidet das übergeordnete **Landgericht** (Zivilkammer) durch einen Beschluss (§§ 72, 119 GVG).

3. Beschwerdeverfahren

Das Beschwerdeverfahren ist grundsätzlich dasselbe wie das erstinstanzliche Unterbringungsverfahren (§ 68 Abs. 3 Satz 1 FamFG). Das LG kann das Verfahren einem Einzelrichter übertragen (§ 68 Abs. 4 FamFG). Das Landgericht muss aber den Betroffenen nicht nochmals persönlich anhören, wenn von einer erneuten Anhörung keine zusätzlichen Erkenntnisse zu erwarten sind. Auch die Sachverständigenbegutachtung muss nicht wiederholt werden; dasselbe gilt von der Vernehmung von Zeugen. Die Bestellung des Unterbringungs-Verfahrenspflegers wirkt auch für die Beschwerdeinstanz (§ 317 Abs. 5 FamFG). Die Beteiligtenstellung aus der ersten Instanz (§ 315 FamFG) wirkt fort. Das LG kann andere Personen erstmals beteiligen.

4. Rechtsbeschwerde

Unter der Geltung des FGG konnte gegen den Beschwerdebeschluss des Landgerichts ohne Zulassung weitere Beschwerde zum OLG eingelegt werden, sogar ohne Anwalt. Das ist beseitigt worden. Gegen den Beschwerdebeschluss des LG kann jetzt nur noch Rechtsbeschwerde zum BGH (§ 133 GVG) eingelegt werden, aber **nur durch einen beim BGH zugelassenen Anwalt** (also nicht durch den örtlichen Anwalt), mit Monatsfrist. Hinsichtlich der Zulässigkeit ist zu unterscheiden:

- Die Rechtsbeschwerde gegen den Beschwerdebeschluss, der die Unterbringung anordnet bzw. genehmigt, ist die Rechtsbeschwerde ohne Zulassung durch das LG statthaft (§ 70 Abs. 3 Nr. 2 FamFG).
- Gegen einen Beschluss des LG betreffend eine Unterbringung durch *einstweilige Anordnung* ist die Rechtsbeschwerde zum BGH nie statthaft (§ 70 Abs. 4 FamFG).
- Gegen den Beschwerdebeschluss mit anderem Inhalt (zB Vergütung des Verfahrenspflegers) ist die Rechtsbeschwerde nur statthaft, wenn sie vom LG zugelassen wurde (§ 70 Abs. 1 FamFG); die Nichtzulassung ist nicht angreifbar.

4. Kapitel

Öffentlich-rechtliche Unterbringung

I. Rechtsgrundlagen

Die öffentlich-rechtliche Unterbringung wird nicht durch den Betreuer vorgenommen. Die Rechtsgrundlagen befinden sich nicht im BGB, sondern im Landesrecht und im FamFG.

Es handelt sich um folgende Landesgesetze:

Baden-Württemberg: Gesetz über die Unterbringung psychisch Kranker vom 11.4.1983/4.5.2009 (GBl. 1983, 133; 2009, 195).

Bayern: Gesetz über die Unterbringung psychisch Kranker und deren Betreuung vom 20.4.1982/22.12.2009/20.7.2011 (GVBl. 1992, 61; 2000, 136; 2009, 640; 2011, 309).

Berlin: Gesetz über psychisch Kranke vom 8.3.1985/26.3.1994/18.9.2011 (GVBl. 1985, 586; 1994, 86; 2011, 483).

Brandenburg: Gesetz über Hilfen und Schutzmaßnahmen (PsychKG) vom 8.2.1996/13.5.2009 (GVBl. 1996, 25; 2009, 134).

Bremen: PsychKG vom 19.12.2000/24.1.2012 (GBl. 2000, 471; 2012, 24).

Hamburg: Hamburgisches Gesetz über Hilfen und Schutzmaßnahmen bei psychischen Krankheiten vom 27.9.1995/17.2.2009 (GVBl. 1995, 235; 2009, 29).

Hessen: Hessisches Gesetz über die Entziehung der Freiheit geisteskranker, geistesschwacher, rauschgift- oder alkoholsüchtiger Personen v. 19.5.1952/15.7.1997 (GVBl. 1952, 111; 1997, 225).

Mecklenburg-Vorpommern: Gesetz über Hilfen und Schutzmaßnahmen für psychisch Kranke v. 1.6.1993/23.5.2006 (GVBl. 2000, 182; 2001, 59; GlNr. 2127–2).

Niedersachsen: PsychKG v. 16.6.1997/25.1.2007 (GVBl. 1997, 272; 2007, 50).

Nordrhein-Westfalen: PsychKG v. 17.12.1999/5.4.2005/22.11.2011 (GVBl. 1999, 662; 2005, 332; 2011, 587).

Rheinland-Pfalz: PsychKG v. 17.11.1995/6.2.2001/22.12.2009 (GVBl. 1995, 473; 2001, 31; 2009, 413).

Saarland: UnterbrG v. 11.11.1992/21.11.2007 (ABl. 1992, 1271; 2007, 2393).

Sachsen: Gesetz über die Hilfen und Unterbringung bei psychischen Krankheiten v. 10.10.2007 (GVBl. 2007, 422).

Sachsen-Anhalt: Gesetz über Hilfen für psychisch Kranke und Schutzmaßnahmen v. 30.1.1992/14.2.2008 (GVBl. 1992, 88; LSA S. 58).

Schleswig-Holstein: PsychKG v. 14.1.2000 (GVBl. 2000, 105; 2005, 21).

Thüringen: Gesetz zur Hilfe und Unterbringung psychisch Kranker vom 2.2.1994/5.2.2009/21.12.2011 (GVBl. 1994, 81; 2009, 10; 2011, 539).

Das Landesrecht regelt die materiell-rechtlichen Voraussetzungen unterschiedlich; das Verfahren ist in §§ 312 ff. FamFG einheitlich enthalten.

II. Verfahren

Die Unterbringung wird auf Antrag der nach Landesrecht zuständigen Behörde vom Amtsgericht angeordnet, wenn die Voraussetzungen vorliegen. Materielle Voraussetzung ist jeweils im Wesentlichen, dass jemand psychisch krank oder infolge Geistesschwäche oder Sucht psychisch gestört ist und dadurch in erheblichem Maß die öffentliche Sicherheit und Ordnung gefährdet oder sein Leben oder in erheblichem Maß seine Gesundheit (zB Art. 1 BayUnterbrG).

Zuständig ist das Amtsgericht, in dessen Bezirk das Bedürfnis für die Unterbringung hervortritt (§ 313 Abs. 3 FamFG) und zwar das Betreuungsgericht, bei Kindern das Familiengericht.

Das weitere Verfahren ergibt sich aus §§ 312 bis 339 FamFG und ist weitgehend identisch mit dem Verfahren der Genehmigung einer Unterbringung durch den Betreuer. Das Gericht genehmigt allerdings keine Unterbringung, sondern ordnet sie an. Wird der Antrag der Behörde abgelehnt, kann das Gericht die Auslagen (zB Anwaltskosten) des Betroffenen der Körperschaft auferlegen, der die Behörde angehört, wenn die Behörde einen leichtfertigen Antrag gestellt hat (§ 337 Abs. 2 FamFG).

Rechtsmittel: §§ 58 ff., 335 FamFG (S. 246).

Gewaltanwendung: Vom Gericht angeordnete Vorführungen werden von der nach Landesrecht zuständigen Behörde (zB Ordnungsamt) ausgeführt.

III. Vorläufige Maßnahmen

Vorläufige Unterbringungen erfolgen auch bei der öffentlich-rechtlichen Unterbringung nach §§ 331, 332 FamFG. Die in den Unterbringungsgesetzen der Länder geregelten behördlichen und polizeilichen Eingriffsbefugnisse bestehen aber weiter (zB kann nach Art. 18 BayUnterbrG in Eilfällen die Kreisverwaltungsbehörde zunächst die sofortige vorläufige Unterbringung anordnen; in unaufschiebbaren Fällen kann die Polizei den Betroffenen einliefern).

IV. Vollzug

Das Gericht kann die Vollziehung der öffentlich-rechtlichen Unterbringungsmaßnahme gewissermaßen „auf Bewährung" aussetzen, zB eine **probeweise Entlassung** anordnen; die Aussetzung kann mit Auflagen verbunden werden und kann bis zu einem Jahr dauern (§ 328 FamFG). Als Auflagen kommen zB in Frage: die Weisung, sich einer ärztlichen Behandlung zu unterziehen; alle zwei Wochen regelmäßig einen Psychiater aufzusuchen; bestimmte Medikamente regelmäßig einzunehmen und dies vom Gesundheitsamt kontrollieren zu lassen; sich beaufsichtigen zu lassen; Hilfen in Anspruch zu nehmen; Personen und Umgebungen (zB Wirtshäuser) zu meiden.

Der Vollzug der öffentlich-rechtlichen Unterbringung bestimmt sich nach den Vorschriften der Unterbringungsgesetze der Länder. Geregelt sind zB die Ausstattung des Unterbringungsraums, der persönliche Besitz des Betroffenen, das Recht auf Besuch, auf Schriftwechsel, Telefongespräche, Beurlaubung, Beschäftigung in einem Betrieb außerhalb der Anstalt, offener Vollzug.

Rechtsschutz im Vollzug: Gegen Maßnahmen zur Regelung einzelner Angelegenheiten im Vollzug kann der Betroffene, zB der Untergebrachte, die Entscheidung des Betreuungsgerichts beantragen (§ 327 FamFG).

Angreifbar sind zB: die Regelung von Besuchen, Paketempfang, Briefempfang, Hygiene-Vorschriften, Duzen durch das Personal, Dauer der Raumbeleuchtung, Versagung eines eigenen Radio- oder Fernsehgeräts, Ablehnung der Heilbehandlung, Verweigerung der Einsicht in Personalakten, Versagung von Urlaub.

Nicht angreifbar sind: Meinungsäußerungen, Belehrungen, Ermahnungen, Ratschläge; allgemeine Verwaltungsanordnungen, Merkblätter, Hausordnungen. Hier sind nur die aufgrund der Merkblätter usw. ergehenden Einzelmaßnahmen angreifbar.

Für diejenigen, die vom Strafgericht durch Urteil nach §§ 63, 64 StGB in einem psychiatrischen Krankenhaus untergebracht wurden, ist der Rechtsschutz im Vollzug dagegen in §§ 138 Abs. 2, 109 ff. StVollzG geregelt, dh sie können die Strafvollstreckungskammer anrufen.

5. Kapitel

Betreuung mit Einwilligungsvorbehalt

I. Sinn des Einwilligungsvorbehalts

Geschäftsfähigkeit (§§ 104 ff. BGB) ist die Fähigkeit, Rechtsgeschäfte selbstständig vollwirksam vorzunehmen; voll geschäftsfähig ist grundsätzlich jeder Volljährige. Die Anordnung der Betreuung hat auf die Geschäftsfähigkeit keine Auswirkung; mit anderen Worten:

- wer geschäftsfähig ist, bleibt es trotz Bestellung des Betreuers;
- wer geschäftsunfähig ist, weil er sich in einem die freie Willensbestimmung ausschließenden (nicht nur vorübergehenden) Zustand krankhafter Störung der Geistestätigkeit befindet (§ 104 Nr. 2 BGB), bleibt es.

Die Rechtsprechung hat eine partielle Geschäftsunfähigkeit anerkannt (BGH NJW 1970, 1681), also eine Geschäftsunfähigkeit, die sich nur auf einen bestimmten gegenständlich abgegrenzten Kreis von Angelegenheiten bezieht, zB Querulantenwahn für einen bestimmten Prozess wie die Ehescheidung oder einc Arzthaftungsklage. Dagegen lehnt die Rechtsprechung eine Abgrenzung dergestalt, dass bei einer bestimmten Person für besonders schwierige Geschäfte Geschäftsunfähigkeit vorliege, für einfache Geschäfte dagegen nicht, ab, weil die Grenzziehung zu schwierig wäre (BayObLG NJW 1989, 1679). Seit 1.8.2002 gelten **Geschäfte des täglichen Lebens,** die ein Geschäftsunfähiger tätigt, als wirksam, wenn sie mit geringwertigen Mitteln bewirkt wurden (§ 105a BGB; Beispiele: Kauf von Lebensmitteln, Getränken, Busfahrkarten, Taxifahrten).

Es sind Fälle denkbar, in denen der Betreute am Rechtsverkehr teilnimmt und dadurch seine Person oder sein Vermögen erheblich schädigt.

BEISPIELE:
- Schädigung der Person: der Betreute will sich die Zähne ziehen lassen, obwohl ihnen nichts fehlt; er will eine Vaterschaft anerkennen, obwohl seine Vaterschaft höchst zweifelhaft ist.
- Schädigung des Vermögens: der 80-jährige Betreute mit knapper Rente bestellt aus Versandhauskatalogen laufend unsinnige teure Gegenstände wie Taucherausrüstungen, Safaribedarf usw.

Hier will das Gesetz die Möglichkeit geben, die Teilnahme des Betroffenen am Rechtsverkehr in bestimmten Fällen ausschließen zu können. Mittel hierzu ist die Anordnung eines Einwilligungsvorbehalts durch das Betreuungsgericht (§ 1903 BGB). Der Geschäftsgegner, der nicht erkennt, dass der andere Teil unter Einwilligungsvorbehalt steht, wird nicht geschützt. In ein **Zentralregister** werden Einwilligungsvorbehalte nicht eingetragen.

II. Voraussetzungen der Anordnung eines Einwilligungsvorbehalts

1. Betreuerbestellung

Dem Betroffenen muss ein Betreuer bestellt sein (§ 1903 Abs. 1 Satz 1 BGB). Es gibt also keinen Einwilligungsvorbehalt ohne Betreuung, aber eine Betreuung ohne Einwilligungsvorbehalt; letztere ist die Regel. Nach der Statistik ist in ca. 5 % der Fälle der Betreuung ein Einwilligungsvorbehalt erforderlich. Denkbar sind also Fälle, in denen sich nach einiger Zeit zeigt, dass beim Betreuten ein Einwilligungsvorbehalt erforderlich ist; ferner Fälle, in denen sich bei jemandem, der ohne Betreuer ist, das Erfordernis eines Einwilligungsvorbehalts aufdrängt: dann ist gleichzeitig mit dem Verfahren der Betreuerbestellung das Verfahren der Anordnung des Einwilligungsvorbehalts einzuleiten. Bei einer Vorsorgevollmacht kann kein Einwilligungsvorbehalt angeordnet werden.

Der Einwilligungsvorbehalt kann nur im Rahmen des Aufgabenkreises des Betreuers angeordnet werden, also enger, oder identisch, aber nicht über den Aufgabenkreis hinaus. Hat der Betreuer zB den Aufgabenkreis „Personensorge“, kann vorerst kein Einwilligungsvorbehalt in Vermögensangelegenheiten angeordnet werden; hier ist zunächst der Aufgabenkreis des Betreuers zu erweitern (Verfahren: § 293 FamFG).

2. Erhebliche Gefahr und Erforderlichkeit

Die Anordnung muss zur Abwendung einer erheblichen Gefahr für das Vermögen oder für die Person des Betreuten erforderlich sein (§ 1903 Abs. 1 Satz 1 BGB). Dieser Satz enthält mehrere wesentliche Einschränkungen:

a) Erhebliche Gefahr

Die Gefahr geringfügiger Vermögensschäden genügt nicht. Wer 3000 EUR Monatsrente hat und davon 100 EUR monatlich unsinnig verschleudert, schädigt sich nicht erheblich, wohl aber seine Erben; auf die kommt es aber nicht an.

b) Gefahr für den Betreuten

Der Schutz Dritter allein rechtfertigt nicht die Anordnung eines Einwilligungsvorbehalts. Der einkommens- und vermögenslose Hochstapler, der sich als wohlhabenden Industriellen ausgibt und laufend ohne Zahlung in Luxushotels logiert, schädigt zunächst nur andere; mittelbar schädigt er aber auch sich, weil er (auch bei Schuldunfähigkeit) mit einer Verurteilung und Unterbringung in eine psychiatrische Anstalt zu rechnen hat (§§ 63, 263 StGB).

c) Erforderlichkeit

Sie ist nur gegeben, wenn die Gefahr besteht, dass der Betreute rechtlich bedeutsame Willenserklärungen abgibt oder dass er Willenserklärungen des Betreuers widerruft. In den meisten Fällen sind die altersschwachen Betreuten froh, wenn ihnen jemand die geschäftlichen Angelegenheiten abnimmt; hier ist kein Vorbehalt angebracht. Anders ist es, wenn noch eine erhebliche Aktivität besteht und der Betreute gegen die Handlungen des Betreuers vorgeht.

BEISPIEL: Die 80-jährige Frau F ist geschäftsunfähig und verwirrt; sie hat Gasheizung, bestellt aber bereits im Juli täglich 2–3 Zentner Kohlen, weil sie meint, der Winter stehe vor der Tür. Der Betreuer macht die Bestellungen immer wieder rückgängig, sobald er davon erfährt; Frau F wiederholt die Bestellungen jeweils bei einem anderen Kohlenhändler.

Hier sind die Bestellungen zwar wegen der Geschäftsunfähigkeit von Frau F nichtig (§§ 104 Nr. 2, 105 BGB); mit dem Kohlenhändler ist kein Vertrag zustande gekommen. Im Prozess muss aber die verklagte Frau F jeweils ihre Geschäftsunfähigkeit beweisen. Wurde dagegen ein Einwilligungsvorbehalt für den Aufgabenkreis „Vermögenssorge" angeordnet, hätte Frau F nichts zu beweisen, denn der Geschäftsgegner (also der Kohlenhändler) hätte die Einwilligung des Betreuers zu beweisen. Tatsächlich ist aber der Beweis der Geschäftsunfähigkeit von Frau F in der Praxis kein Problem, weil ja anlässlich der Bestellung des Betreuers für Frau F sowieso ein Gutachten erstellt wurde.

§ 1903 Abs. 1 BGB hält die Anordnung des Einwilligungsvorbehalts bei **geschäftsunfähigen** und bei **geschäftsfähigen Personen** für zulässig (hM, BayObLG BtPrax 2000, 223). Von der aA wird die Auffassung vertreten, der Einwilligungsvorbehalt dürfe nur bei geschäftsfähigen Personen angeordnet werden, denn bei Geschäftsunfähigen sei er wegen §§ 104 Nr. 2, 105 BGB nicht „erforderlich"; wenn aber Geschäftsunfähigkeit jedenfalls *möglich* ist, entlastet der Einwilligungsvorbehalt den Betreuten von Beweisschwierigkeiten und ist daher sinnvoll und zulässig (vgl. OLG Düsseldorf BtPrax 1993, 175; Palandt/Götz § 1903 Rz. 10).

Von vielen Gerichten (zB OLG Hamm FamRZ 1995, 433; LG Hildesheim BtPrax 1996, 230) wird zu Recht die Auffassung vertreten, ein Einwilligungsvorbehalt dürfe nur für Aufgabenkreise angeordnet werden, in denen rechtsgeschäftlich gehandelt werden, also nicht für Aufenthaltsbestimmung oder Einwilligung in eine ärztliche Behandlung.

d) Psychischer Zustand

Die Anordnung setzt weiter voraus, dass der Betroffene **aufgrund seiner psychischen Erkrankung** seinen Willen nicht frei bestimmen kann (verfassungskonforme Auslegung von § 1903 BGB; BayObLG FamRZ 1995, 1296); vgl. § 1896 Abs. 1a BGB.

III. Folgen der Anordnung des Einwilligungsvorbehalts

Wenn ein Einwilligungsvorbehalt angeordnet ist, gelten nach § 1903 Abs. 1 Satz 2 BGB bezüglich der hiervon betroffenen Willenserklärungen des Betreuten die §§ 108 bis 113, 131 Abs. 2 und § 210 BGB entsprechend.

1. Geschäftsfähiger Betreuter

Das heißt bei einem geschäftsfähigen Betreuten:

a) Vertragsschluss

Ein ohne Einwilligung des Betreuers geschlossener Vertrag ist schwebend unwirksam; seine Wirksamkeit hängt also von der Genehmigung des Betreuers ab (§ 108 BGB). Diese Genehmigung kann der Betreuer mündlich oder schriftlich, ausdrücklich oder stillschweigend erteilen.

b) Geringfügige Angelegenheiten des täglichen Lebens

Der Betreute braucht ferner nicht die Einwilligung des Betreuers, wenn die Willenserklärung eine geringfügige Angelegenheit des täglichen Lebens betrifft (§ 1903 Abs. 3 Satz 2 BGB). Das sind alltägliche Bargeschäfte, wie der Kauf von Lebensmitteln im üblichen

Umfang. Erfasst sind auch Geschäfte, die der Betreute mit Mitteln Dritter (zB Verwandter) tätigt oder Käufe auf Kredit.

c) Taschengeld

Der Betreuer kann ferner dem Betreuten ein Taschengeld zur freien Verfügung oder zu einem bestimmten Zweck überlassen; die damit getätigten Geschäfte sind wirksam (§ 110 BGB).

d) Rechtlicher Vorteil

Wenn die Willenserklärung dem Betreuten „lediglich einen *rechtlichen* Vorteil bringt", braucht der Betreute allerdings nicht die Einwilligung des Betreuers (§ 1903 Abs. 3 Satz 1 BGB). Zu beachten ist, dass es auf wirtschaftliche (finanzielle) Vorteile nicht ankommt und das Wort „lediglich" besagt, dass ein positiver Saldo nicht genügt.

e) Verjährung von Ansprüchen

Die Verjährung von Ansprüchen des Betreuten ist gehemmt, solange ein unter einem Einwilligungsvorbehalt stehender Betreuter ohne gesetzlichen Vertreter ist (§ 210 BGB). Hatte zB der Betreute eine am 31.12. verjährende Werklohnforderung und ist ihm ein Betreuter mit dem Aufgabenkreis „Vermögenssorge" bestellt, ferner ein Einwilligungsvorbehalt für solche Willenserklärungen angeordnet, und stirbt der Betreuer am 15.12., dann verjährt die Forderung nicht am 31.12., sondern erst sechs Monate nach Bestellung des neuen Betreuers.

f) Arbeit

Der Betreuer kann ferner den Betreuten ermächtigen, in Arbeit zu treten; insoweit kann der Betreute dann rechtswirksam tätig werden, zB mit dem Arbeitgeber wirksam den Urlaub absprechen (§§ 112, 113 BGB).

g) Einseitige Rechtsgeschäfte ohne Einwilligung des Betreuers

Einseitige Rechtsgeschäfte (zB die Kündigung eines Mietvertrages, eines Zeitungsabonnements), die der Betreute ohne die erforderliche Einwilligung des Betreuers geschlossen hat, sind unwirksam (§ 111 BGB).

h) Gegenüber dem Betreuten abgegebene Willenserklärungen

Willenserklärungen, die gegenüber dem Betreuten abgegeben werden (zB eine Kündigung der Wohnung durch den Vermieter), werden nicht wirksam, bevor sie dem Betreuer zugegangen sind (§ 131 Abs. 2 BGB). Der Vermieter muss also die Kündigung an den Betreuer richten, wenn dessen Aufgabenkreis „Vermögenssorge" oder „Wohnungsangelegenheiten" sind und ein Einwilligungsvorbehalt bezüglich derartiger Willenserklärungen angeordnet ist.

2. Geschäftsunfähiger Betreuter

Ist der Betreute (wie meist) geschäftsunfähig, sind die §§ 108 bis 113, 131 Abs. 2 und § 210 BGB nicht entsprechend anwendbar. Der vom Betreuten geschlossene Vertrag ist nichtig (§§ 104 Nr. 2, 105 BGB); der Betreuer kann nichts genehmigen. Seine Genehmigung kann allenfalls dahin umgedeutet werden, dass er das Geschäft selbst vorgenommen hat (Eigenvornahme, § 140 BGB; vgl. Damrau/Zimmermann § 1903 Rz. 8). Rechtlich wirksam kann sich der geschäftsunfähige Betreute auch von seinem Taschengeld nichts kaufen; der Geschäftsverkehr sieht in der Praxis allerdings darüber hinweg. Eine Ausnahme gilt für Geschäfte des täglichen Lebens, die mit geringwertigen Mitteln bewirkt wurden (§ 105a BGB; vgl. S. 85).

IV. Auswirkungen im Erbrecht

Der Einwilligungsvorbehalt darf nicht auf Verfügungen von Todes wegen erstreckt werden (§ 1903 Abs. 2 BGB). Der Betreute kann also nach eigenem Gutdünken Testamente abfassen und Erbverträge schließen; er braucht den Betreuer nicht fragen. Er kann auch den **Betreuer als Erben** einsetzen; § 14 HeimG steht nicht entgegen (BayObLG FGPrax 1998, 59). Vgl. Zimmermann, Betreuung und Erbrecht, 2012.

1. Testament

a) Errichtung

Allerdings ist ein Testament unwirksam, wenn der Erblasser zurzeit der Testamentserrichtung „wegen krankhafter Störung der Geistestätigkeit, wegen Geistesschwäche oder wegen Bewusstseinsstörung nicht in der Lage war, die Bedeutung einer von ihm abgegebenen Willenserklärung einzusehen und nach dieser Einsicht zu handeln" (§ 2229 Abs. 4 BGB). Ob eine solche Testierunfähigkeit vorliegt, ist vom Nachlassgericht (§§ 342 ff. FamFG) bei Erteilung des Erbscheins von Amts wegen zu prüfen (§§ 26 FamFG; 2353, 2358 BGB), wenn konkrete Zweifel an der Testierfähigkeit bestehen. Die Tatsache, dass ein Betreuer bestellt war, beweist allein noch nicht die Testierunfähigkeit (BayObLG 1982, 309 zur Gebrechlichkeitspflegschaft). Bei solchen Zweifeln hat das Nachlassgericht zunächst die behaupteten auffälligen Verhaltensweisen des Erblassers (dh des Betreuten) aufzuklären (zB den Umfang der Cerebralsklerose, der Verwirrtheit) und hierauf das Sachverständigengutachten eines Psychiaters einzuholen (OLG Hamm Rpfleger 1989, 23; Cording ZEV 2010, 23). Das Gutachten, das früher anlässlich der Bestellung des Betreuers erstellt wurden, wird dem neuen Sachverständigen hier wertvolle Hilfe leisten.

b) Widerruf

Der testierfähige Betreute kann sein Testament jederzeit wirksam widerrufen, der testierunfähige dagegen nicht. Vernichtet der testierunfähige Betreute sein Testament, indem er es wegwirft, bleibt es gültig; eine andere Frage ist, wie die Errichtung des Testaments dann bewiesen werden kann.

2. Erbvertrag

Der geschäftsfähige Betreute kann Erbverträge schließen (§ 2275 Abs. 1 BGB); dazu braucht er weder die Zustimmung des Betreuers noch die Genehmigung des Betreuungsgerichts. Allerdings muss ein

Erbvertrag vor einem Notar geschlossen werden (§ 2276 BGB). Der Notar soll sich vor einer Beurkundung von der Geschäftsfähigkeit des Beteiligten überzeugen (zB indem er mit ihm ein ausführliches Gespräch führt) und dies in der Urkunde vermerken (§§ 11, 28 BeurkG). Dieser Notar-Vermerk ist zwar nicht bindend; auch wenn der Notar den Erblasser für testierfähig hielt, kann also durch ein Sachverständigengutachten das Gegenteil bewiesen werden. In der Praxis ist dies gleichwohl selten der Fall, weil die Zeugenaussage des Notars entgegen steht. Wer also von einem Betreuten als Erbe eingesetzt werden soll, tut gut daran, den Betreuten zu bitten, die Testierung nicht privatschriftlich vorzunehmen, sondern das Testament beim Notar zu errichten; noch besser ist es für den Erbanwärter, wenn mit ihm ein Erbvertrag geschlossen wird, weil der Vertrag unwiderruflich ist.

V. Auswirkungen im Eherecht

Der Einwilligungsvorbehalt darf das Eingehen der Ehe nicht umfassen (§ 1903 Abs. 2 BGB). Der Betreute kann also eine Ehe eingehen, ohne seinen Betreuer fragen zu müssen. Allerdings kann eine Ehe aufgehoben werden, wenn einer der Ehegatten zurzeit der Eheschließung geschäftsunfähig war (§§ 1304, 1314 BGB). Der Standesbeamte muss sich im Gespräch mit den Verlobten davon überzeugen, ob einer (oder beide) geschäftsunfähig ist (vgl. Böhmer StAZ 1990, 213).

VI. Weitere vorbehaltsfreie Willenserklärungen

Auch wenn der Einwilligungsvorbehalt den weitest denkbaren Umfang haben soll, kann er sich nicht erstrecken auf bestimmte höchstpersönliche Willenserklärungen des Betroffenen (§ 1903 Abs. 2 dritte Alternative BGB). Dazu gehören zB die Anfechtung der Ehelichkeit und die Anfechtung des Erbvertrags, die Einwilligung in eine Operation (Dodegge/Roth § 56; Palandt/Götz § 1903 Rz. 2), tatsächliche Handlungen wie Aufenthaltsbestimmung (aA BayObLG FamRZ 1993, 852).

VII. Aufhebung des Einwilligungsvorbehalts

1. Dauer des Einwilligungsvorbehalts

Der Einwilligungsvorbehalt wird nicht zeitlich befristet ausgesprochen; er hängt an der Anordnung der Betreuung, wird also zusammen mit der Betreuung im Abstand von längstens sieben Jahren (§§ 294 Abs. 3, 295 Abs. 2 FamFG) vom Betreuungsgericht überprüft, wenn sich nicht vorher ein Anlass zur Überprüfung ergibt. Der Betroffene kann die alsbaldige Überprüfung erzwingen indem er gegen die Anordnung des Einwilligungsvorbehalts Beschwerde einlegt (vgl. S. 267) bzw. die Aufhebung beantragt (§ 1908d Abs. 1 und Abs. 4 BGB).

2. Aufhebungsvoraussetzungen

Der Einwilligungsvorbehalt ist vom Betreuungsgericht aufzuheben, wenn seine Voraussetzungen weggefallen sind (§§ 1908d Abs. 4, Abs. 1 BGB), also die erhebliche Gefahr von Schädigungen des Vermögens und/oder der Person nicht mehr besteht. Wenn zB der Verschwender altersbedingt meist bettlägerig ist und das Heim kaum mehr verlässt, ist das Bedürfnis für den Einwilligungsvorbehalt entfallen. Von einer solchen Änderung der Situation muss der Betreuer das Betreuungsgericht verständigen (§§ 1903 Abs. 4, 1901 Abs. 5 BGB entsprechend).

Die Aufhebung setzt weder voraus, dass das Gericht den Betroffenen persönlich anhört noch dass es ein Sachverständigengutachten erholt (§§ 278, 280 FamFG); in der Praxis wird aber zumindest eine befürwortende Stellungnahme des Betreuers erforderlich sein, die geeignet ist, das Gericht vom Entfallen der Voraussetzungen zu überzeugen.

3. Wirksamkeit von zwischenzeitlichen Rechtsgeschäften

Wird der Einwilligungsvorbehalt aufgehoben, weil er zwar ursprünglich zu Recht angeordnet wurde, seine Voraussetzungen aber nachträglich weggefallen sind (zB weil sich der geistige Zustand des Betreuten gebessert hat), tritt nach §§ 1903 Abs. 1, 108 Abs. 3 BGB die Genehmigung des Betreuten an die Stelle der Genehmigung des Betreuers.

BEISPIEL: Hat der Betreute am 1.2. einen Kaufvertrag geschlossen, ohne den Betreuer zu fragen, und wird der Einwilligungsvorbehalt am 10.2. aufgehoben, kann der Betreute sein Geschäft vom 1.2. selbst genehmigen; das geschieht stillschweigend durch Erfüllung.

Wird dagegen der Einwilligungsvorbehalt vom Beschwerdegericht aufgehoben, weil er seinerzeit zu Unrecht angeordnet wurde, dann waren die in der Zwischenzeit vom Betroffenen eingegangenen Rechtsgeschäfte wirksam (§ 306 FamFG).

VIII. Verfahrensfragen

1. Einheitliches Verfahren

Der Einwilligungsvorbehalt kann gleichzeitig mit der Betreuung angeordnet werden; dann folgt das Verfahren den Regeln der Betreuerbestellung, Anhörungen und Gutachten sind zusätzlich auf die Frage des Einwilligungsvorbehalts zu erstrecken.

2. Isoliertes Verfahren

Soll dagegen der Einwilligungsvorbehalt erst angeordnet werden, weil sich während der Betreuung zeigt, dass der Betreuer sonst seine Verwaltung nicht vernünftig durchführen kann, dann hat der Betreuer das Betreuungsgericht von der Notwendigkeit des Einwilligungsvorbehalts zu verständigen (§ 1901 Abs. 5 Satz 2 BGB). Ein

Antrag auf Anordnung eines Einwilligungsvorbehalts ist nicht erforderlich, das Gericht wird von Amts wegen tätig. Der Betroffene ist vom Richter persönlich anzuhören (§ 278 FamFG). Eine nochmalige Bestellung eines Verfahrenspflegers (§ 276 FamFG) kann sich erübrigen (Ausnahmen: § 276 Abs. 1 Satz 2 Nr. 1 FamFG: Absehen von der persönlichen Anhörung des Betroffenen). Ein Sachverständigengutachten ist einzuholen (§ 280 FamFG). Die Betreuungsbehörde und die sonstigen Beteiligten (§ 274 FamFG) können angehört werden.

3. Entscheidung

Die Entscheidung (Beschluss des Betreuungsrichters) muss den Kreis der einwilligungsbedürftigen Willenserklärungen bezeichnen; eine **genaue Bezeichnung** ist notwendig (§ 286 Abs. 2 FamFG). Die Entscheidung ist dem Betreuten, dem Betreuer, den weiteren Beteiligten und der zuständigen Behörde bekanntzugeben (§§ 41, 288 Abs. 2 FamFG). Wirksam wird die Anordnung mit der Bekanntgabe an den Betreuer (§ 287 Abs. 1 FamFG). Da es sich aber meist um Eilfälle handeln wird (§ 1903 BGB setzt eine „erhebliche Gefahr“ voraus), kann das Betreuungsgericht die **sofortige Wirksamkeit** anordnen (§ 287 Abs. 2 FamFG); dann wird die Anordnung des Einwilligungsvorbehalts wirksam mit der Bekanntmachung der Anordnung des Einwilligungsvorbehalts und der Anordnung der sofortigen Wirksamkeit an den Betroffenen oder den Verfahrenspfleger oder der Übergabe an die Geschäftsstelle; das Datum wird dort vermerkt (§ 287 Abs. 2 Satz 2 FamFG), damit Klarheit herrscht, ab wann Einwilligungen des Betreuers notwendig sind.

4. Einstweilige Anordnungen

Der Einwilligungsvorbehalt kann auch durch eine einstweilige Anordnung des Gerichts als „vorläufiger Einwilligungsvorbehalt“ für eine Dauer von bis zu sechs Monaten erlassen werden (§§ 300, 301 FamFG).

BEISPIEL: Dem Betreuer fällt auf, dass der Betreute laufend unsinnig Geld verschwendet; für die nächste Zeit plant der Betreute neue Betätigungen in dieser Richtung. Das ordentliche Verfahren der Anordnung eines Einwilligungsvorbehalts würde (schon wegen des Sachverständigengutachtens) Monate dauern; durch eine eilige einstweilige Anordnung (§ 301 FamFG) kann binnen Tagen eine vorläufige Regelung getroffen werden.

5. Rechtsmittel

Der Betroffene, der Verfahrenspfleger, der Betreuer (im Rahmen seines Aufgabenkreises), die Betreuungsbehörde und die in § 303 FamFG genannten weiteren Beteiligten können gegen die Anordnung (und gegen die Ablehnung) des Einwilligungsvorbehalts (auch des vorläufigen) Beschwerde einlegen (§§ 58 ff., 303 FamFG). Frist: ein Monat, gegen eine einstweilige Anordnung zwei Wochen (§ 63 Abs. 1, Abs. 2 Nr. 1 FamFG). Sie ist beim Betreuungsgericht einzulegen. Die Frist läuft für den Betroffenen erst mit Bekanntgabe der Entscheidung an ihn (§ 63 Abs. 3 FamFG). Bei Fristversäumung kann ein Wiedereinsetzungsantrag gestellt werden (§ 17 FamFG). Über die Beschwerde entscheidet das übergeordnete Landgericht. Gegen den LG-Beschluss kann keine weitere Beschwerde zum Oberlandesgericht erhoben werden, sondern nur binnen Monatsfrist und nur durch einen beim BGH zugelassenen Rechtsanwalt Rechtsbeschwerde zum BGH (§ 70 Abs. 3 Nr. 1 FamFG), was keiner Zulassung durch das LG bedarf.

6. Kapitel

Tod des Betreuten

I. Beendigung der Betreuung

Mit dem Tod (oder der Todeserklärung) des Betreuten geht dessen Vermögen auf den oder die Erben über (§ 1922 BGB); der Übergang findet nicht erst mit der Erteilung des Erbscheins statt. Eine auf das Vermögen bezogene Betreuung ist deshalb mit dem Tod beendet; ein Aufhebungsbeschluss des Gerichts ist überflüssig. Daher haben sich ab dem Tod die Erben um die Bestattung, die Nachlassregelung und die sonstigen Vermögens-Angelegenheiten des Verstorbenen zu kümmern, nicht aber der Betreuer; er ist dazu auch nicht berechtigt.

Für den Betreuer bleiben nur noch folgende Aufgaben:

- Mitteilung des Todesfalls an die Angehörigen und an das Betreuungsgericht (evtl. mit Sterbeurkunde);
- Rückgabe der Bestellungsurkunde an das Betreuungsgericht (§ 1908i Abs. 1 iVm § 1893 Abs. 2 Satz 1 BGB);
- Schlussbericht und Schlussabrechnung gegenüber dem Gericht, sofern zu seinen Aufgaben auch Vermögensangelegenheiten gehörten;
- Eilmaßnahmen (unten II);
- Anregung einer Nachlasspflegschaft (unten III).

Ist der Betreute verstorben, steht sein **gesamtes vererbtes Vermögen** zur Gewährung einer Vergütung nach § 1836 Abs. 2 BGB zur Verfügung (BayObLG FamRZ 1996, 372).

BEISPIEL: Der Betreute stirbt und hinterlässt 2600 EUR. Der Betreuer kann zB 1600 EUR abrechnen und erhält das Geld von den Erben. Würde der Betreute noch leben, würde er als mittellos gelten; die Staatskasse müsste die Vergütung zahlen.

II. Fortführung der Geschäfte bei Gefahr in Verzug

Endet die Betreuung durch den Tod des Betreuten, hat der Betreuer die Geschäfte, die nicht ohne Gefahr aufgeschoben werden können, zu besorgen, **bis die Erben anderweit Fürsorge treffen können** (§§ 1908i Abs. 1, 1893 Abs. 1, 1698b BGB); nur für diese Zeitspanne erhält der Betreuer auch noch Aufwendungsersatz und Vergütung aus der Staatskasse, wenn Mittellosigkeit vorliegt (vgl. OLG München NJW-RR 2006, 1517; OLG Köln FGPrax 2006, 163); vgl. § 5 Abs. 4 Satz 2 VBVG. Wenn also dringende Geschäfte zu erledigen sind und die Erben an der sofortigen Regelung gehindert sind oder sich vorerst um die Angelegenheiten nicht kümmern wollen, hat der Betreuer im Rahmen seines Aufgabenkreises die Geschäfte für eine kurze Übergangszeit fortzuführen. Eine genaue Zeitspanne kann nicht angegeben werden, sie hängt vom Einzelfall ab.

BEISPIELE: Das Geschäft des Betreuten muss fortgeführt werden. Für das Mietshaus des Betreuten müssen weiterhin die Mieten einkassiert werden, Versicherungen, Strom, Wasser und Gas bezahlt werden. Auch die Verständigung der Rentenstelle, der Leistungsträger von Sozialhilfe, Wohngeld usw. vom Tod des Betreuten gehört dazu. Da die weitere Schmälerung des Nachlasses auch um geringere Beträge verhindert werden muss, sind Strom, Gas, Radio, Telefon, Tageszeitung, Wartungsverträge, Versicherungen (bei denen das Risiko durch den Tod weggefallen ist) zu kündigen, Daueraufträge und Einzugsermächtigungen zu stornieren.

Für die **Beerdigung des Betreuten** gilt: der Betreuer ist nicht berechtigt, Anordnungen für die Bestattung des verstorbenen Betreuten zu treffen, zB ein Bestattungsinstitut zu beauftragen. Die Einzelheiten der Bestattung (Art der Totenfeier, Grabschmuck usw.) richten sich nach dem geäußerten Willen des Verstorbenen; fehlt es daran, haben die nächsten Angehörigen das Recht der Totenfürsorge. Die **Kosten der Beerdigung** haben die Erben zu tragen (§ 1968 BGB); sind sie dazu nicht in der Lage, hat das Sozialamt die Kosten zu begleichen (§ 74 SGB XII). Angehörige müssen auch dann, wenn sie die Erbschaft ausschlagen, die Beerdigung bezahlen. Der Erbe muss lediglich die Kosten einer **standesgemäßen Bestattung** tragen (vgl. § 1968 BGB); das richtet sich im Wesentlichen nach den finanziellen Verhältnissen des Verstorbenen und seiner Erben. Das Sozialamt zahlt nur die erforderlichen Kosten einer Bestattung; dazu gehören nicht Leichenschmaus, Sterbebilder, Todesinserat usw. Der Betreuer sollte also die Bestattung des Betreuten den Erben bzw. dem Sozialamt/Ordnungsamt überlassen; denn sein „Amt" ist mit dem Tod des Betreuten im Wesentlichen beendet.

Die Kosten der Bestattung sind Nachlassverbindlichkeiten; der Betreuer darf sie nicht dem Konto des Verstorbenen entnehmen (Pohl BtPrax 1996, 88). Das Guthaben steht den Erben zu, sie müssen die Rechnung zahlen (auch wenn sie die Erbschaft ausschlagen). Der Betreuer ist nicht mehr verfügungsberechtigt (außer, es liegt ein entsprechender Auftrag der Erben vor; unten IV).

Ist der Nachlass überschuldet, so dass es zur Eröffnung des Insolvenzverfahrens kommt, sind die Kosten der Bestattung vorrangige Masseschulden (§ 324 Abs. 1 Nr. 2 InsO).

Bei der gemieteten Wohnung kommt es darauf an: in ein Mietverhältnis über Wohnraum treten unter Umständen der Ehegatte oder Familienangehörige des Verstorbenen ein (§ 563 BGB); im Übrigen ist der Erbe berechtigt, das Mietverhältnis unter Einhaltung der gesetzlichen Frist zu kündigen (§ 564 BGB), dh spätestens am dritten Werktag eines Monats für den Ablauf des übernächsten Monats (§ 573d Abs. 2 Satz 1 BGB): zB am 3.2. zum 30.4. Auch wenn der Erbe die Wohnung voraussichtlich nicht benötigt und die Frist drängt, gehört die Kündigung nicht mehr zum Aufgabenkreis des Betreuers.

III. Anregung einer Nachlasspflegschaft

Wenn der oder die Erben erst ermittelt werden müssen oder wenn ungewiss ist, ob sie die Erbschaft annehmen oder wenn sonst bis zur Annahme der Erbschaft ein Bedürfnis besteht, kann das Amtsgericht, Abteilung Nachlassgericht, einen Nachlasspfleger bestellen (§ 1960 BGB). Zuständig ist das Amtsgericht, in dessen Bezirk der Verstorbene zurzeit seines Todes seinen Wohnsitz hatte (§§ 342 ff. FamFG); hier wird also nicht (wie bei der Betreuung) auf den Aufenthalt abgestellt. Das Amtsgericht könnte den bisherigen Betreuer dann zum Nachlasspfleger bestellen.

BEISPIELE: Die Begleichung von Verbindlichkeiten des Verstorbenen (zB Krankenhauskosten, Arztrechnungen), die Zahlung der weiteren Steuervorauszahlungen, die Räumung der Wohnung und die Verhandlungen mit dem Vermieter wegen der Durchführung der Schönheitsreparaturen gehören jedenfalls nicht mehr in den Aufgabenkreis des Betreuers.

IV. Auftrag zur Nachlassregulierung

Zwar ist die Vertretungsmacht des Betreuers mit dem Tod des Betroffenen beendet. Der Betreuer wird sich aber nach dem Tod des Betreuten sofort mit den ihm bekannten Angehörigen in Verbindung setzen. Er wird sie darauf hinweisen, dass für die weiteren Angelegenheiten die Erben zuständig sind. Die Erben können dem bisherigen Betreuer Vollmacht erteilen und ihn mit der Nachlassabwicklung beauftragen; zweckmäßig ist das zB, wenn die Erben weit entfernt wohnen. Es kommt dann ein Dienst-, Werk- und Geschäftsbesorgungsvertrag zwischen den Erben und dem bisherigen Betreuer zustande (Probleme können sich bei Nichtanwälten aus dem Rechtsdienstleistungsgesetz ergeben); da es hierfür keine Gebührentabelle gibt, sollte das Honorar vor Beginn der Tätigkeit vereinbart werden. Die Staatskasse jedenfalls zahlt weder Vergütung noch Aufwendungsersatz an den Betreuer, wenn dieser für die Bestattung Zeit aufwendet, aber keine Notmaßnahme vorlag (LG Frankenthal Rpfleger 1995, 504; Jochum BtPrax 1996, 88).

V. Herausgabe des Vermögens

Steht der Erbe fest, zB weil ein Erbschein erteilt wurde, hat der Betreuer ihm den Nachlass herauszugeben. Steht der Erbe noch nicht fest, und ist ein Nachlasspfleger bestellt, erfolgt die Herausgabe an diesen.

VI. Organspende

Maßgebend sind §§ 3–6 des TransplantationsG (TPG) v. 5.11.1997 (BGBl I, 2631). **Ist der Betreute verstorben**, kann es in Einzelfällen noch zu den gesetzlichen Aufgaben des Betreuers gehören, darüber zu entscheiden, ob dem Betreuten Organe entnommen werden dürfen. Denn das TPG stellt auf den Willen des Spenders bzw. der nächsten Angehörigen bzw. von Vertrauenspersonen ab. Dem nächsten Angehörigen steht ein Betreuer gleich, *wenn* er dem Organspender bis zu seinem Tode in besonderer persönlicher Verbundenheit offenkundig nahegestanden hat.

VII. Haftung der Erben für Betreuerkosten der Staatskasse

(1) Wenn die Staatskasse den Betreuer bzw. Verfahrenspfleger des Betreuten bezahlt hat, kann sie grundsätzlich diesen Betrag vom Betreuten ersetzt verlangen. Stirbt der Betreute, dann haften an sich die Erben für diese Nachlassverbindlichkeit (§§ 1922, 1967 Abs. 1 BGB), wenn sie die Erbschaft nicht ausschlagen. Um solche Ausschlagungs- und Haftungsbegrenzungsverfahren nach §§ 1945 ff., 1975 ff. BGB zu vermeiden, begrenzt § 1836e Satz 2 BGB die Haftung der Erben auf den **Wert** des im Zeitpunkt des Erbfalles vorhandenen Nachlasses. Auf eigenes Einkommen und Vermögen der

Erben darf nicht zurückgegriffen werden. Nachlasswert: Aktivvermögen abzüglich Nachlassverbindlichkeiten (zB Kosten einer angemessenen Beerdigung).

(2) **Eine weitere Haftungsbegrenzung** ergibt sich aus der Verweisung des § 1836e BGB auf § 102 Abs. 3 und 4 SGB XII. Danach kann gegenüber dem Erben der Anspruch auf Kostenersatz nicht geltend gemacht werden, wenn der Wert des Nachlasses unter dem dreifachen des Grundbetrags nach § 85 Abs. 1 SGB XII (= 764 EUR) liegt (dh seit 2013: unter 2292 EUR); sog. Bagatellnachlässe; oder: wenn der Wert des Nachlasses unter 15.340 EUR liegt, falls der Erbe der Ehegatte des Betreuten oder mit diesem verwandt ist und nicht nur vorübergehend (dh in der Regel einige Monate) bis zum Tod des Betreuten mit diesem in häuslicher Gemeinschaft (dh zumindest im selben Haus) gelebt und ihn gepflegt hat (nicht erforderlich: alleinige Pflege); unschädlich ist, wenn der Betreute kurze Zeit vor seinem Tod in einem Krankenhaus untergebracht werden musste.

Dem Erben muss also auf jeden Fall ein Freibetrag in Höhe von 2292 EUR bzw. 15.340 EUR verbleiben, auch wenn der Nachlasswert höher ist. Bei **mehreren Erben** wird der Freibetrag nur einmal gewährt; er ist nach den Erbteilen (vgl. Erbschein) aufzuteilen. Kein Rückgriff erfolgt ferner, wenn die Inanspruchnahme des Erben nach der Besonderheit des Einzelfalles eine besondere Härte bedeuten würde. Beispiel: alle vorgenannten Pflegevoraussetzungen liegen vor, doch ist Erbin nicht die Witwe, sondern die langjährige Lebensgefährtin des Betreuten.

(3) **Erlöschen:** Der Anspruch auf Kostenersatz **erlischt in drei Jahren** nach dem Tod des Betreuten oder seines Ehegatten (§ 1836e BGB iVm § 102 Abs. 4 SGB XII). Unterbrechung und Hemmung des Fristablaufs ist möglich, zB durch Stundung (§ 205 BGB) oder Teilzahlung. Richtet sich der Anspruch gegen einen Nachlass, dh sind die Erben vorerst unbekannt und wird ein Nachlasspfleger eingesetzt, tritt Ablaufhemmung ein (§ 211 BGB).

(4) **Verfahren beim Rückgriff gegen Erben.** Der Erbe ist verpflichtet, dem Betreuungsgericht Auskunft über den Bestand des Nachlasses zu geben (§ 168 Abs. 3 Satz 2 FamFG); von sich aus muss er aber

nicht tätig werden. Er muss ein Nachlassverzeichnis vorlegen und dessen Richtigkeit eidesstattlich versichern (§ 168 Abs. 3 Satz 3 FamFG); er erhält rechtliches Gehör. Nach Durchführung der erforderlichen Ermittlungen erlässt das Betreuungsgericht (Rechtspfleger) einen Beschluss, in dem es Höhe und Zeitpunkt der Zahlungen bestimmt, die der Erbe an die Staatskasse zu leisten hat (§ 168 Abs. 3 Satz 1 FamFG). Gegen den Beschluss ist die Beschwerde (Frist: ein Monat) zulässig, mit Einschränkungen (vgl. § 61 FamFG; oben S. 81). Der vom Betreuungsgericht festgesetzte Betrag wird nach § 1 Nr. 4 b JustizbeitreibungsO von der Staatskasse beim Erben vollstreckt, wenn er nicht freiwillig zahlt.

7. Kapitel

Betreuungsvereine und Betreuungsbehörden

I. Betreuungsvereine

1. Anerkennungsvoraussetzungen

Ein rechtsfähiger Verein kann als Betreuungsverein anerkannt werden, wenn er bestimmte Voraussetzungen erfüllt (§ 1908 f. Abs. 1 BGB):

(**a**) Ausreichende Zahl geeigneter Mitarbeiter (nicht: Mitglieder), zB Sozialarbeiter, Psychologen, Juristen; eine bestimmte Mindestzahl ist im Gesetz nicht angegeben.

(**b**) Der Verein muss seine Mitarbeiter

- beaufsichtigen und weiterbilden können,
- gegen Schäden, die die Mitarbeiter im Rahmen ihrer Tätigkeit zufügen können, angemessen versichern.

(**c**) Der Verein muss sich planmäßig

- um die Gewinnung ehrenamtlicher Betreuer (nicht zu verwechseln mit den Vereinsbetreuern) bemühen (zB durch Inserate, Veranstaltungen),
- diese in ihre Aufgaben einführen, fortbilden und beraten (zB durch Informationsschriften, Veranstaltungen, Abhalten von Beratungsstunden),
- über Vorsorgevollmachten und Betreuungsverfügungen informieren.

(d) Der Verein muss einen Erfahrungsaustausch zwischen den Mitarbeitern ermöglichen.

(e) Das Landesrecht kann weitere Anerkennungsvoraussetzungen vorsehen (§ 1908f Abs. 3 Satz 2 BGB), zB eine bestimmte fachliche Qualifikation der hauptberuflichen Mitarbeiter, eine Berichtspflicht.

Die Anerkennung (gebundener Verwaltungsakt) erfolgt durch die nach dem Landesrecht bestimmte Stelle (§ 1908f Abs. 3 Satz 1 BGB), zB durch die Regierung. Die Anerkennung gilt für das jeweilige Bundesland oder einen Teil dieses Bundeslandes. Ein in fünf Bundesländern tätiger Verein benötigt also fünf Anerkennungen.

2. Verein als Betreuer

Das Betreuungsgericht kann einen anerkannten Betreuungsverein zum Betreuer bestellen (§ 1900 Abs. 1 BGB). Dies geschieht, wenn der Betroffene durch eine oder mehrere Einzelpersonen (auch Vereinsbetreuer und Behördenbetreuer) nicht ausreichend betreut werden kann; in der Regel ist das nur der Fall, wenn solche Personen nicht vorhanden sind. Zum Sterilisationsbetreuer darf ein Verein nicht bestellt werden (§ 1900 Abs. 5 BGB).

Ein Verein darf nur zum Betreuer bestellt werden, wenn er damit einverstanden ist (§ 1900 Abs. 1 Satz 2 BGB).

Die Bestellung eines Vereins als Betreuer ist subsidiär, wie sich aus § 1900 Abs. 1 Satz 1 BGB ergibt. Deshalb hat der Verein das Betreuungsgericht zu verständigen, wenn sich zeigt, dass der Betroffene nun durch natürliche Personen betreut werden kann (§ 1900 Abs. 3 BGB). Das Gericht kann dann die Betreuung der juristischen Person „Verein“ entziehen und der natürlichen Person übertragen.

Ist der Verein zum Betreuer bestellt, kann er gleichwohl selbst nicht tätig werden. Er muss vielmehr die Wahrnehmung der Betreuung einzelnen Personen übertragen. Diese Personen (zB Vereinsmitglieder, Vereinsmitarbeiter) werden dadurch aber nicht Betreuer; Betreuer im Rechtssinn bleibt der Verein.

Macht der Betroffene Vorschläge, welchem Mitarbeiter er gerne zugeteilt werden möchte, dann hat der Verein dem zu entsprechen, soweit nicht wichtige Gründe entgegenstehen (§ 1900 Abs. 2 Satz 2 BGB).

Der Verein hat außerdem dem Betreuungsgericht mitzuteilen, wem er die Wahrnehmung der Betreuung übertragen hat (§ 1900 Abs. 2 Satz 3 BGB).

Der Verein haftet dem Betreuten gem. § 31 BGB.

3. Vereinsbetreuer als Betreuer

Ein Mitarbeiter eines anerkannten Betreuungsvereins kann mit Einwilligung des Vereins vom Betreuungsgericht zum Betreuer bestellt werden (§ 1897 Abs. 2 BGB). Betreuer ist dann der Mitarbeiter, nicht der Verein. Der Mitarbeiter wird in der Regel zugleich Vereinsmitglied sein, muss es aber nicht. Er ist (Voll- oder Teilzeit-) Angestellter des Vereins, steht zu ihm in einem dienstvertraglichen Verhältnis und zugleich zum Betreuten im Rechtsverhältnis der Betreuung. Im Aufgabenkreis der jeweiligen Betreuung ist der Verein gegenüber dem Vereinsbetreuer nicht weisungsbefugt, weil die Stellung als Betreuer von Dritten nicht durch Dienstverträge gebunden werden kann.

Der Vereinsbetreuer ist als Betreuer zu entlassen, wenn der Verein dies beantragt (§ 1908b Abs. 4 Satz 1 BGB), zB weil dem Mitarbeiter gekündigt wurde. Unter Umständen kann dann der Mitarbeiter die Betreuung als Privatperson weiterführen (§ 1908b Abs. 4 Satz 2 BGB).

Der Vereinsbetreuer haftet dem Betreuten aus §§ 1908i, 1833 BGB; daneben kommt eine Haftung des Vereins entspr. § 1791a Abs. 3 Satz 2 BGB in Betracht.

4. Vergütungen und Aufwendungsersatz

(a) Der **Verein als Betreuer** erhält vom vermögenden Betreuten Ersatz seiner Aufwendungen (§ 1835 Abs. 1, 5 BGB), aber nicht: Ersatz allgemeiner Verwaltungskosten, Aufwendungspauschale, Ersatz der Versicherungskosten, Vergütung (§ 1835a Abs. 5 BGB), Vergütung des Berufsbetreuers. Dadurch soll der Verein gezwungen werden, baldigst einen Vereinsbetreuer bestellen zu lassen.

(b) Ist ein **Vereinsbetreuer** bestellt, hat dieser keine eigenen Ansprüche nach §§ 1835 bis § 1836 BGB (§ 7 Abs. 3 VBVG). Der Verein bekommt seine allgemeinen Verwaltungskosten und die Versicherungskosten nicht ersetzt (§ 1835 Abs. 5 Satz 2 BGB), auch keine Aufwandspauschale nach § 1835 a BGB. Der Verein kann aber verlangen: Vergütung einschließlich der Auslagen nach §§ 4, 5 VBVG (§ 7 Abs. 1 VBVG), wobei sich der Stundensatz nach der Qualifikation des jeweiligen Vereinsbetreuers richtet. Zahlungspflichtig ist der vermögende Betreute, bei Mittellosigkeit des Betreuten ist die Staatskasse zahlungspflichtig (§ 1 Abs. 2 VBVG). Der Verein musste bei Gemeinnützigkeit bisher keine Umsatzsteuer zahlen, sonst 7 %; auch diese verringerte Umsatzsteuer fällt seit 1.7.2013 nicht mehr an.

(c) Die Betreuungsvereine müssen sich aus Mitgliedsbeiträgen, Spenden, Vergütungen der Betreuten und staatlichen Zuwendungen finanzieren (vgl. Wienand FuR 1990, 281). Die Förderrichtlinien der Länder findet man zT im Internet.

II. Betreuungsbehörde

1. Stellung und Aufgaben der Betreuungsbehörde

Seit dem 1.1.1992 bestehen auf örtlicher Ebene Betreuungsbehörden oder zumindest Betreuungsstellen vorhandener Behörden (zB der Jugendämter, Sozialämter). Zu Betreuungsbehörden haben fast alle Länder die kreisfreien Städte (bzw. Magistrate, Oberbürgermeister) und Landkreise (bzw. Kreisausschüsse/Landräte) bestimmt, die Stadtgemeinde Bremen das Amt für soziale Dienste, Nordrhein-Westfalen auch kreisangehörige Gemeinden mit mehr als 60000 Einwohnern. Die Einzelheiten sind in den Ausführungsgesetzen der Länder zum BtG geregelt. Das „Gesetz zur Stärkung der Betreuungsbehörde“ vom 28.8.2013 (BGBl I S. 3393) soll die Zahl der Betreuungen verringern; es tritt am 1.7.2014 in Kraft.

Die Betreuungsbehörde hat ua **folgende Aufgaben:**

- Beratung und Unterstützung der Betreuer, § 4 BtBG;
- Sorge für Einführung und Fortbildung der Betreuer, § 5 BtBG;
- Gewinnung von Betreuern und Betreuungsvereinen, § 6 BtBG;
- Die Urkundsperson bei der Behörde hat das Recht, Unterschriften auf Vorsorgevollmachten und Betreuungsverfügungen *öffentlich* zu beglaubigen (§ 6 Abs. 2 BtBG); dadurch wird ein Notar erspart; Gebühr 10 EUR;
- Unterstützung des Gerichts, § 8 Satz 1 BtBG;
- Vorschlag eines geeigneten Betreuers oder Verfahrenspflegers, § 8 Satz 3 BtBG;
- Übernahme von Betreuungen durch Mitarbeiter oder die Behörde;
- Beteiligtenstellung im Verfahren (§§ 274 Abs. 3, 315 Abs. 3 FamFG);
- Vorführung des Betroffenen beim Gericht oder beim Sachverständigen, §§ 278 Abs. 5, 283 Abs. 1 FamFG;
- Hilfe bei der Zuführung zur Unterbringung, § 326 Abs. 1 FamFG;
- Ausübung des Beschwerderechts (§§ 303 Abs. 1, 335 Abs. 4 FamFG);
- Sonstige Aufgaben (§ 9 BtBG).

Der Informationsfluss Behörde-Betreuungsgericht ist in § 7 BtBG in merkwürdiger Weise geregelt. Nicht jeder Umstand, der eine Betreuung erforderlich macht und der Behörde bekannt wird, ist von der Behörde an das Gericht weiterzuleiten; vielmehr kann die Behörde eine Abwägung vornehmen (§ 7 Abs. 1 BtBG). Nachbarn usw., die eine Betreuung anregen wollen, sollten also ihre Mitteilung besser an das Betreuungsgericht richten.

2. Behörde als Betreuer

Die Behörde als solche kann nur zum Betreuer bzw. der Verfahrenspfleger bestellt werden, wenn weder natürliche Personen noch Vereine für diese Tätigkeit zur Verfügung stehen (§ 1900 Abs. 4 BGB). Die Behörde überträgt die Wahrnehmung dann bestimmten Mitarbeitern; die Ausführungen oben I 2 gelten entsprechend (§ 1900 Abs. 4 Satz 2, Abs. 2, 3 BGB).

3. Behördenbetreuer als Betreuer

Der Mitarbeiter einer Betreuungsbehörde darf vom Gericht nur mit Einwilligung der Behörde zum Betreuer bestellt werden (§ 1897 Abs. 2 Satz 2 BGB). Er steht einerseits zu seinem Dienstherrn in einem Rechtsverhältnis als Beamter oder Angestellter, andererseits zum Betreuten im Rechtsverhältnis der Betreuung. Das kann zu Konfliktsituationen führen. Die Behörde ist gegenüber ihrem Mitarbeiter in Betreuungsangelegenheiten nicht weisungsberechtigt (Zimmermann/Damrau NJW 1991, 539 mwN; streitig). Auf Antrag der Behörde ist der Behördenbetreuer zu entlassen (zB wenn er versetzt wird); er kann aber uU die Betreuung als Privatperson weiterführen (§ 1908b Abs. 4 Satz 3 BGB).

4. Vergütung und Aufwendungsersatz

(a) Die **Behörde** als Betreuer erhält so viel wie der Verein als Betreuer (oben I 4).

(b) Der **Behördenbetreuer** hat keinen eigenen Anspruch (§ 8 Abs. 3 VBVG). Die Behörde bekommt ihre allgemeinen Verwaltungskosten und die Versicherungskosten nicht ersetzt (§ 1835 Abs. 5 BGB), auch keine Aufwandspauschale (§ 1835a Abs. 5 BGB) und bei Mittellosigkeit des Betreuten keine Vergütung des Berufsbetreuers (sonst würde eine öffentliche Kasse an eine andere zahlen). Die Behörde kann aber vom *vermögenden* Betreuten verlangen: Ersatz der Aufwendungen (§ 1835 Abs. 1 BGB; § 8 Abs. 2 VBVG), Vergütung (§ 8 Abs. 1 VBVG; § 1836 Abs. 2 BGB) wofür es aber keinen Tarif gibt.

In allen Fällen haftet die Staatskasse bei Mittellosigkeit des Betreuten nicht.

Sachverzeichnis

A

B

D

E

F

G

H

P

R

S

W

Z